Jonathan Waterman hat seine Sehnsucht nach Abenteuern zu seinem Beruf gemacht. Zehn Jahre lebte er als Farmer und Bergführer am Mount McKinley (Mount Denali), dem mit 6187 Metern höchsten Berg Nordamerikas. Aus dieser Zeit stammen mehrere Bücher sowie der Dokumentarfilm »Surviving Denali«, der mit einem Emmy ausgezeichnet wurde. Waterman war Mitherausgeber der Zeitschrift *Climbing*, Kolumnist bei *Wildbird*, seine Fotos wurden in namhaften Magazinen und Sammel-Publikationen veröffentlicht. 1992 unternahm er mit seiner Frau Deborah die in diesem Buch geschilderte abenteuerliche Kajakfahrt im mexikanischen Baja California. Drei Jahre später segelte er in einem Mini-Boot 1800 Kilometer von Seattle zur Ice Bay Alaska und probierte einen neuen Aufstieg zum Mount S. Elias von der Meeresseite aus.

Jonathan Waterman

Kajak-Abenteuer Baja California

800 Meilen durch das mexikanische Meer

Aus dem Amerikanischen
von Alexander Kluy

SIERRA

Für Aldo Leopold, John Steinbeck, Joseph
Wood Krutch, Ed Abbey, Ann Zwinger,
Peter Matthiessen und Doug Peacock:
dafür, daß sie uns auf die Gefährdung
dieses Meeres aufmerksam machten.

Die Deutsche Bibliothek – CIP-Einheitsaufnahme
Ein Titeldatensatz für diese Publikation ist bei
der Deutschen Bibliothek erhältlich

REISEN · MENSCHEN · ABENTEUER

2. überarbeitete Auflage 2000
SIERRA bei Frederking & Thaler Verlag, München
in der Verlagsgruppe Bertelsmann GmbH
© 1997 Frederking & Thaler GmbH, München
© 1995 Simon & Schuster, New York, USA
Titel der Originalausgabe: »Kayaking the Vermilion Sea«
Alle Rechte vorbehalten
Fotos: Jonathan Waterman
Karte: Theiss Heidolph, Eching
Lektorat: Hans Christian Kosler, München
Lektorat der überarbeiteten Ausgabe: Ariadne Buchkonzeption,
München
Umschlaggestaltung: Atelier Bachmann & Seidel, Altötting
Produktion: Sebastian Strohmaier, München
Druck und Bindung: Presse-Druck Augsburg
Papier: Das Papier wurde aus chlorfrei gebleichtem Zellstoff
hergestellt
ISBN 3-89405-076-4
Printed in Germany

www.frederking-und-thaler.de

Inhalt

Wie Pilger zum abgesprochnen Platz zieht's uns;
Die Welt – ein Rasthof, und der Tod des Reisens Ende.

JOHN DRYDEN

Vorbemerkung des Autors

In diesem Buch verwende ich die Schreibweise »Cortés«, wie man sie auf einem Stahlstichporträt von Cortés aus dem 17. Jahrhundert findet. Nicht nur Hernán Cortés selber, sondern auch so hervorragende Kenner der mexikanischen Geschichte wie Francisco Clavijero, William Preston und Hugh Thomas benutzten diese Version. Beziehe ich mich auf John Steinbecks *Log from the Sea of Cortez* [Logbuch von der Cortéssee] und auf Ray Cannons *Sea of Cortez* [Die Cortéssee], so halte ich mich an deren abweichende Schreibweise. Die immer noch geläufige Bezeichnung »Scharlachmeer« und das modernere »Golf von Kalifornien« sind beides Umschreibungen für die Cortéssee.

Mit Ausnahme der umgangssprachlichen Wendung »die Baja« im englischen Untertitel dieses Buches, belege ich die mexikanische Halbinsel mit zwei Namen: »Baja [Unteres] California« für die Neuzeit und »California« für die ältere Zeit. Die einst hier ansässigen Stämme der Guaycuru, Pericú und Cochimi nenne ich »Kalifornier«. »*Bajacalifornios*« sind die mexikanischen Bewohner der Halbinsel. Amerikas 31. Bundesstaat ist »Alta [Hoch-] California«.

1 | Die Schwere

Schweiß läuft aus den Achselhöhlen meinen Körper herab und näßt das T-Shirt so lange, bis es mit der Haut eins geworden ist. Außerhalb des Wagens breitet sich die San-Felipe-Wüste bis an den fahlen Horizont aus, während die 39 °C heiße Luft in einen Ozean sanft flirrender Wellen übergeht. Meine Zunge fühlt sich pelzig an, Dampf zischt aus dem Kühler, klebriger Asphalt bleibt an den Reifen haften oder spritzt hoch bis in die Kotflügel.

Deborah und Jane ziehen es vor, statt vorne in der Hitze zu schmoren, es sich im hinteren Teil des Pickups zwischen zwei fünf Meter langen Booten bequem zu machen. Ohne ihre Gesellschaft fühle ich mich total verloren und wünschte mir fast, zu Hause geblieben zu sein. Ich drücke meinen rechten Fuß so lange herunter, bis die Tachometernadel bei 85 Meilen zu zittern beginnt, dem Alter, in dem ich mich hoffentlich endlich zur Ruhe gesetzt haben werde.

Hinter uns sind zwei dicke Polizisten, die unsere Strafe von 25 Dollar in zwei kühle Bier in der San Luis Cantina umgesetzt haben. Wir waren uns zwar keiner Schuld bewußt, aber um die frei erfundenen Anschuldigungen auf der Polizeistation anzufechten, hätten wir den ganzen Tag gebraucht. Da war es schon viel einfacher, das Geld auf den Sitz ihres Autos zu legen und weiter nach Süden zu fahren. Wenn wir die nächsten zwei Monate statt auf der Cortéssee auf dem Festland verbrächten, würden wir so schnell ausgeplündert werden, daß wir wie die meisten Gringos alle Mexikaner Diebe nennen würden.

Ich suche im Rückspiegel nach der *policía*, während ich unseren Rückzug energisch vorantreibe. Die besorgte Miene meiner Frau taucht im Spiegel auf, sie ist Notärztin und hat zu viele Autobahnunfälle mitbekommen. Ich fahre langsamer.

Wir sind in Baja Norte, 160 Kilometer südlich von der Grenze, und unsere Kajaks führen sich wie Doppelflugzeugrümpfe in einem Luftsog auf. Wir sind weitaus eher Bergsteiger als Hochseekajakfahrer. Hitze läßt mich im Gegensatz zu den kalten Winden unseres Hauses in Colorados Rocky Mountains ausdörren. Aber Deborah und mich langweilt unser Leben, und so haben wir uns angewöhnt, unseren etablierten Lebensstil, wann und wo immer es möglich ist, von uns abzuschütteln. Wir haben uns angewöhnt, so weit wie möglich dem heimischen Herd zu entfliehen und lechzen nach Abenteuern, Abenteuern an Orten, wo wir die Welt vielleicht nicht nur erleben, wie sie einmal war, sondern wie sie sein sollte.

Auf das eigene Haus beschränkt zu sein, lähmt mich. Crested Butte in Colorado wird zwar wegen seinen herrlichen wildwachsenden Blumen, seinen klaren Bächen und schneebedeckten Bergen gern als Paradies bezeichnet, doch jedes Paradies wird langweilig, wenn man es nie verläßt. »In ein und demselben Land zu leben, heißt gefangen zu sein«, schrieb Donne, »alle Länder zu durchwandern, ist ungezügeltes Vagantentum.« Schon Darwin beobachtete Vögel, die ihren Nachwuchs im Stich ließen, um ihrem Wandertrieb nachzugeben.

Die Enge unseres kleinkarierten Lebens erschreckt mich. Freunde lassen sich scheiden, Tierarten sterben aus, es gibt immer mehr Krankheiten, Menschen verhungern, und die Herbstmonate werden so zur Gewohnheit, daß ich die wunderbaren Farben der fallenden Blätter schon lange nicht mehr so intensiv wie früher wahrnehme. Der kalte Winter nistet sich in dem 3000 Meter hoch gelegenen Tal, in dem wir leben, ein; letztes Jahr schneite es hier jeden Monat.

Wir sind nach Baja California gefahren, um Ballast abzuwerfen. Draußen, inmitten der Elemente von Meer und Himmel, hoffe ich, von dem unguten Gefühl ganz tief im Magen befreit zu werden, daß das Leben alles in allem nicht von Wert ist.

Viele meiner Freunde empfinden ähnlich wie ich. Einige von ihnen, Mittvierziger, erlitten Herzinfarkte und Gehirnschläge; auch ihre Ehen scheinen nicht glücklich zu sein – eine Vielzahl von Bekannten in Crested Butte trennen sich, und über zynische Witze wird bezeichnenderweise am lautesten gelacht. Währenddessen nehmen die zivilisationsfernen Orte immer mehr ab, das Ozonloch vergrößert sich, und die Meere kippen um, während unsere Familienmitglieder und unsere Freunde älter werden.

Ich frage mich oft, ob das Wissen von der Vorläufigkeit des Lebens und jenes Leiden am Dasein, das die Buddhisten *duhkha* nennen, die Menschen in den Zynismus, in Drogen- und Alkoholsucht oder in den Schoß der Religion treibt.

Henry David Thoreau schrieb, daß wir in die Wildnis *gehen* sollten statt vor dem Rest unseres Lebens zu *fliehen*. Obwohl ich stets versucht habe, dieser Maxime zu folgen, kann ich mein Fluchtbedürfnis nicht länger vor mir selber leugnen. In Abenteuer, in die Wildnis einzutauchen, ist eine Art, sich der Schwere des Lebens zu stellen, sie vielleicht sogar zu verringern.

Wenn das Aneinanderreiben der tektonischen Platten Mexiko um weitere 90° gedreht hätte, dann würde die Cortéssee heute auf der Landkarte als etwas kleinere Ausgabe des Mittelmeeres zu sehen sein. Im Jahr 1602 segelte Pater Antonio de la Ascensión über das Meer Richtung Westen:

Es ist nur 50 Ligen [200 Kilometer] jenseits des Mittelmeers von Californien, welches von den Mazatláninseln bis zu diesem Punkte auch »Mar Rojo« [Rotes Meer] genannt wird. Dieses Meer, wie ich an anderer Stelle bereits ausgeführt habe, erstreckt sich bis zu der Straße von Anian, von welcher ein Austausch mit dem Ozean im Norden stattfindet. Es enthält vielerlei Reichtümer, und an beiden Küstenstrichen gibt es viele Perlenbänke und in den Bergen höchst ergiebige Goldvorkommen sowie große Vorräte an Bernstein.

Die Mittelmeerstädte Neapel und Monte Carlo sowie Sizilien und Korsika ähneln Guaymas und Mazatlán auf dem mexikanischen Festland und auch den Inseln Tiburón und Anguel de la Guarda. Baja California, der Wüstenteil der Küste, läßt an die ausgedörrten Küstenabschnitte Nordafrikas denken. Das 320 Kilometer lange Mittelmeer hat aufgrund seiner Verschmutzung eine braune Färbung angenommen, und mittlerweile hat auch die 1230 Kilometer lange Cortéssee Einbußen und Verschlechterungen hinnehmen müssen. Doch es gibt auch Positives zu berichten. Die Cortéssee verfügt über das größte Wasservorkommen der gesamten Erde. Zwischen den Gezeitenwellen des Pazifischen Ozeans, die das Meer über tiefe, über und über mit

Plankton besetzte Meeresschluchten wälzt, leben über 800 Arten von Meereswirbeltieren sowie 2000 verschiedene Arten von Weichtieren, was die einstige Vielfalt des Mittelmeeres weit in den Schatten stellt.

Trotzdem sind die zu Mexiko gehörenden Gewässer von einer ähnlichen Mikrobenvernichtung bedroht, wie es beim Mittelmeer der Fall war. Am Oberlauf der See wurde der vormals nährstoffreiche Colorado River trockengelegt so wie in Ägypten der Assuanstaudamm den weiteren Zufluß von Nährstoffen ins Mittelmeer unterband. Mexikanische Garnelenfischer, ausländische Fischereiflotten und Sportangler drohen die See in ähnlich bedrohlichen Ausmaßen wie in Südeuropa leerzufischen. Hotels, Feriensiedlungen und Häuser verschmutzen die Baja California nicht weniger alarmierend, als es in Südfrankreich geschehen ist.

Deborah und ich wollen diesen Garten Eden erforschen, bevor das Wasser steril und blaugefärbt sein wird. Wir sind auch hierher gekommen, weil das Wasser des Mittelmeers verseucht ist und wir in Gewässern paddeln wollen, die noch von Leben erfüllt sind. Da ich die zahllosen Gespräche, das ›barhopping‹, Montezumas Rache und den zeitraubenden Autobahnverkehr auf der Halbinsel, den die meisten Journalisten auf sich nehmen, nicht aushalte, werden wir unsere Reise quasi »untergetaucht« absolvieren. Zwei Monate lang zu paddeln und entlang der Küste zu leben, sollte uns unmittelbar den Zustand des Meeres, das nach Hernán Cortés benannt wurde, vor Augen führen.

Vor drei Jahren kamen Deborah und ich nur für zehn Tage als Liebespaar hierher. Seitdem haben wir immer wieder davon geträumt, zurückzukehren und die ganze See zu überqueren. Die Spritztour von 1990 blieb für uns ein wichtiger Bezugspunkt, eine Zeit der Unschuld und der Entdeckungen, in die wir von neuem eintauchen wollten. In den tiefsten Winkeln unseres Unterbewußten halten wir die eschatologische Vorstellung aufrecht, daß am Ende unserer Reise etwas auf uns wartet, vielleicht ein gegenseitiges Verstehen, oder daß es uns gelingt, ein für allemal diese mühselige Schwere des Lebens von uns abzuwerfen.

Die Kajaks lockern sich auf den behelfsmäßig getakelten Dachträgern, schießen nach oben, zerren an ihren Halterungen und donnern zurück auf das Autodach. Deborahs Augen werden zu Schlitzen, und sie schnappt sich ein Paddel, um mich in die Rippen zu stoßen.

Wir fahren eine Anhöhe hinauf und sehen plötzlich das Meer im Osten. Alles verändert sich. Einst trübsinnige Pendler, ist unser Leben auf einmal mit einer nie dagewesenen Bedeutung erfüllt; ich nehme meinen Fuß vom Gaspedal und verringere die Geschwindigkeit auf so viele Meilen, wie ich alt bin: 37. Beim ersten Anblick des Pazifischen Ozeans rief William Clark – der Meriwether Lewis begleitete – lautstark aus: »O welche Freude!«, und drückte damit genau meine Empfindung aus.

Der Irrsinn, den Lebensunterhalt zu verdienen, und der trügerische Eindruck, der während der drei Tage dauernden Fahrt nach Süden auf aufgeweichtem Asphalt entstand, ließ das Naturschauspiel zu unserer Linken um so stärker auf uns wirken. *Wohin sonst?* frage ich mich. Wie Herman Melville einst schrieb, ist hier ein süßes Geheimnis, das von einer in der Tiefe verborgenen Seele spricht. Wir starren es an, als galoppierte eine Schimäre den Horizont entlang. Ich sehe einen Moment lang in eine andere Richtung, denn ich bekomme den unauslöschlichen Eindruck, daß das Wasser sich bewegt, daß es tatsächlich lebt. Die früheren Forscher nannten es das Scharlachmeer (Mar Bermejo) wegen der großen Garnelenvorkommen und der unzähligen, mit Mikroben übersäten flachen Stücke, die das Meer rötlich glitzern ließen.

Die endlose Wasserfläche reflektiert die Sonne derart, als ob wir in Gottes sprachlos machendes Topasauge starrten – und es uns gerade in diesem Moment anblinzelte. Ganz langsam schließe ich meine Augen, nur um sicherzugehen, daß mir kein Wunder, kein Meereswunder, vorgegaukelt werde.

2 | Von Castle Peak fallen wir hinab ins Meer

Diejenigen, die versuchen, mit meiner Frau beim Laufen oder Radfahren zu konkurrieren, nennen sie in der Regel bewundernd »Die Maschine«. Hier am Strand von San Felipe schleppt sie 48 Liter Trinkwasser und dann noch einen Seesack, in dem Pasta und Trockennahrung für zehn Tage sind, hinunter ans Meer. Ich spiele währenddessen mit den Knoten der auf das Autodach geschnürten Kajaks herum.

Deborahs blonde Haare reichen bis auf die Schultern. Ihr Triceps- und ihr Quadricepsmuskel gehören zu den als »Langsamzuckern« bekannten, geschmeidig ausgebildeten Muskeln – sie verarbeiten Sauerstoff in einem Verhältnis, das die Langzeitausdauer verbessert. Ihre Augen sind so blau wie die Fliesen eines Schwimmbades. Wenn sie sich über jemanden ärgert, verengen sich diese Augen zu farblosen Schlitzen, dazu zieht sie ihre schwarzen Augenbrauen derart grimmig hoch, daß sich die meisten von alleine bei ihr entschuldigen. Sie ist 35 Jahre alt, unterbrach ein Semester ihres Studiums am Middlebury College und nahm auch eine Pause von der amerikanischen olympischen Langlaufmannschaft, um mit einem wohlhabenden mexikanischen Geschäftsmann auf der anderen Seite des Meeres zusammenzuleben.

Vor kurzem gab sie ihre Stelle als Leiterin der Notärztlichen Versorgungsstation von Crested Butte auf. Sie ertrug es nicht mehr, den ganzen Tag lang Fragen am Telephon zu beantworten, mit schlecht ausgebildeten Freiwilligen zu arbeiten und sieben Tag pro Woche auf Abruf zu stehen. Während sie momentan noch überlegt, welcher Job für sie der beste ist, arbeitet sie weiterhin in der Notfallstation von Aspen, ihrer Heimatstadt.

Leben zu retten, hat sie gelernt. Wenn Opfer ihren Verletzungen erliegen, ringt Deborah so lange mit sich, bis es ihr gelingt, dieses traumatische Erlebnis zu verarbeiten. Sie glaubt, daß anderen zu helfen eine Möglichkeit ist, das Gewicht, das auf uns allen lastet, zu verringern. Manchmal allerdings kommt sie nach einer 24 Stunden langen Schicht nach Hause, in der sie sich ohne jede Hoffnung und ohne Erfolg um Verletzte kümmerte, und

Meine Freunde nennen Deb auch manchmal bewundernd »Die Maschine«. Gottlob hat sie noch andere Qualitäten

dann fällt die Last der Welt so schwer auf sie herab, daß sie in Tränen ausbricht. Wir halten uns gegenseitig in den Armen und versuchen, darüber zu sprechen, aber oft kann sie gar nicht anders als weiterzumachen. In den meisten Fällen, wenn sie von einem besonders schweren Dienst nach Hause kommt, bin ich nicht da, oder ich finde nicht die richtigen, tröstenden Worte; dann zieht sie ihre Sportschuhe an und läuft stundenlang durch den Wald.

Vor einem Jahr spornten wir uns gegenseitig an, als wir zu unserer Hochzeitszeremonie über Aspen und Crested Butte kletterten. Auf dem Gipfel des Castle Peak (4265 Meter) waren der Priester und wir von Wolken und den safranfarbenen Strahlen der Hochgebirgssonne umgeben. Wir rezitierten Folkloreverse nordamerikanischer Indianer, chinesische Philosophen und alte englische Gedichte. Wir streiften uns die Ringe auf die Finger, und unser Horizont verschmolz zu einem endlosen Ozean von noch auszulotenden Möglichkeiten.

Obwohl ich Horoskope in Zeitungen überblättere, gab mir Deborah ein Buch über unser gemeinsames Sternzeichen. Im Kapitel über unsere Heirat las ich folgendes: »Wenn der Zwilling eine dauerhafte Beziehung mit einem Zwillingspartner eingehen will, muß er mit Überraschungen rechnen. Eine solche Beziehung kann manchmal einem Schwertkampf ähneln.« Und der letzte Satz des Kapitels lautet: »Ein Zwilling ist für seinen Partner von größerem Wert, als er jemals ermessen kann.«

Auf der Innenseite meines Ringes ließ Deborah die Umrisse des Mount Denali (McKinley) eingravieren, wo ich zehn Jahre lang gelebt und als Bergführer und Ranger gearbeitet hatte. Im darauffolgenden Frühjahr bestiegen wir den Denali, und diese Kurzreise ließ Deborah die harte Arbeit in der Notaufnahme vergessen. Bei – 30 °C schnürten wir unsere Schlafsäcke zusammen. Wir waren 36 Tage aneinander geseilt und ließen uns filmen – der Aufstieg wurde wegen unserer Streitereien und dem gegenseitigen Wettbewerb die anstrengendste meiner 30 Expeditionen.

Erneuten Respekt vor ihr bekam ich während eines siebentägigen Sturmes in 5600 Meter Höhe bei Minusgraden wegen ihrer psychischen Stärke. Ihre Ausdauer verblüffte die nur aus Männern bestehende Filmcrew, professionelle Führer und Bergsteiger. Sie besitzt die Ausstrahlung und das breitflächige Gesicht eines Covergirls, aber ein unbeugsamer Wille verhindert jede Form von Aufgeben: Das ist einer von vielen Gründen, weshalb ich meine Frau liebe.

Als wir auf der Rückkehr von Alaska nach Crested Butte schon wieder das nächste Abenteuer ausbrüteten, schlug ich vor, die Nordwestpassage in der Arktis mit Kajaks zu überqueren. Deborahs Sommersprossen wurden eine Nuance dunkler, während ihr Gesicht schneeweiß wurde. »Denk mal nach«, sagte sie, »wir verbringen unser ganzes Leben in Schnee und Kälte. Laß uns an die Baja fahren, wo es warm ist.«

Ich stimmte sofort zu. Das einzige Hindernis war, jemanden zu finden, der unser Haus mietete und auf Molly, unseren altersschwachen Hund, aufpaßte. Für Verheiratete ist es nicht immer leicht, eng miteinander zu arbeiten, und Abenteuerreisen tragen nicht gerade dazu bei, ein ohnehin rauhes eheliches Klima zu verbessern.

Unabhängig davon ist für mich die See seit langem ein Ort, der dasselbe Ausmaß an Faszination, an Mysterium und Herausforderung auf mich ausübt wie die Berge. H. W. Tilman, der englische Schriftsteller und Forscher, mußte fünfzig Jahre alt werden, um erschöpft unterhalb des Mount Everest zu stehen und herauszufinden, daß Segeln ein angemesseneres Steckenpferd sei – aber das Leben sollte mit sanfteren Übergängen aufwarten. Wenn bei mir die Verkalkung einsetzt, werde ich das Hochseekajak gegen ein Segelboot eintauschen.

Ziel einer Reise kann es auch sein, wieder mit dem eigenen Körper vertraut zu werden, abzunehmen, ohne dabei zu hungern und unempfänglich für die heimischen Bequemlichkeiten zu werden. Das Negative am Reisen kann allerdings die Sucht werden, so schnell wie möglich von Punkt A nach Punkt B zu kommen. Gegenseitiges Sich-Ausstechen und übergroße physische Anforderungen verzerren die Naturanschauung. Viel schlimmer: Beeilten wir uns, würden wir nur vor diesem Gewicht *fliehen*, das wir zu bewältigen versuchen. Deshalb ist Langsamkeit meine Hauptmaxime.

Eine Frau, die die Route von San Felipe bis La Paz mit ihrem Mann per Kajak zurückgelegt hatte, erzählte mir einmal, daß sie für die rund 1000 Kilometer einen neuen Rekord aufgestellt hätten, nämlich 26 Tage. Ich erkundigte mich nach ihren Angelplätzen: Sie hatte nie geangelt. Ich fragte nach, ob sie jemals versucht hätte, ein Segel zu setzen, aber sie war nur gepaddelt. Und ob sie Zeit mit Mexikanern verbracht hätte: »Überhaupt nicht«, war die Antwort. Es kam mir vor, als hätte sie die Kilometer auf einer Rudermaschine zu Hause im Fitneßclub bewältigt. Deborah und ich räumten uns zwei Monate für unsere nur wenig längere Reise ein.

Wir wuchten die 60 Pfund schweren Kajaks nacheinander vom Dach und tragen sie hinunter an den Strand; ich setze mein Ende so vorsichtig auf, als würde ich auf der Entbindungsstation arbeiten. Dann umarmen wir Jane zum Abschied. Sie unterdrückt mühsam ihre Tränen, als sie an die südlich der amerikanisch-mexikanischen Grenze grassierenden Gerüchte über alleinreisende amerikanische Frauen und an die korrupte *policía* denkt. Wir hatten Jane angeboten, sie zurückzufahren, aber die logistischen Schwierigkeiten scheinen unüberwindlich, und so fährt sie mutig allein in Richtung Norden zurück. Tagsüber wird sie auf der vielbefahrenen Autobahn keine Probleme haben.

Zwischen dem Stopfen von wasserdichten Taschen in Bug- und Heckabteilungen unserer Kajaks springen wir ins Meer, das 7 °C kälter als die 40 °C heiße Luft ist.

Mit geschlossenen Augen lassen wir uns treiben, paddeln wie Seelöwen mit unseren Händen, nur unsere Gesichter ragen aus dem Wasser heraus.

Statt richtig über den Meeresboden zu gehen, ziehen wir unsere Füße schlurfend darüber, um halb in den Sand eingegrabene Stachelrochen aufzuscheuchen. Wenn ein Mensch von dem Dornenschwanz des Rochens am Bein gestochen wird, platzt am Schwanz eine dünne Scheide auf, aus der Gift in die Wunde des Opfers spritzt; die schartigen Spitzen dieses Stachels vergrößern die Wunde, wenn der Rochen noch einmal mit seinem Schwanz zuschlägt. Das Gift des Rochens kann beim

Menschen Fieber, Übelkeit oder Herzrhythmusstörungen hervorrufen.

Für die Physis haben wir eine zehn Pfund schwere Ausstattung an Medikamenten dabei. Diese Kiste ist voll mit Morphinampullen, Demerol, mehreren Sorten Antibiotika, Entzündungscremes, Material zum Zusammennähen von Wunden, Scheren, Narkotika, Hansaplast, Gaze, Ben-Gay, Hämorrhoidencreme, Augensalbe, Band-Aid, zehn Tuben Sonnencreme, 50 Pepto-Bismol-Kohletabletten und genug Rohzucker, damit unsere Gaumen in der Wüste nicht austrocknen.

Für den Geist haben wir zehn Kilo Bücher dabei. Fünf Naturführerbücher und einige Dutzend Belletristik- und Sachbücher. Sollte uns das Trinkwasser ausgehen, haben wir gegen Verdurstung einen Entsalzungsapparat dabei, der nach 40 Minuten starken Pumpens einen Liter trinkbaren Wassers zubereitet. Wir haben weder Toilettenpapier noch sonstige Sachen, die wir nicht zurückbringen können, eingepackt.

Toilettenpapier ist ein sicheres Zeichen für menschliches Eindringen in die Wildnis. Deborah und ich haben solche ›Darmgebetsflaggen‹ überall flattern sehen, von den Bergen Alaskas bis zu Thailands Stränden. An abgelegenen Orten der Erde im Wind wehendes Toilettenpapier gehört zwar nicht unbedingt zu den schlimmsten, aber gewiß zu den auffälligsten Formen der Umweltverschmutzung. Es kann vergraben oder verbrannt werden, aber Koyoten und andere vom Hunger getriebene Tiere neigen dazu, gebrauchtes Toilettenpapier auszugraben. Segler werfen es einfach über Bord, während Puristen es mit sich herumtragen, was für längere Reisen nicht gerade empfehlenswert ist. Deshalb benutzen wir es nur zu Hause. Auf Hygiene achtende Reisende müssen nicht gleich zu Eingeborenen werden, sofern sie nur ein wenig Phantasie aufwenden, um natürlichen Ersatz für Toilettenpapier zu finden. Zum Beispiel sind Venusmuscheln gegenüber Trompetenschnecken der Vorzug zu geben.

Wir haben weder ein Radio dabei noch einen Piepser für Notfälle, obwohl die Cortéssee für Unglücke berüchtigt ist. Im Januar 1978 brachen an einem Spätvormittag bei einem sich anbahnenden Unwetter neun Outward Bound-Studenten in

Kajaks auf. Sie begingen einen fatalen Fehler. Bricht man auf, wenn die Sonne aufgeht, vermeidet man die Nachmittagswinde, die jedem eine Höllenangst bereiten, der in einem Boot sitzt, das kleiner als eine Hochseeyacht mit zwei Dieselmotoren ist.

Die Winde entwickelten eine Geschwindigkeit von 80 Kilometer pro Stunde, und die Outward Bound-Kajaks schlugen voll. Im Gegensatz zu den meisten anderen Booten geht ein mit Wasser gefülltes Kajak nicht unter, sondern man ist dann nur leicht unter Wasser, und selbst eine ein Meter hohe Welle schlägt über einem zusammen und flößt einem Schrecken ein. Die Überlebenden der Kajakpartie berichteten, daß die Wellen fünf Meter hoch waren und die Küste mit Riffs übersät war. Sie hatten keine andere Wahl, als ihre halb gekenterten Boote zu einem großen Floß zusammenzubinden und sich, um zu überleben, daran zu klammern, dies alles bei 14 °C kühlem Wasser.

Brenda Herman, 21, und David Schwimmer, 18, die bereits von Ruhr geschwächt waren, riß der Sturm von der Gruppe fort, und sie ertranken. Die restlichen sieben Studenten klammerten sich fast die ganze Nacht an die Kajaks, bis Timothy Breidegam, 21, keine Kraft mehr hatte und ebenfalls ertrank. Die sechs verbliebenen Überlebenden konnten sich ans Ufer retten. Zwei Tage lang mußten sie durch die Wildnis irren, bis sie einen vorbeikommenden Fischer trafen. Schwimmers Leiche wurde wahrscheinlich von Haien gefressen, Breidegam und Herman wurden weitere zwei Tage später angeschwemmt.

Die Berichte in den Medien sollten uns glauben machen, daß diese drei jungen Leute nur der wilden See zum Opfer fielen. In den anschließenden Gerichtsprozessen beschuldigten die Eltern Outward Bound, das Unternehmen sei von einer rücksichtslosen Philosophie angetrieben. Doch ebenso könnten Deborah und ich leichtsinnig in die Nordwinde oder den *chubasco*, den vom Festland kommenden Wirbelsturm, geraten, um dann von Brechern überrollt zu werden, denen man nicht entkommen kann. In solch gefahrvollen Zonen passen wir natürlich besonders gut auf. Reisen können auch von einem kontinuierlichen Ausweichen vor Risiken bestimmt sein, von Respekt und Ehrfurcht vor den Naturgewalten und von einer vernünftigen Planung.

Auf die eigene innere Stimme zu hören, hilft in manchen Situationen ebenfalls. Wenn man mehrere Wochen in freier Natur unterwegs ist, erreicht man den Punkt, daß man Gefahren förmlich zu wittern beginnt. Dieser instinktive ›Radar‹ hielt mich von Lawinen, Gletscherspalten und Stürmen fern; hätte ich nur einmal nicht darauf gehört, würde ich wohl schon nicht mehr leben. Obwohl es nur wenige Untersuchungen über die Verläßlichkeit des menschlichen Instinktes gibt, hören viele Abenteuerkundigen auf diese innere Stimme; Technik-Gläubige tragen als Ersatz für ihren Instinkt Lawinenpiepser, Radios, Suchmelder und teures technisches Gerät mit sich herum. Sie sind schon so sehr auf Technologie fixiert, daß ihre eigenen Sinne total verkümmern.

Man warnte uns auch vor Klapperschlangen, die unter Schlafsäcken dösen, vor Seeschlangen mit Nervengift in den Fangzähnen, die sich unter den Kajaks zusammenrollen, vor Skorpionen, die in Schuhe kriechen, vor sechs Meter großen Teufelsrochen, die aus dem Wasser springen und Kajaks zum Kentern bringen können, vor Strudeln, die während der Gezeiten entstehen, vor den *elefante*-Winden, die kleine Boote auf das hohe Meer blasen können, und vor Taranteln, die sich so sorgfältig wie Erdhörnchen in den Boden eingraben. Wir passen auch auf, nicht auf giftige Seeigel zu treten oder zwischen ein Orcawalbaby und seine Mutter zu geraten, um nicht deren Beschützerinstinkte herauszufordern. Auf 38 verschiedene Arten von Haien können wir stoßen, auf mißgelaunte Seelöwenbullen treffen oder aber uns eine simple, doch für Paddler höchst hinderliche Sehnenentzündung zuziehen.

Im sicheren Zuhause und angesichts des Bewußtseins, daß das Abenteuer ein Allheilmittel gegen zu große Ruhe ist, erscheinen all diese Gefahren eher reizvoll und aus unserer Bergsteigerperspektive betrachtet ebenfalls wunderbar neu. Deborah und ich versicherten uns gegenseitig, daß, sollte die Halbinsel frei von giftigen Wildtieren und das Meer der mediterrane Binnenozean sein, es nicht das *echte* Abenteuer in der Wildnis wäre, das wir benötigen, um uns und unsere Ehe neu zu erfahren und auszuloten. Sogar Odysseus hätte es vorgezogen, auf Ithaka zu bleiben und Staub anzusetzen als in einem Meer ohne Zyklopen zu ankern. So dachten wir noch in Crested Butte. Aber während wir knöcheltief im Wasser standen, neben uns das beladene Kajak, und wir durchzuchecken versuchten, was wir alles vergessen hatten und wie wir die vor uns liegenden 1280 Kilometer bewältigen sollten, hatte ich ein ziemlich flaues Gefühl in der Magengegend.

3 | Das Werk des Architekten

Wir legten mitten am Nachmittag ab und hofften darauf, einen einsamen Strand zum Schlafen zu finden, um bloß nicht die Nacht in San Felipe verbringen zu müssen. Wenn auf den Straßen mehr Amerikaner als Mexikaner unterwegs sind, kann man kaum noch davon reden, in Mexiko zu sein. Unsere Kajaks gleiten schnittig durch den späten Nachmittag, aber ab und zu höre ich zu paddeln auf und lasse meine Arme bis zum Ellenbogen in das türkisfarbene Wasser sinken, um meine blasenübersäten Hände ein wenig zu kühlen.

Immer wieder fahren Fischer in *pangas* und Walfangboote aus Boston an uns vorbei; in ihrem Kielwasser atmen wir die übel riechenden Abgase der Außenbordmotoren ein. Die *pangas* sind ganz nach Maßgabe und Geschmack des Besitzers entweder festlich bemalt oder ganz weiß lackiert. Die Fischer kaufen sie von einem Amerikaner, der in einem Vorort von La Paz wohnt; Malcolm Shroyer sah das Anwachsen der Fischereiaufkommens voraus und konstruierte ein Boot, das die Wirtschaft vor Ort ankurbelte.

In den siebziger Jahren ersetzte er die hölzernen, früher in der Baja California gebräuchlichen Kanus durch seine Fiberglas-*pangas*. Sie besitzen einen elastischen Bug und sind auch bei schwerem Seegang manövrierfähig. Im verstärkten Heck sind 100 PS starke Außenbordmotoren eingebaut. Sie sind nicht billig, aber in guten Fangzeiten sitzt den Fischern das Geld locker. Diese leichten Boote lassen sich wie Korvetten steuern und gleiten selbst bei schwerem Wellengang und Gegenströmungen über die Wasseroberfläche.

Deborahs Abstand zu mir wird immer größer. Ihre geschmeidigen Arme kommen mir wie Kolben vor: Das zweiendige Paddel taucht mit der Präzision einer Maschine ins Wasser ein und aus. Ich gebe die Hoffnung auf, sie einzuholen, und schleiche mich an einen Wellenbrecher an, der strenger als ein Fischmarkt riecht. Garnelenfischerboote, an denen kleinere Malerarbeiten ausgeführt werden, stechen in See.

Ein brauner Pelikan bremst seinen 50 Stundenkilometer schnellen Flug lautlos ab, kreist über mir und fliegt flügelschlagend auf die hohe See hinaus. Der Vogel schluckt einen Schnabel Stint und gibt dabei Geräusche wie eine im Wind knatternde Fahne von sich. Ungefähr fünf Kilometer legt der Pelikan pro Stunde schwimmend zurück, meine Höchstgeschwindigkeit. Sebastian Vizcaíno umrundete 1602 das Untere Kalifornien und beschrieb die braunen Pelikane damals folgendermaßen:

Hier ging die Besatzung der Almiranta an Bord, besonders Pater Antonio, welcher in Gesellschaft Kapitäns Peguero alles sorgfältig untersuchte. An einem Ort fanden sie einen braunen Pelikan mit herunterhängendem Flügel, welchletzerer angepflockt war, und um ihn herum lagen viele kleine Anhäufungen frischen Fisches und guter großer Sardinen, welche die anderen Pelikane ihm als Speise gebracht, als er selber aufgrund seiner Gefangenschaft und Verletzung jene nicht fangen konnte, solche Barmherzigkeit ist diesen Vögeln zu eigen ... Dieses war eine List der Eingeborenen, sich die Füße nicht zu benetzen, denn, sahen sie viele Fische um den gefangenen Vogel liegen, kamen sie aus ihrem Verstecke, scheuchten die Pelikane hinfort und sammelten als Beute ein, was auf dem Boden verstreut war, zogen sich dann von neuem zurück und warteten wieder auf Konterbande. Solcherart geschah es, daß die Indianer zur Genüge viel Fisch ohne Müh oder Anstrengung ernteten (geheime Weisheit GOttes, laßt uns IHN im Angesicht SEiner wundersamen Arbeiten lobpreisen). Pater Antonios Mitleid war so stark

Die auch in der Baja selten gewordenen Pelikane sind gesellige Tiere. Für einen Plausch genügt ihnen dieses kleine Riff

erregt, daß er dem Vogel die Freiheit gab und ihn aufs Wasser hinausließ.

360 Jahre später haben Pestizide die Pelikane im Unteren Kalifornien fast vollständig ausgerottet. Obwohl die Schalen der mexikanischen Pelikaneier aufgrund der Auswirkungen von DDE, eines Bestandteils von DDT, immer dünner wurden, stellte die Halbinsel wegen ihres reichen Vorkommens an Meerestieren und aufgrund der Tatsache, daß hier keine chemischen Vernichtungsmittel eingesetzt wurden, ein Schutzgebiet für diese Tierart dar. Die Verwendung von DDT wurde in den Vereinigten Staaten verboten, und 1973 konnte der *pelicanus occidentalis* von der Liste bedrohter Tierarten gestrichen werden.

Nachdem wir eine weitere Stunde gepaddelt sind, fühle ich mich in mein Kajakgehäuse genau eingepaßt, meine sehr ehrgeizige Frau ist allerdings noch in Sichtweite, und die Küstenlinie verläuft wie die Melodie eines automatischen Klaviers ohne die kleinste Unterbrechung nach Süden. Ein Kormoran mit langem Hals beobachtet mich mißtrauisch, bevor er taucht und in den Schwärmen gelb-purpur-orangefarbener Fische auf Beute ausgeht. Ich halte meine Arme in die türkisfarbene Kühle. Vierzig Sekunden später taucht der Kormoran dreißig Meter leewärts lautlos wie eine Schlange wieder auf.

Nach zwei Stunden haben die Streben des Fiberglaskajaks auf meinen Beinen Spuren hinterlassen. Wieder lasse ich meine Arme ins Wasser gleiten und träume von einer kühlenden Eskimorolle, einer fast akrobatischen Methode, zu kentern und wiederaufzutauchen. In einem leeren Flußkajak kriege ich mit Ach und Krach eine solche Rolle hin, aber 190 Pfund an Nahrung, Benzin, Trinkwasser und Gerätschaften würden selbst einen erfahrenen Kajakfahrer vor unüberwindliche Schwierigkeiten stellen. Außerdem ist mein wasserdichter Gischtschutz, der sich nahtlos über Cockpit und Achselhöhlen legt, zu tief in den Stapeln verpackt. Als kleinen Ausgleich spritze ich mir etwas Meerwasser ins Gesicht.

Im Sonnenuntergang höre ich etwas nördlich von San Felipe zwölf *pangas* röhren. Der penetrante Geruch von verbranntem Abfall hängt wie eine Gewitterwolke drohend über dem Wohnbezirk und zweifelsohne über ganz Mexiko. Wir weichen zum Ufer aus mit dem Resultat, daß die Fiberglas-Kiele unserer Boote über den Schmirgelpapierstrand kratzen. Ein Schild mit der Aufschrift VEHICULOS PROHIBATO EN LA PLAYA droht jedem, der diesen 170 Meter langen Abschnitt aus geschützten Sanddünen mit dem Auto betritt, mit einer Strafe von 100 Dollar. Hier sind wir im Zelt sicher, ohne von Strandbuggies überfahren zu werden.

Auf dem Sand finden wir einen toten jungen Hund. Im sanften gelben Licht erscheint er lebendig und nicht tot, vom Mondschein beleuchtet, geht von ihm wie von meinen Armen ein Leuchten aus. Der Leichnam liegt hier schon lang genug, daß sich die Krebse daran gütlich taten, die Sonne hat ihn so ausgetrocknet, daß der modrige Geruch des Todes fast nicht mehr wahrnehmbar ist. Mit meinen Händen hebe ich ein Grab aus und schaufle Erde über das bloßgelegte Gebiß. Ich würde dieses Erlebnis gerne von mir abschütteln und tue so, als hätte es diesen toten Hund nie gegeben. Ich denke an Angenehmeres: an ein teures Ferienhotel in der Karibik, auf alle Fälle Disney World, vielleicht sogar Paris. Sechs tote Hunde innerhalb von zwei Tagen sind kein besonders gutes Omen. Deborah weint. Wir umarmen uns. »Schatz«, flüstere ich ihr ins Ohr, »es könnte viel schlimmer sein. Schließlich sind wir im Urlaub.« Sie hört auf zu weinen, wischt ihr Gesicht ab und antwortet: »Diese Reise ist *kein* Urlaub, Jonathan.«

In einer Ehe ist eine Umarmung das Beste, wenn man verschiedener Meinung ist. Sogar wenn man recht hat. Und ganz besonders, wenn man falsch liegt. Alles in allem sind Abenteuerreisen *für mich* Urlaub; ihr, die auf dem Verteiler Dutzender von Tierschutzvereinen steht, kommt es wie eine Fahrt durch die Tierversuchsabteilung einer Kosmetikfirma vor. Sie leidet mit dem Hund mit und hat Angst vor dem, was uns noch erwartet, deshalb läßt sie ihren Gefühlen freien Lauf. Ich nehme sie in den Arm und sage: »Herzlich willkommen in Mexiko, Schatz«, und schaue dabei auf das Meer.

Als die Sonne hinter den Sanddünen verschwindet, läßt der Südwind nach. Es herrscht tiefe Ebbe, das Wasser schlägt leise an die schlammige Mündungsküste des Colorado Rivers. In diesem scheinbar zufällig entstandenen Zusammentreffen von Erde, Wind, Meer und Himmel, in der Nähe des Hundegrabes, vergißt man alle Pläne. Die Sonne fällt noch etwas tiefer, und eine unsichtbare, gargantueske Wolke wirft einen scharfen schwarzen Strahl über die Cortéssee. Dieser 160 Kilometer große Schatten glüht vor dem Himmel, und das Meer atmet ein und aus. Noch mehr Atemzüge vergehen, bevor Deborah und ich uns auf dem schlammigen Sand umarmen.

Nur die reinen Füllhörner der Natur vermögen Schatten in Lichtstrahlen zu verwandeln. Wer kann schon endgültig beurteilen, welches tierreiche Schutzgebiet in der Arktis, in der Serengeti oder die Cortéssee das schönste Naturlicht hervorbringt? Ist zuerst die Vermehrung der Tiere da, wie im Prozeß der Photosynthese? Oder ziehen Licht und Schatten die Wildtiere in ähnlicher Weise an, wie dies bei uns der Fall war?

Wie als Antwort auf unsere Fragen löst sich der Schatten mit einer Plötzlichkeit auf, als hätte eine umsichtige Hand einen Lichtschalter betätigt. Kehliges Vogelkrächzen ertönt vor uns, der Vollmond erscheint am Firmament und taucht die Szenerie in helles Tageslicht. Deutlich erkennen wir einen großen Blaureiher, der wie auf Stelzen durch das Wasser schreitet. Ein Schwarm Meeräschen blitzt auf und verschwindet wieder im silbernen Meer, zwei Koyoten singen im Duett, zu unseren Füßen raschelt eine Maus.

Wir spüren die Hand des Architekten.

4 | Die Lungen des Meeres

Um acht Uhr abends hat sich das Wasser der Cortéssee dreißig Meter von unserem Zelt zurückgezogen. Wir atmen aus, während das Meer weiterhin einatmet. Wir gehen durch den Sand spazieren, heben Muscheln auf und messen mit unseren Zehen zwei 60 Zentimeter breite Mulden aus, die Stachelrochen in den Sand gruben. Fünf Meter unterhalb der schaumigen Überreste des Höchststandes der Flut stehen wir jetzt. Die Nacht ist still, sie nähert sich der Flaute zwischen den Gezeiten. Das Meer kommt uns vor, als würde es atmen und zärtlich die Küste streicheln, eine zusammengeknüllte Decke auf einem Bett.

Die Schwerkraft des Mondes ist für die heutige ›Spring‹-Flut verantwortlich – *springan* heißt auf angelsächsisch ›ansteigend‹ oder ›nach oben quellend‹. In weiteren 14 Tagen wird der Mond nur noch als Sichel am Himmel erscheinen, die Flut wird höher, die Ebbe niedriger werden. Unsere eigene geistige und körperliche Verfassung wird auf ähnliche Weise von den Gewalten des Kosmos bestimmt. Ich kann mich auf wiederkehrende Kräfte verlassen, auf eine schwindelerregende Euphorie, die der Vollmond in mir auslöst.

Obwohl ein Meeresbiologe sich den Ozean nie als eine lebende Person vorstellen würde, könnte man davon ausgehen, daß Meereskörpern durch Mikroorganismen und durch den Mond Leben ›eingehaucht‹ wird. Unsere Körper sind wie das

Nach einem Arbeitstag schweißtreibenden Paddelns sucht Deborah Abkühlung in der Brandung

Meer voll von schwimmenden Plättchen, Bakterien und allen möglichen Kleinstlebewesen. Wir atmen ein, das Meer atmet aus. Diese äußerst sedimentierten nördlichen Gewässer sind nicht tiefer als 215 Meter. Zwei Gezeiten pro Tag schwemmen durch das 800 Meter tiefe Mittelriff (160 Kilometer südlich) und führen Plankton, Fischschwärme und Sauerstoff zu Myriaden von Meereslebewesen mit sich.

Die auftretenden Gezeiten rufen Strudel hervor, die sich mit vier bis acht Kilometern pro Stunde vorwärts bewegen: Sie werden die größten Herausforderungen auf unserer Fahrt auf hoher See sein. Sollten die Strömungsstrudel zu stark werden, legen wir am Ufer an und warten auf gemächlichere Gezeiten. Yachtboote oder Küstenkreuzer können die Plätze, in die wir mit dem Kajak kommen, weder anfahren noch dort ankern, ganz zu schweigen davon, daß große Schiffe sich in der Regel nicht mit den Strömungen des nördlichen Golfes anlegen. Gerade dies aber kommt unserem Bedürfnis nach Einsamkeit entgegen.

1539 fühlte sich Francisco de Ulloa ähnlich einsam, als er als erster das Meer durchsegelte. Abgesehen von einigen verstreuten Indianerstämmen war die Halbinsel eine unbewohnte Wildnis. Er benannte das Meer nach seinem vom Drang nach Perlen und Gold getriebenen Kommandeur Cortés. Er segelte zum flachen Ende des Golfes und fand den Fluß, den er wegen der Rotfärbung seines lehmbedeckten Wassers Colorado nannte. Ulloa schrieb:

Wir fanden einen Kanal, zwei Ligen [acht Kilometer] vom Festland entfernt, acht Fäden tief, in den zwei Gezeiten jede 24 Stunden in ihrer naturgegebenen Reihenfolge, Flut und Ebbe, einströmten, ohne ein Jota zu fallen, und mit einer Flut und Ebbe-Strömung, daß es wundersam anzuschauen war. Wenn die Flut herausfloß, ließ sie eine Fläche von mehr als zwei Ligen trocken und wenn sie hineinströmte, bedeckte sie diese, welche zwischen uns und dem Festland lag.

Vor dem Bau des Hoover-Dammes ergoß sich der Colorado River ungestüm in die Cortéssee und bildete Wasserwände, so hoch wie die in der Bay of Fundy auf Nova Scotia. Ein mexikanischer Dampfer kenterte bei einem solch hohen Wellengang, wobei 80 Menschen ihr Leben verloren; andere Schiffe wurden ans Ufer geschleudert, verloren Anker oder strandeten auf den zahlreichen Gezeitensandbänken. Im Jahr 1857 schrieb Joseph Ives von den United States Army Engineers folgendes:

Eine große, mehr als einen Meter hohe Welle, die sich von einer Sandbank bis zur anderen erstreckte und sich rasch auf uns zubewegte, konnte man deutlich im Mondlichte aufblitzen und funkeln sehen ... das breite Tuch um uns kochte und zischte wie der Inhalt eines Kessels in die Höhe, und dann donnerte das Ganze mit nur wenig Flaute ... mit dem Donnern eines Wasserfalles an uns vorbei.

Nachdem Ives zwei Tage lang flußaufwärts gereist war, in die Gegend des heutigen Hoover-Dammes, unterschätzte er die Fähigkeit seines Arbeitgebers: »Der Colorado River soll im größeren

Teil seines einsamen und majestätischen Weges für alle Zeiten unbesucht und ungestört bleiben.«

Der Colorado River versorgte früher jedes Jahr das Meer zur Hälfte mit Frischwasser und führte ungefähr 165 Millionen Tonnen an Sediment mit sich, die den Meeresboden vier Kilometer dick bedeckten. Seit der Einweihung des Hoover-Dammes 1935 erreichen diese Sedimente nicht mehr die Cortéssee, läßt man einmal das Frischwasser mit seinen lebenserhaltenden Nitraten und Phosphaten außer acht.

Obwohl wir für unsere Reise selbst von der Technik profitieren, mit der wir Dämme und Kajaks aus Fiberglas bauen, den Osmoseprozeß umkehrenden Entsalzer erfinden können und Ingenieure es ermöglichten, daß wir 80 Kilometer über das schlammige Flußdelta heraus fahren konnten, schnürt sich mir bei diesen Eingriffen in die Natur die Brust zusammen. Der Fluß ist zum Sterben verurteilt, die Dünen im Norden sind überlaufen, und das Meer verliert mehr und mehr an Lebenskräften.

✳ ✳ ✳

Scharen von Geisterkrebsen, achtbeinige Stablampen, krabbeln zu unseren Füßen und verschwinden in Löchern über der dunkel abgesetzten Wasserlinie. Ich gehe hoch zum Zelt, aber ein Summen wie aus einem leise summenden Bienenkorb hält mich davon ab, ganz hinein zu gehen. Eine Klapperschlange liegt als Wächterin vor dem Eingang zusammengerollt und ist bereit zuzuschlagen. Ich springe zurück, Deborah schreit auf. Unter dem Strahl meiner Lampe funkeln ihre Augen wie orangefarbenes Feuer, ihre Zunge züngelt nach unserem Geruch, und ihr klappernder Schwanz fährt drohend über den Sand. Ich fühle einen Drang, die Schlange zu töten, teilweise deshalb, um uns zu schützen, und teilweise, damit wir sie essen können. Ich frage Deborah, ob sie schon einmal Klapperschlange gegessen hat, und der ungläubig hervorgestoßene Laut läßt mich sofort bereuen, diesen Vorschlag überhaupt gemacht zu haben. Ein paar leichte Klapse mit dem Paddel vertreiben die Schlange.

Im Zelt können wir jetzt ungestört schlafen – keine Schlangen, Skorpione oder Krebse. Ohne Abendnachrichten, ohne Klingeln des Telefons oder defekten Gasofen. Aber das Denken daran, daß Technik das Zusammenprallen und Vermischen eines großen Flusses mit dem Meer verhindert, die Ahnung, daß ich mich von diesem Damm nicht freimachen kann, läßt mich stundenlang wachliegen und hin- und herdrehen. Ich stelle mir die Frage, ob es dem Menschen angeboren ist, die Natur verändern zu müssen. Unterscheide ich mich, wenn ich den Wunsch empfinde, die Schlange zu töten, von jenen, die den Fluß abtöteten?

Als ich meine Augen schließe, atme ich aus. Bevor ich in den Schlaf hinübergleite, atmet das Meer ein.

Um neun Uhr morgens – wir sind zu müde, um bei Dämmerung aufzubrechen – werden wir von einem Rucksacktouristen aufgeweckt, der nach San Felipe zurückkehrt. Unser morgendlicher Gast, inspiriert von Graham Mackintoshs Buch über seine 4800 Kilometer lange Wanderung um die Halbinsel, hatte die Hoffnung, gleiches zu vollbringen. Er hat sich Blasen gelaufen, hat nicht genug Wasser dabei, und seine nagelneue Ausrüstung unterstreicht seine fehlende Erfahrung. Neben der Weite des Meeres gibt es trotz verstreuter Häuser und vorbeifahrender Wüstenfahrzeuge eine räumliche Einsamkeit, die einen, kann man damit nicht umgehen, in einen Taubheitszustand treibt. Als er uns bei seinem Abschied in Richtung seiner Heimat Texas zuwinkt, bewundern wir seinen Mut, lieber in dieser Einsamkeit zu scheitern als zu Hause tatenlos vor sich hinzuträumen. Aber Deborahs Schweigen verstärkt noch meinen Gedanken: *Haben auch wir uns übernommen?*

Die meisten Kajakfahrer heben ihre Boote, zu denen sie ein fast symbiotisches Verhältnis haben, vom Boden und tragen sie ins Wasser. Da sich das Meer 800 Meter vom Land zurückgezogen hat, zerren wir unsere halbvollen Boote wie Maulesel ins Salzwasser. Dreimal müssen wir zurückgehen, um den Rest unserer Ausstattung hinunterzuschleppen. In den verstrichenen 40 Minuten müssen wir die Kajaks noch zwölf Meter weiterschleifen, um sie in dem zurückweichenden Wasser zu halten. Bis wir das Mittelkliff, wo die Gezeiten nur um einen Meter fallen, passiert haben werden, hängen unsere Geschicke von den Zieh- und Schiebekräften des Mondes ab.

Als wir eine Sanderhebung umrunden, sehen wir zwölf Reiher, 32 Pelikane und unzählige Seemöven in Reih und Glied stehen, jede Vogelgruppe von der anderen säuberlich getrennt. Ihre Köpfe drehen sich nach Süden, als wir vorbeipaddeln, und Deborah wünscht jedem Vogel laut einen Guten Morgen.

Nach wenigen Minuten des Paddelns bin ich total schweißbedeckt. Der Planet brennt gnadenlos vom Horizont, und ich würde unter meiner Sportmütze am liebsten schrumpfen, um mehr Schatten abzubekommen. Ein Meter lange barrakudaähnliche Nadelfische springen vor unseren Rudern hoch. Einmal hatte ich das Glück, einen solchen pfeifenförmigen Fisch mit Krokodilsmaul, *Tylosurus crocodilus,* aufzuspießen. Wegen seiner neongrünen Gräten und des Fleisches wird sich die Seenadel kaum so kommerziell verwerten lassen wie andere Meerestiere.

In Los Barriles, dem Windsurfer-Mekka im südlichen Teil der Halbinsel, sind »einschlagende« Nadelfische kein Witz. Einem einheimischen Windsurfer, dessen Brett mit 64 Stundenkilometern über die Wellen flitzte, durchbohrte ein hochspringender Nadelfisch die Wade. Ein weiterer Windsurfer wurde von einem Nadelfisch so schwer am Knie verletzt, daß er operiert werden mußte.

Deborah schlägt scherzend vor, daß ich mir die wasserdichte Abdeckung überziehen solle, falls einer der für seine scharfen Zähne gefürchteten Fische in meinen offenen Fahrersitz springen würde. Ich mache mir lieber keine Vorstellung davon, was solch ein *Crocodilus* mir antun könnte.

Meine Beine scheuern sich an den Streben des Kajaks wund, meine Füße krampfen sich auf den Ruderpedalen zusammen. Auch mein Hintern schmerzt vom langen Sitzen, und mein oberer Nackenwirbel knirscht vom vielen Paddeln.

Unzählige Pelikane stehen nebeneinander am Strand und warten auf die neue Morgenflut. Hunderte von Anchovis treiben als sechs Meter großer, grünverzerrter Ball unter der Wasseroberfläche. Kalifornische Makrelen fliehen vor unseren schild-

*Ein hartes Stück Arbeit: Bei Ebbe die Boote in die immer mehr
zurückweichende See zu ziehen*

krötenförmigen Booten in sorgfältig abgezirkelter Halbrundan-
ordnung. Ein Fischadler fliegt mit seiner undefinierbaren Beute
in den Klauen landeinwärts.

Je weiter wir uns von San Felipe entfernen, desto kleiner wird
die *panga*-Flotte. Die vorbeiziehende Küstenlinie enthüllt einige
Hotels, mehrere Großbaustellen und zahlreiche Ferienhäuser
oder *campos,* zu denen von jenseits der Dünen her Straßen
führen. Gringos und Mexikaner vergnügen sich im Wasser und
picknicken am Strand; Dreiräder und Strandbuggies flitzen hin
und her.

Alle Stunde ziehen wir unsere Paddel ein, verstauen sie im
stoßsicheren Decktauwerk und nehmen aus unseren Polyäthy-
lenflaschen einen Schluck Wasser zu uns. Alle zwei Stunden landen wir an ruhigen Sandstränden, um uns die Beine zu vertreten.
Nach beinahe fünf Stunden des Paddelns stellt sich ein wenn
auch widerwilliger Rhythmus ein, der mehr der rasend schnellen
Singsangbewegung meines Körpers ähnelt als irgendeiner Art
von Paddelmusik. Ich stelle mir das Paddel als Cellobogen vor,

33

und mein linkes Ruderblatt erzeugt unter Wasser eine Note, während mein rechtes einen sanften Bogen himmelaufwärts beschreibt. Ich stütze mich mit den Füßen ab und benutze meinen Rücken, um mich unserem 1280 Kilometer südlich gelegenen Ziel mehr entgegenzuschieben als zu -ziehen. 60 Noten pro Minute, 3600 pro Stunde, 22 000 jeden Tag. 1 080 000 Noten werden am Ende einer symphonischen Reise gespielt worden sein. Die Flut stiebt eng an der Halbinsel hoch, die Pelikane beginnen wieder zu tauchen, und wir halten nach einem abgelegenen Strand mit weißem Sand Ausschau.

Die Bugteile der Boote heben sich vor den anrollenden Wellen, halten uns dadurch trocken und schieben sich sachte in die Wellentäler zurück. Irrläuferbrecher zerteilen sich auf der spitzwinkligen Oberfläche der Kajaks statt in die Cockpits zu fließen. Trotzdem werden wir, wenn die See etwas rauher wird, uns in den Sitzen mit unseren elastischen, wasserabweisenden Überzügen vor der Nässe schützen. Im Gegensatz zu den weiten, leichten Erhebungen des Pazifiks ist die Cortéssee für kurzen, unregelmäßigen Wellengang berüchtigt, was in einem Kabinenkreuzer kaum für Beunruhigung sorgt, aber aus unserer Perspektive um einiges bedrohlicher wirkt. Kinder sind wir, die in der Brandung spielen.

Als ich endlich den Rhythmus der Wellenabfolge gefunden habe, wird mir blitzartig klar, daß es der Reiz des Neuen war, der mich zur Cortéssee fahren ließ. Als Erwachsene ist uns ein großer Teil des Lebens und unserer Arbeit notwendigerweise allzu vertraut, unsere Verläßlichkeit, unsere Produktivität sind für unsere Arbeitgeber gar nicht zu überschätzen. Aber wertvolle Zeit verstreicht so schnell, wenn das Leben nur noch in den gewohnten Bahnen verläuft. Die Tage vergehen wie im Flug, wenn wir immer wieder denselben Gang zum Lebensmittelhändler und zum Arzt machen und regelmäßig bedauern, wie kurz das Wochenende ist.

So kamen mir bereits die ersten beiden Tage auf der Cortéssee wie ein ganzer Monat vor. Wir bestaunten jeden Sonnenaufgang, bewunderten neue Fischarten und seltene Muscheln und gingen im Mondlicht spazieren. Dieses intensive Erleben schafft ein ganz anderes Zeitgefühl. Ich komme mir vor wie ein Kind, das diese neue Welt mit leuchtenden Augen in sich aufnimmt.

Ich erwache aus meinen Tagträumen und stelle mein Einverständnis mit der Realität, als drei Flossen spielerisch durch das Wasser direkt auf mich zusteuern, auf die Probe. Ich habe keine Angst. Es sind Delphine. Ich lasse meine Hand ins Wasser baumeln und biete ihnen meine Handfläche als Geste der Unterwerfung und Freundschaft dar. Die drei Delphine scheinen eine halbe Ewigkeit dafür zu brauchen, um unter meinem Boot hindurch zu schwimmen. Obwohl sie nicht zulassen, daß ich ihre porzellanweichen Rücken berühre, schauen sich Mensch und Tier in die Augen und entdecken eine Verwandtschaft, die das Universum zusammenschrumpfen läßt, die Zeit aus den Fugen bringt und meine Haut strafft.

5 | Almosen für die »kleine Kuh«

Die Delphine, die unter meiner Hand hindurchtauchen, gehören zur Gattung der Wale, zu denen auch Walfische und Tümmler gezählt werden. Obwohl sie zu grinsen scheinen, fungiert bei Delphinen der vorgeschobene, den freundlichen Eindruck vermittelnde Unterkiefer als Ohr, mit dem sie Pfiffe verwandter Wale im Hochfrequenzbereich wahrnehmen. Jeder Delphin verfügt über ein individuelles Pfeifen, das es einer Familie ermöglicht, den Aufenthaltsort eines jeden Mitglieds auszumachen und verschiedene Informationen weiterzugeben. *Achtung!*, könnten sie beispielsweise auch pfeifen. *Berührt diese Hand nicht.*

Von den 65 Delphinarten, die nicht mit der Fischdorade oder den Delphinfischen zu verwechseln sind, finden sich in der Cortéssee neun. Die klug blickenden Delphine unter mir besitzen dieselbe Erinnerungsfähigkeit wie ich, und sicherlich werden sie mir deshalb nicht gestatten, ihre weichen Rücken zu berühren, weil sie die Verletzungen und das Abschlachten, die ihren Artgenossen widerfahren sind, nicht vergessen haben.

Wir schätzen, daß es drei Große Tümmler sind, die uns begleiten. Gewöhnliche Delphine findet man in größeren Schwärmen
und in größeren Meerestiefen. Beide Arten gehören zu den in-
telligentesten Säugetieren. Nachdem Thunfischflotten und Garnelenfischer den Walbestand weltweit dezimiert haben – jedes
Jahr wurden Tausende von Delphinen und Tümmlern von Fischern getötet –, erscheint das Überleben dieser Tiere durch ein
kürzlich verabschiedetes Gesetz nun endlich gesichert. In Baja
Mexico nahm die Population der Meeressäugetiere zu: Der
früher gefährdete Grauwal erholte sich nach dem Verbot des
Walfangs. Dennoch nimmt die Zahl der Wale – des »echten«
Wals, des Indus-, Baiji- und des Schwarzen Delphins und, als ge-
fährdetster von allen, des Vaquita-Tümmlers – weiterhin ab.

Den Vaquita (kleine Kuh) findet man nur noch in der Cortéssee. Diese Tümmlerart kann 21 Jahre alt werden, zwei Drittel der
Lebenszeit eines Großen Tümmlers, wird bis zu eineinhalb Meter groß und wiegt nur ganz selten mehr als 105 Pfund, ein Drittel des Normalgewichts der meisten Delphine. Im Gegensatz zu
den Delphinen haben die sechs Unterarten der Tümmler keine
verlängerten Mäuler; der Vaquita, den man an einer gebogenen
Rückenflosse und schwarzen Flecken über den Augen erkennen
kann, hält sich im Gegensatz zu den anderen Delphinen nicht in
den Bugwellen von Booten auf. Am häufigsten sichtet man ihn
zehn Kilometer von der Küste entfernt, und dies auch nur im
nördlichen Teil dieses Meeres.

Vaquitas ›sprechen‹, um sich innerhalb ihrer engen Gebiets-
grenzen verständlich zu machen. Obwohl sie nicht wie Delphine
pfeifen, ist ihr Hochfrequenz-›Klicken‹ von Haien und Killerwalen nicht zu hören. Durch kurze, konzentrierte Ausrufe verkür-
zen sie das Echo am Meeresboden und benutzen ihr Klicken, um
ihre Beute, bestehend aus Meeresbodenfischen, Tintenfischen
und Krebsen, die die Hochfrequenzgeräusche nicht wahrnehmen, zu fangen. Dieses Sonarsprechen ermöglicht es dem Vaquita, sich in den schlammigen Gewässern des flachen, nördlichen Teils der Cortéssee aufzuhalten, wo er vor seinen Jägern
geschützt ist und sich vor seiner Beute verbergen kann.

Laut mehreren, unabhängigen Zählungen hat sich die Vaquitapopulation bis auf 300 Exemplare reduziert. Die Tümmler bekommen einmal im Jahr Nachwuchs. Bei Autopsien, die an 40 Vaquitas vorgenommen wurden, stieß man auf mehrere Tiere, deren Gebärmutter »kalzifiziert«, d.h. unfruchtbar war. Sämtliche dieser untersuchten toten Tümmler waren entweder unter drei oder über zehn Jahre alt. Dieser ›Generationenbruch‹ gilt bei Biologen als ein Alarmzeichen für das Aussterben einer Gattung. Ähnliche Symptome hat man beim Totoaba festgestellt, einem Fisch, den es nur in der Cortéssee gibt, dem Mexikanischen Wolf, der Lasttaube und der Mondseekuh.

Säugetierbiologen haben behauptet, daß der Vorläufer des Vaquita der Burmeistertümmler war, den man heute vor der Küste Perus findet (und der bei den peruanischen Fischern auf der Speisekarte steht). Während der letzten Eiszeit schwamm dieser Tümmler mehrere tausend Kilometer durch die auskühlenden Gewässer der Tropen nach Norden, wurde dabei von einer Formation von Schwellen und Simsen in der nördlichen Cortéssee »überrascht« und wie in einem Becken gefangen. Im Lauf der Jahre gewöhnten sich die Vaquitas dadurch an die wärmeren Temperaturen des nördlichen Meeres, daß sie sich in kleinere, weniger Energie verbrauchende Tiere fortentwickelten und große, wärmezerstreuende Schwänze und Rückenflossen, die proportional zum Körpergewicht größte Flosse eines Wales überhaupt, ausbildeten. Kein Tümmler ist so klein wie der Vaquita, es gibt auch keine weitere Art von Walen, die sich in einem 3200 Quadratkilometer großen, immer salziger werdenden Ozean aufhält, in den ein biologisch gekippter Fluß fließt.

Vor der Eindämmung des Colorado Rivers und bevor jeder Meter des nördlichen Teils des Meeres zweimal im Jahr von Garnelenfischern durchkämmt wurde, dürfte die Zahl der Vaquita mehrere Tausend betragen haben. Aber es gibt kaum wissenschaftliche Erkenntnisse über *Phocoena sinus* (den Golftümmler), denn fossile Überreste von Tümmlern sind mindestens 11 Millionen Jahre alt, und der Vaquita wurde überhaupt erst im Sommer 1956 von einem Wissenschaftler entdeckt.

Fast zehn Jahre später wurden die ersten toten Vaquita an den Stränden der Cortéssee angeschwemmt. Amerikanische und mexikanische Wissenschaftler begannen damit, die Ursachen für die Bedrohung des Vaquita aufzulisten: Die Austrocknung des Colorado Rivers bewirkte einen Anstieg des Salzgehalts im Wasser und eine Reduktion der Nährstoffe; durch die Einführung von leichten und dauerhaften Einzelfadenfangnetzen, die in Mexiko in den fünfziger Jahren aufkamen, nahm die Zahl der Tümmler drastisch ab.

Das Aussterben der Vaquita wurde mit dem Rückgang des Totoaba-Fisches in Zusammenhang gebracht, der ebenfalls nur in der Cortéssee vorkommt. Man fand heraus, daß frisches Wasser für die Inkubationszeit der Eier des Totoabas sehr wichtig ist, die jeden Frühling im Delta des Colorado Rivers gelegt werden. Der Rückgang dieses Fisches, der bis zu zwei Meter lang und 300 Pfund schwer wird, ist auch auf seinen feinen Geschmack und seine dementsprechende Beliebtheit auf ausländischen Fischmärkten zurückzuführen. 1942 betrug das Fangergebnis des Totoaba 2261 Tonnen. Die Fangquote nahm nach dem Bau mehrerer Dämme und der zunehmenden Verwendung von Wandnetzen stetig ab, so daß 1975 nur noch 58 Tonnen gezählt wurden. In denselben Netzen mit fünf Zentimeter großen Durchlässen, die sich in den Kiemen der Totoabas verhaken und sie am Fortschwimmen hindern, verheddern sich auch die Flossen der Vaquita. In den tunnelförmigen Netzen der Garnelenfischer verfangen sich auch Totoabas, Vaquitas und andere Meereslebewesen, die zum Sterben an Deck hochgehievt werden, bis diese unverkäuflichen »Abfallfische« in einem Gebiet über Bord geworfen werden können, wo sie die Fischereiflotten kein zweites Mal fangen. Wissenschaftler schätzen, daß fast 40 Vaquitas, also 15 bis 20 Prozent der Gesamtpopulation, jedes Jahr zufällig von den Fischern gefangen und getötet werden.

PESCA, die amerikanische Bundesbehörde für Fischereiwesen, sprach ein Verbot des Totoaba-Fischens aus. Aber die Mittel der Behörde, diese Verbote auch durchzusetzen und wirksam in einem solch riesigen Meer zu kontrollieren, waren begrenzt. Unter der Hand bewirkte das Fangverbot einen teuren Schwarzmarkt für Totoabas, die als eine weitere Spezialität zu Haien und Stachelrochen und neueste Delikatesse auf den amerikanischen und japanischen Fischmärkten gehandelt wurden. Im Jahr 1978 registrierte die Internationale Natur- und Naturressourcen-Union den Vaquita unter den »gefährdeten Tierarten«; ein mexikanischer Biologe setzte ihn auf die Liste seltener und bedrohter Tiere.

In den letzten Jahren wurden in Hai- und Rochengillnetzen 32 tote Vaquitas geborgen, 78 wurden illegal getötet, und 11 starben durch Trawlers oder andere Fangnetzvorgänge, und die Liste wird noch immer länger.

Im Jahr 1993 war einer der Stolpersteine auf der Ratifizierung des NAFTA-Abkommens Mexikos geringer Umweltschutz. 37 Jahre, nachdem der Vaquita zum erstenmal identifiziert wurde, erklärte Bill Clinton, Präsident der Vereinigten Staaten von Amerika, den nördlichen Teil der Cortéssee zum 5900 Quadratkilometer großen Naturschutzgebiet, um damit den Vaquita- und Totoaba-Bestand zu schützen. Als Folgemaßnahme beschloß der damalige mexikanische Präsident Salinas de Gortari, das *gesamte* Sportangeln wie auch das Fischen zu kommerziellen Zwecken zwischen San Felipe und dem Delta des Colorado Rivers zu verbieten. Naturschützer feierten dieses Ereignis, aber auf den Karten, die PESCA an Fischer verteilt, ist das biologische Sperrgebiet immer noch nicht eingezeichnet, und Deborahs und meine Finger reichen nicht aus, um alle Fischer-*pangas*, die wir nördlich von San Felipe sichteten, zu zählen.

6 | Volle Kraft zurück

Wir schlafen friedlich unter dem Sternenhimmel und zwischen unseren Kajaks, den Grenzmarkierungen für fingernagelgroße Steinschaben (oder Läuse). *Ligia occidentalis* krabbeln über uns. Wir könnten uns in einem höhergelegenen Abschnitt hinlegen, aber wir ziehen die Schaben den Schlangen oder Krebsen vor, die es weiter oben gibt.

Als die Sonne aufgeht, fährt ein warmer Wind über unsere Bettstatt: Mit verschlafenen Augen versuche ich, den Ofen anzuwerfen. Bitterer Kaffee macht mich endgültig wach. Wir beobachten den Sonnenaufgang, eines der wenigen, Jahrmillionen alten Naturereignisse, die von der Technik nicht zu beeinflussen sind.

Wir paddeln, ohne anzuhalten, bis die Sonne steil am Himmel steht und steuern dann auf einen Strand zu. Ich lege mich zum Abkühlen ins Wasser, und Deborah packt die Erdnußbutter aus. Während wir uns über vier Liter Wasser hermachen, stecken wir die Finger immer wieder in das Erdnußbutterglas, lecken sie ab, geben das Glas weiter und gleiten dann zurück in die Kühle.

54 Pelikane fliegen in V-Formation über unsere Köpfe und führen uns zum Dorf Puertocitos. Große Blaureiher stelzen mit wählerischer Bedachtsamkeit den Strand entlang. Kormorane erscheinen und verschwinden wieder. Große Tümmler tauchen an der Wasseroberfläche auf und atmen, während sie in einer halben Sekunde bis zu zehn Liter Luft einsaugen, schluckend wie Schnorchler. Vögel und Säugetiere reagieren auf das hereinkommende steigende Wasser, als würde ein Kellner hors d'œuvres aus dem Kühlfach auftragen.

Ein Seelöwe folgt Deborah wie ein Hund mit Rückenflossen, sein schnurrbärtiger Kopf ragt aus dem Wasser, er hat große, schöne Augen. Kalifornische Makrelen sehen wir hinter dem Bug unserer Kajaks, und der Seelöwe jagt hinter ihnen her. Der sich seiner Umgebung anpassende Seelöwe, den die Mexikaner *el lobo,* den Wolf, nennen, frißt Barsche, Schellfische, Anchovis, den giftigen Skorpionfisch und Turskfische aus einigen hundert Metern Tiefe.

Während wir den Felspunkt umrunden, wirft uns eine Brandungswoge hin und her, so daß wir unseren Gischtschutz überstreifen müssen. Steile Klippen werden uns davon abhalten, uns nach dem Kentern unserer Boote schwimmend an Land zu retten – ich fühle mich entsprechend hilflos, weil wir keine Kajakrettung geübt haben. Ich halte mein Paddel so fest, daß ich meine Hände nicht mehr spüre und meine rechte Schulter von der immensen Kraftanstrengung schmerzt. Das Meer kommt aus drei Richtungen auf uns zu, weil der Bug des Bootes wie ein Spring-

Ein Blick auf meine Essensvorbereitungen: Bei dem Hunger, den wir vom Paddeln bekommen, geht Inhalt vor Form

teufel auf hoher See nach oben geht. Morgen ist definitiv ein Ruhetag.

Bevor wir um die Ecke in den geschützten Hafen einfahren, glitzert die Isla Lobos vor Vogelguano weiß auf. Auf einer letzten Welle gleite ich in den stillen und geschützten Hafen hinein, lege das Paddel weg und schüttle die Taubheit aus meinen Händen. Drei Meter leewärts von mir taucht der gebogene Kopf einer metergroßen Schildkröte auf, die wie ein Kleinkind gluckst und wieder im Wasser versinkt.

Wir schlagen das Zelt hoch über der Wasserlinie der Flut zwischen zwei leckgeschlagenen *pangas* auf und gehen spazieren. Die 7000 Dollar teure Ausstattung und die kostbaren Kajaks lassen wir zurück, obwohl wir in der Nähe ein paar untätig herumstehende Jugendliche sehen. Zu Hause hatte man uns vor *bandidos* gewarnt, wobei man landläufig davon ausgeht, daß sich die Kriminalität vom Grenzland zu den USA auch auf jene ländlichen Gegenden, durch die wir kamen, erstreckt. Doch mexikanische Dörfer, in denen die Familie im Mittelpunkt steht, dulden keine Kriminellen, und ich fühle mich hier sicherer, als wenn ich die Ost- oder die Westküste der Vereinigten Staaten hinunterfahren würde.

In Dörfern, die primitiver als Puertocitos sind und über fast keine Annehmlichkeiten des modernen Lebens verfügen, wird der Lebensrhythmus von einer brutalen Ehrlichkeit und Einfachheit bestimmt. Der Wind pfeift, während die Gezeiten den Hafen ausspülen und die Sonne erbarmungslos herunterbrennt, zwischen dürren Kandelaberkakteen hindurch. Bei Sonnenaufgang und Sonnenuntergang herrscht in dieser Ecke von Wüste und Meer ein gedämpftes Licht, das Renoir sein Leben lang versuchte, in seine Malerei zu übertragen.

In den nächsten sechs Monaten werden wir unsere wichtigsten Besitztümer auf zahllosen Stränden unbewacht zurücklassen, und sogar die ärmsten Menschen werden uns nicht bestehlen, weil die mexikanische Landbevölkerung dem allmächtigen Dollar widerstehen kann. Vor drei Jahren habe ich meine Brieftasche in einem einfachen Restaurant am Meer vergessen, und der pockennarbige, barfüßige Teenager, der mir mit dem Portemonnaie nachlief, akzeptierte nur ein ›Dankeschön‹.

Hier in Puertocitos liegen fast 200 Häuser über die Hügel verstreut, die Hälfte davon sind Ferienhäuser von Ausländern, die das Hafenbecken einrahmen und mit Satellitenschüsseln geziert sind; aus Sperrholz oder Briketts errichtete Häuser von Mexikanern breiten sich wie starrköpfige Kakteen auf der sandigen Festlandseite von Puertocitos aus. Wassertanks sehen wir vielerorts auf den flachen Dächern der Häuser, und eine Architekturform, die sich die Hügel hinaufzieht, ist beinahe mit den Gebäuden landeinwärts identisch: Im engen Zwischenraum zwischen den Häusern ist eine Außentoilette aufgestellt, wobei sich die der Amerikaner von den mexikanischen dadurch unterscheidet, daß die Türen ein Vorhängeschloß haben. Am ersten Örtchen, das wir sehen, lesen wir: BANK VON PUERTOCITOS: BITTE NUR DEPOSITEN.

Der Automechaniker der Stadt in einem gelben Strandbuggy schließt zu uns auf; Jay ist unrasiert, lächelt und sprudelt vor Geschichten über. Er zeigt auf den Lebensmittelladen; vor neun Jahren zog er von Alta California hierher. »Mann«, sagt er, »dieser Ort bewegt sich *volle Kraft zurück*. Und ich freue mich nicht auf das kalte Wetter, es kommt ohnehin. Ich habe heute früh im Fernsehen die Wettervorhersage gehört.« Mit dem Quietschen von durchdrehenden Reifen verabschiedet er sich, beim Schalten in den zweiten Gang hört man das Geräusch von Metall gegen Metall, den Buggy muß er unbedingt reparieren.

Brandung donnert über den Rand der heißen Quellen. Spanische Forscher beschrieben den Schwefelgestank, aber hier weichte sich in früheren Zeiten kein Matrose ein. Wir sinken zurück in das grüne Bad und fühlen die Spannung aus unseren verhärteten Rücken weichen. Als der Wasserpegel zu fallen beginnt und das Wasser heißer wird, tauchen wir in ein niedriger gelegenes Becken. Fregattenvögel schwimmen auf den Luftströmungen, das Meer zieht den Fischbestand wieder in Kühlschranktiefe zurück.

Ein glatzköpfiger Amerikaner, den es hierher verschlug, erzählt uns: »Wußten Sie, daß die Japse einiges für sogenannte *Fanggenehmigungen zu Forschungszwecken* berappen? Die Stachelrochen, Seegurken und Schwertfische gehen alle nach

Japan ... Im Mai 1992 legten hier sechs Trawler an und fischten den ganzen Tintenfisch weg ... Sie schneiden den Haien die Flossen ab und verkaufen das als Aphrodisiakum.« Er drückt seine Zigarette aus, schaut auf und horcht auf die Brandung und den Wind, der vom Hafen her kommt. Wir ziehen uns zurück, um unser Zelt dicht zu machen, und er ruft uns noch hinterher: »Heute ist es schon eine Kloake, und ich wette, in zehn Jahren ist es total leergefischt!«

Wir können nicht schlafen, da heiße Böen mal dieses, mal jenes Ende des Zelts hochheben und auf uns fallen lassen. Als der Wind sich abschwächt, setzen sich Sandkörner unter Augenlider, Fingernägel und in die Ohren. Zu heiß, um im Schlafsack zu bleiben. Als ich nach draußen krieche, um die Zeltheringe wieder in den Boden zu treiben, ist sogar der Regen warm. Wäre ich ein hierher abgeordneter Jesuitenmissionar, der mit den Wegen des Herrn vertraut ist, gäbe es für solche Wärmestürme nur eine einzige Erklärung.

Am nächsten Morgen warnen uns diejenigen, die den Fernseher eingeschaltet haben, vor einem Hurrikan, der im Anmarsch auf das Festland sein soll. Kurz darauf wirbelt der Wind tatsächlich unser unbewachtes Zelt wie ein Spielzeug in die Luft, bis es schließlich in einem Palapabaum hängenbleibt. Drei Stangen sind gebrochen. Einige mexikanische Jungen helfen Deborah und mir, die Reste, die über den Strand verteilt sind, zusammenzubekommen.

Draußen im geschützten Hafen, braucht es, um unsere Kajaks zum Kentern zu bringen, eine Konzentration von Kräften, eine zufällige Veränderung der Balance reicht dafür nicht aus. Um mit Hilfe der aufblasbaren ›Paddelschwimmer‹ oder der ›Meeresschwimmärmel‹ in Kajaks einzusteigen, braucht man Zeit, und so probieren wir es ohne Kenterausrüstung. Wir schwimmen einfach bis zum Heck, nehmen es in die Mitte und ziehen uns in wenigen Sekunden auf das Boot, ungefähr wie Roy Rogers von hinten auf ein Pferd aufsprang. Wir brauchen nur einige Minuten heftig zu pumpen, um das Wasser aus dem schlammigen Sitz zu bekommen. Wir kentern absichtlich einige Male, teils, um das Verhalten unserer Boote einschätzen zu kön-

So behaglich kann ein Zelt aussehen, wenn es noch nicht zum Spielball der Wellen geworden ist

nen, teils, um uns die Angst vor einem möglichen Kentern zu nehmen.

Nach Sonnenaufgang legen wir ab, einige rotznäsige Jungen winken uns zum Abschied vom Strand zu. Den herrschenden Tiefdruck spüren wir auch ohne Barometer, er lastet schwer auf meinen arthritischen Knien und der operativ wieder angenähten Schulter, beides Ergebnisse von Bergunfällen. Dieser pochende Schmerz in mir ist weitaus mehr als ein Stimmungswechsel oder das Spüren alter Verletzungen. Wären unsere Mägen größer, wäre es ein Gefühl wie nach zu vielem schwerem Essen; es ist ein Schmerz, der mit dem Mond, der die Gezeiten bewegt, vergleichbar ist. Wenn wir hier draußen, ganz nah am natürlichen Verlauf der Ereignisse, mehr Zeit hätten, dann wäre das Spüren von Ebbe und Flut in unseren eigenen Körpern verläßlicher als jede Wettervorhersage.

In der Nähe der geisterhaften Isla Lobos rudern wir an einem ankernden Trawler vorbei. Mehrere Besatzungsmitglieder liegen

*Eine von vielen geheimnisvollen Höhlen, die man nur vom
Wasser aus erreichen kann*

ausgestreckt an Deck und holen, ohne uns zu beachten, den
Schlaf nach, um den sie die gestrige Nachtschicht brachte. Geruch von Bier, salzhaltigem Blut und Farbe läßt meine Augen tränen. Der bärtige Kapitän hat seine Füße gegen die Tür der Brücke
gestützt und schnarcht; neben dem Boot schläft ein Rudel Seelöwen auf dem Rücken liegend, sie strecken ihre Flossen in die
Sonne, ihre schnurrbartbewehrten Schnauzen tanzen wie Korken auf und ab.

Wir kommen noch an anderen Fangbooten und Pelikanen
vorbei – alles schläft. Nichts rührt sich. Die ungeteerten Küstenabschnitte sind unberührt; dieser Frieden kommt so überraschend wie ein Gringo, der die Siesta entdeckt. Auf einem flachen, aus dem Wasser ragenden Felsen sonnt sich ein
Seelöwenjunges mit geschlossenen Augen in der Sonne. Deborah paddelt nah heran, und urplötzlich wacht das Junge auf: Auf
beiden Gesichtern sieht man dieselbe Überraschung.

Der alte, geschwärzte Volcán Prieto bäumt sich als konisch zu-
laufender Zylinder auf. Tausende Magmasteine wurden hier ins

Meer geschleudert. Wasser, das einst unterirdisch brodelte und ruhig dahinfloß, stößt und gurgelt jetzt gegen schwarze Felsbrocken. Die Farbe der Berge nehmen wir als ausgebleichtes Blaubraun und Weiß wahr, der Himmel ist fahl und ausgewaschen, als ob die Hitze das ganze Grün aufgesogen und die Sonne das Land ausgeblichen hätte. Als wir auf einer Strömung, die mehr einem Fluß als einem Ozean ähnelt, die schildkrötenreichen Gewässer von Punta Santa Isabel umrunden, wird der Schwemmsand klarer, und unter uns tummeln sich Fische in kaleidoskopartiger Farbenvielfalt, als ob Himmel und Meer nach einem kosmischen Unfall den Platz getauscht hätten.

Der Mechaniker hatte recht. Dieser Platz *bewegt sich* volle Kraft zurück.

7 | Der Ursprung von California

Die Halbinsel, an deren Küste wir entlangfahren, wird oft ›Baja‹ genannt. Obwohl dieser Name für Tausende von Bootsfahrern, Fischern und Touristen ein Gütesiegel ist, bedeutet es auf Spanisch nur ›unten gelegen‹. Nennt man sie Baja statt Baja California, dann ist es so, als sagte man ›New‹ anstelle von New Mexico.

Im 16. Jahrhundert nannten die Spanier diese Halbinsel ›California‹ oder ›die Californias‹. Sprachen sie von ihrem nördlicheren Teil, der heute zu den Vereinigten Staaten gehört, dann titulierten sie ihn ›Alta [Hoch-]California‹. Der Name leitet sich von einem Barock-Roman ab, *Las Sergas de Esplandián* (Die Taten des Esplandián) von Rodríguez de Montalvo. Seine Wortschöpfung »California« könnte aus den griechischen Wörtern *kalli* und *ornis* zusammengesetzt worden sein, die in dieser Kombination »schöner Vogel« heißen, womit die mythischen fleischfressenden Greife gemeint waren. Wahrscheinlicher jedoch ist, daß Montalvo diese Bezeichnung aus dem ›Rolandslied‹, einem französischen Heldenepos aus dem 11. Jahrhundert, übernahm:

Tot ist mein Neffe, welcher so viele Länder erobert!
Und nun stehen die Sachsen gegen mich auf
und die Magyaren, Bulgaren und viele andre,
Die Römer, die Puillaner und jene aus dem Sizilerland
und jene aus Afrika und jene aus Califerne.

Hier bezeichnet ›Califerne‹ die früheren islamischen Herrscher der spanischen Halbinsel. Noch bevor Montalvo die Taten, seine Fortsetzung des portugiesischen Romans *Amadis von Gallien*, zu Ende schrieb, wurde die Phantasie der Europäer von diesem Epos angeheizt: Gute Christenmenschen brachen auf einmal aus allen Teilen Europas auf, um in der Neuen Welt nach Gold zu suchen und Heiden zu bekehren.

Montalvo wurde auch von der Expedition des Christoph Columbus im Jahr 1492 und dessen Berichten von einer nur von Amazonen bewohnten Insel inspiriert. In den Taten des *Esplandián* hat er es so beschrieben:

Erfahret, daß zur Rechten des Landes Indien ein Eiland, California geheißen, ist gelegen, sehr nahe jenes Teiles des Irdschen Paradieses, welches bevölkert von schwarzen Weibspersonen, ohne auch nur einen Mann unter ihrer Schar, und daß dieselben lebten in der Art der Amazonen. Sie hatten starke Leiber, mit kräftgen und leidenschaftlichen Herzen und waren voller Tugend. Das Eiland daselbst ist eines der wildesten auf dieser Erde, und dies der scharfen und wilden Felsgesteine wegen .... Die Insel ist ein Minenfeld an Gold und wertvollem Edelstein, und auf ihr fand sich kein anderer Stein. In schön angelegten Höhlen hausten sie. Sie nannten viele Schiffe ihr eigen, mit dem sie fremde Küsten ansteuerten, um Konterbande zu machen, und die Männer, die in ihre Hände fielen, töteten sie ... Auf diesem Eiland, mit Namen California, gibt es viele Greife ... In keiner andren Sektion der Erde findet man sie ... Dort herrschte über diese Insel von California eine Köngin majestätischer Ausmaße, schöner und anmutger als alle andere, und auf dem Höhepunkt ihres Weibseins.

Die Königin Califia segelt mit 500 Greifen und allen ihren Amazonenkriegerinnen nach Konstantinopel. Auf der Seite der Türken kämpft sie gegen die Christen, ihre Waffe sind die Greife, die Verbündete und Feinde gleichermaßen angreifen, sie in die Lüfte tragen und zu Tode fallen lassen. Califia verliert die Schlacht und verliebt sich dann in Esplandián. In einer der Zeit angemessenen Art und Weise konvertiert Califia zum Christentum und wird, da Esplandián bereits des Kaisers Tochter versprochen ist, mit einem anderen Ritter verheiratet. Nachdem die heidnischen Turkmanen schließlich geschlagen sind, fallen Califia und ihr Gold den Christen anheim.

Obwohl die Erzählung von California nicht das ganze Buch umfaßt, gaben die *Taten* und das *Amadis*-Epos den zukünftigen Entwicklungen in Mexiko oder Neu-Spanien eine zusätzliche Dynamik, waren doch die gebildeten Konquistadoren alle mehr oder weniger von diesen Ritterepen inspiriert.

Einer von Hernán Cortés' Soldaten trug sogar einen Spitznamen, der einem der Helden aus diesen Büchern entlehnt war. Bernal Diaz de Castillo, ein weiterer Begleiter von Cortés, schrieb beim Anblick einer mexikanischen Stadt: »Wir waren baß vor Erstaunen und hielten sie für eines der Wunder in der Legende des Amadis.« Obwohl Charles Chapman die Rezeption der Ritterromane 1928 in seinem Buch *A History of California* untersuchte, wird Hernán Cortés' Wiederaufstehung des imaginären Esplandián nicht erwähnt.

Während Cortés' erster Schlacht auf mexikanischem Boden ließ er mehr als 1000 Tabasca-Indianer mit Arkebusen (Musketen) abschlachten; die Spanier verzeichneten lediglich zwei Tote. Cortés wurde eine Eingeborene, Marina, als Dolmetscherin gegeben. Sie hatte eine offengesichtige, dunkelhäutige Ausstrahlung und wurde bald seine Mätresse; ihre kulturelle Sensibilität und ihre Sprachenkenntnis verhinderten vermutlich, daß die Spanier abgeschlachtet wurden. Wie Califia (die Christin wurde), spielte Marina eine entscheidende Rolle bei der Unterwerfung der heidnischen Azteken, denen schließlich ihr Gold und ihr Land von den christlichen spanischen Invasoren abgenommen wurden. Marina, die Cortés ähnlich hingebungsvoll wie Califia ihren Esplandián geliebt haben mag, gebar ihm einen Sohn. Damit war ihre Mission offenbar erfüllt. Nachdem sie zum Christentum übergetreten war, wurde ihr erlaubt, einen anderen Soldaten zu heiraten, während Cortés eine Tochter königlichen Geblüts, seine zweite Frau, heiratete.

Cortés wollte California, jenseits des Meeres Neu-Spaniens, deshalb erobern, weil er wie so viele annahm, daß es eine Insel und keine Halbinsel sei. 1524 schrieb er in seinem vierten Brief an König Karl V:

> *... es gibt hier eine Insel, die nur von Frauen ohne jeden Mann bewohnt wird und zu bestimmten Zeiten besuchen sie Männer vom Festland; wenn sie schwanger werden, dann behalten sie die Mädchen, die sie gebären, und treiben die männlichen Kinder ab. Diese Insel ist zehn Tagesreisen von der Provinz entfernt, und viele von ihnen reisten dahin und sahen es und berichteten mir, daß es sehr reich an Perlen und Gold sei.*

Hier verwendet Cortés nicht den Namen *California,* obwohl er die Halbinsel bereits darauf getauft hatte. Wichtiger als weitere Anspielungen auf das Epos, das die Eroberung Mexikos vorgezeichnet hatte, war es, gegenüber dem König von Perlen und Gold zu sprechen. Ohne etwas der königlichen Schatulle entnehmen zu müssen, konnte Karl V. Cortés einen Anteil an zukünftigen Funden versprechen und ermutigte ihn, im Auftrag der Krone weitere Erkundungen durchzuführen.

Zuerst entsandte Cortés zwei Schiffe nach California. Nach einer Meuterei landete eines von ihnen in der Bucht von La Paz, und die Besatzung begann, Schmuck gegen Perlen der Indianer einzutauschen und die Frauen zu mißbrauchen; 21 Spanier wurden von den Ureinwohnern erschlagen. Die Überlebenden wurden später von einem von Cortés' Feinden auf dem mexikanischen Festland getötet.

Cortés war für den Tod Tausender Männer, Frauen und Kinder verantwortlich, für Hinrichtungen, für Folter durch Verstümmelung und Feuer; er erwürgte vermutlich auch seine erste Frau. Als er versuchte, den Schlußteil des Mythos von der ›Insel‹ California mit Leben zu erfüllen, nahm sein Leben eine abrupte Wendung.

Cortés landete anfangs auf der Halbinsel und fand einige der legendären Perlen, aber kein Gold. Die primitiven Indianerinnen und ihre eifersüchtigen Ehemänner fügten sich ganz und gar nicht in das Bild, das er sich nach der Lektüre Montalvos von California gemacht hatte. Cortés zog sich auf das Festland zurück, um mehr Proviant zu laden, und erlebte bei seiner Ankunft eine weitere Legende von California. Die von ihm zurückgelassenen Männer verhungerten, und hoch über ihnen zogen Aasgeier (Greife) ihre Kreise in der Luft, die bereits meilenweit entfernt den Tod wahrnahmen.

Cortés sandte weitere Schiffe übers Meer, aber keine Mannschaft fand Gold. Für weitere 150 Jahre zeigten die Landkarten California weiterhin als Insel. Da Cortés viele Gegner hatte, wurde das nach ihm benannte Meer oft auch Scharlachmeer *(Mar Bermejo)* genannt. Im frühen 20. Jahrhundert benannte die neue Regierung des jungen unabhängigen Staates Mexiko das Meer in Golf von Kalifornien um, ein Versuch, alle Verbindungen mit dem Erbe der Konquistadoren zu kappen.

Die Expeditionen kosteten Cortés 300 000 Gold-*castellanos*, umgerechnet 600 000 Silberpesos, selbst für einen erfolgreichen Eroberer aus dem 16. Jahrhundert ein kleines Vermögen. Zusammen mit seinen Exzessen auf seinem Anwesen in Oaxaca brachten ihn diese Ausgaben, wie Cortés behauptete, an den Rand des Ruins. Er verbrachte die letzten Jahre seines Lebens in Spanien und strengte pausenlos Prozesse gegen den gleichgültigen Königshof an. 1547 starb er im Alter von 63 Jahren.

Marina wurde zur kulturellen Ikone, die die Entwicklung der mexikanischen Geschichte beeinflußte. Mexiko begeht zwar den Tag des Columbus (der nie einen Fuß auf mexikanischen Boden setzte), Cortés dagegen zu feiern und zu ehren, wäre für das Land undenkbar.

8 | Huerfanito y Bahía Gonzaga

Innerhalb von sechs Stunden kommen wir 26 Kilometer voran. Im Fall von Notsituationen oder wenn wir schnell irgendwohin kommen müssen, können solche Zahlen wichtig sein. In der Regel haben wir einen anderen Platz für Kilometer und Stunden: Wir vermerken sie kurz in unseren Tagebüchern, und sie gehen in einem Meer von Blicken, Tönen, Texturen und Gerüchen unter, die unsere Tage bereichern.

Das Dorf Huerfanito (der Waise) hat 16 Häuser und hinter dem Strand einen Landungssteg. Es sieht nach einer Art Rentnerkommune aus, aber obwohl wir neugierig sind, wollen wir Party feiernden Amerikanern aus dem Weg gehen. Nachdem wir in der Brandung noch zaudern, um nicht auf einen stärker werdenden Wind zuzufahren, gleiten wir auf den Wellen zum nördlichen Ende des Strandes und bereiten uns dort Bohnenburritos zu.

Auf einem dreirädrigen Wagen hält ein 70jähriger an und will uns zu einem Bier einladen. Wie die meisten Amerikaner, denen wir begegnen, will Pete besorgt wissen, ob wir den *ganzen* Weg die Baja herunterpaddeln.

Er warnt uns vor Venturi-Winden und obwohl wir höflich zuhören, nervt es uns, wieder einmal von einem Einheimischen wie unerfahrene Dummköpfe behandelt zu werden.

Pete erzählt uns von einem fünf Meter langen Boot, das vor einigen Wochen in einem Unwetter vor Isla Muerto kenterte. Drei der Fischer schwammen ans Ufer, aber ein Mann und sein zwölf Jahre alter Sohn schafften es nicht. Einige Tage später fand man ihre Leichen 24 Kilometer südlich von der Unglücksstelle; der Sohn hatte keinen Kopf mehr und dem Vater fehlte ein großes Stück aus seiner Brust. »Haie«, erklärte Pete, schaute zuerst uns an und dann unsere kleinen Boote und schüttelte den Kopf. »Und ihr wißt, daß das Muerto in Isla Muerto ›tot‹ bedeutet?« Bei der Erwähnung der Vorliebe der Mexikaner für den Tod nicken wir. Wegen des Reichtums an Toten Buchten, Toten Punkten, Toteninseln und Toten Stränden auf unserer Karte habe ich ›Cortéssee‹ durchgestrichen und ›Totes Meer‹ darüber geschrieben.

Pete klagt, daß er es immer ist, der auf Rettungsmission hinaus geschickt wird, weil »ich der einzige Pilot hier in der Gegend bin« – und erwähnt die Gruppe von 50 Gringopiloten ein wenig südlich von hier. Dann wechselt er abrupt das Thema und fragt, ob wir in Puertocitos schon Jay getroffen hätten. »Der, der in einem gelben Strandbuggy herumfährt?«, frage ich. »Dieser Idiot«, brüllt Pete, »er soll das Getriebe richten und nicht mit dem Ding rumfahren!«

Das Stampfen des Windes nimmt zu, und wir laufen auf Petes Landebahn: Sein Flugzeug hüpft auf und ab, deshalb lehnt er sich gegen die Seile, um die Tragflächen niederzuhalten. In seinem im Rancherstil eingerichteten Haus öffnet er Coronas und warnt uns vor mexikanischen Fischern, die alle Diebe seien und denen wir nie den Rücken zukehren sollten. Obwohl er mehr die Berufsgruppe der Fischer verunglimpft als ihre mexikanische Herkunft, widerspreche ich ihm: »Die Fischer, die wir vor drei Jahren getroffen haben, waren die höflichsten Menschen auf der Welt.« Als Pete der Dampf ausgeht, schaltet er den Fernseher ein und zappt sich durch die verschiedenen Kanäle – er hat fast 50 – und langt von seinem Liegestuhl aus nach einem weiteren Corona aus der Kühlbox. Wir ziehen uns lieber zurück.

Ein Ventilator heult. Orion strahlt hell über uns. Und die See liebkost das Heck unserer Boote. Deborah vertaut sie an einem rostigen Schiffsanker, damit sie nicht weggeweht werden.

Sultan, ein dürrer mexikanischer Hund, schleicht auf der Suche nach milden Gaben an unser Zelt heran, jederzeit bereit, wieder Reißaus zu nehmen, falls wir ihn schlagen wollten. In den meisten Teilen Mexikos werden die Hunde nicht gefüttert. Sie müssen sich ihre Nahrung stehlen und werden folgerichtig geschlagen. Oft haben sie blaue Flecken, sind räudig und ausgezehrt; Krankheit bedeutet ein Todesurteil für sie. Deborah bringt Sultan dazu, sich streicheln zu lassen und meint, daß die Brutalität, die den meisten Hunden hier widerfährt, etwas mit dem Ausrotten der Meerestiere in der Cortéssee zu tun haben könnte.

»Wenn wir arm wären, würden wir vielleicht nicht auch Hunde schlagen?«, antworte ich darauf.

Deborah wirft mir einen dieser stummen, temperaturmessen-

Bei ruhiger See lohnt es sich, eine der bizarren Felsenbuchten näher zu inspizieren

den Messerblicke zu und zieht ihre dunklen Augenbrauen zusammen, als ob sie sagen möchte: *Seit wann hast du soviel Verständnis für andere?*

Sobald wir einen Seitenarm südlich von Huerfanito umfahren haben, weht der Wind so stark, daß wir meerwärts auf Isla Muerto zugetrieben werden. Wir haben genug gehört, um dieser Insel, die im Profil wie eine Leiche aussieht, auszuweichen, und ich rufe der völlig verdutzten Deborah zu, ans Land zu paddeln. Die Sehnen meiner Arme scheinen zu bersten, als ich gegen Wind und Meer anrudere. Ich schlucke Wasser, Salz verkrustet meine Nase und meine Lippen. Ich brauche eine halbe Stunde, um die 30 Meter bis zu einer kleinen geschützten Sandbucht hinter mich zu bringen.

Große Fische jagen kleine Stinte in dichten, silbrigen Regenschauern ähnlichen Scharen bis auf den Strand, wo sie sich im Sand hin- und herwerfen und zu Tausenden sterben, während zwei gelbfüßige Möwen gleichgültig daneben stehen. Zwischen Isla Muerto und der Bucht, in der wir jetzt sind, tauchen unzählige Pelikane auf der Suche nach Beute ins Wasser oder schwimmen mit weit aufgerissenen Schnäbeln an der Oberfläche. Dies wiederholen sie regelmäßig und werden währenddessen von Möwen belästigt. Um etwas zu fressen zu kriegen, arbeitet kein Vogel hart.

Ich werfe meine Angelschnur aus und habe im Nu einen zehn Pfund schweren Kämpfer gefangen, der fast schon zu schwer für die dünne Leine ist. Hat man einen zu großen Fisch gefangen, dann wird die Leine zu einer umgekehrten Nabelschnur: Der Fisch wird weiterleben, wenn man die Schnur durchschneidet; versucht man, ihn hineinzuziehen, dann stirbt er. Der Fisch ist von den vielen verschlungenen Stinten ganz außer sich und, nachdem ich die Rute nur einmal landeinwärts gezogen habe, saust er wie ein Wal mit Selbstmörderabsichten an den Strand. Zu meinen Füßen ›quakt‹ der Quakfisch hörbar, deshalb atme ich tief durch und drehe Deborah den Rücken zu, um die Klinge durch das Rückenmark des Fisches zu rammen. Als er unter meiner blutverschmierten Hand ein letztes Mal quakt, aufstößt und nach Luft schluckt, kommen krächzend zwei Möven an, als wäre dies für sie ein Signal. Ich schneide den Quakfisch auf und schleudere die Innereien ins Meer, denen sie wildschnäbelnd nachjagen.

Der Fisch ist hellbraun und schmeckt wie eine Forelle. Um ›Baja-Mitternacht‹, neun Uhr abends, ziehen wir uns in unser Bett aus Sand unter einem schützenden Felsvorsprung zurück. Das Meer ist verstummt, und wir nippen Kamillentee, während der Wind unter dem Halbmond sachte weht. Große Blasen auf meinen Handflächen drücken gegen den Rand der Tasse, im letzten Schluck von dem mit Honig gesüßten Tee mache ich ein paar Sandkörner ausfindig.

Wir befestigen unsere Kajaks mit Karabinern aneinander, so daß sie nebeneinander schwimmen. Wir wickeln unsere Mastaufbauten aus den Vorderteilen der Boote aus, hissen unsere zwei Segel, und der Wind schlägt gegen das Nylon, um uns überraschend schnell nach Süden zu befördern. Sobald sich die Geschwindigkeit des Bootes der des Windes angepaßt hat, fühlen wir ihn nicht mehr in unseren Haaren. Der ziehende Schmerz in unseren Armen und Schultern macht den Nordwind zu einem unerwarteteten Geschenk.

Drei langschnäbelige Brachvögel arbeiten gegen den Wind. Braune Tölpel fallen aus ihrem horizontalen Flug in den Sturzflug, schlagen mit den Flügeln, um noch schneller zu werden, legen im letzten Moment die Flügel an und schießen wie eine Kugel ins Wasser. Die spanischen Matrosen nannten sie vor einigen hundert Jahren *bobos*, ›dumme Kerle‹, weil die brütenden Tölpel keinerlei Anstalten machten, um vor den hungrigen Seeleuten zu fliehen.

Der Wind läßt nach. Als wir unsere Segel einholen, sehen wir eine gelbbäuchige Seeschlange in Kreisen umherschwimmen. Ihr Nervengift, das stärker als das von Klapperschlangen, Kobras oder Korallenschlangen ist, könnte uns beide lähmen, deshalb halten wir die Paddel hoch oben, weit von ihren kleinen Giftzähnen entfernt. Kein Vogel oder Fisch nähert sich ihr, und wir nehmen an, daß ein ganz bestimmter chemischer Duft oder aber ihre hellen gelben Flecken als Warnsignal gelten. Sollten wir mehr von diesen Schönheiten mit Paddelschwänzen sehen, dann könnte das Schnorcheln eine zu große Nervenbelastung werden.

In der Gonzaga-Bucht legen wir mittags an einer langgezogenen Sandlandzunge an. 30 Kleinflugzeuge stehen zwischen 71 Strandhäusern, die über das ganze Jahr von ihren Gringobesitzern bewohnt werden. Bei Alphonsina's, einem mexikanischen Sperrholzhaus und Restaurant, füllen drei Amerikaner unsere Wasserbehälter und laden uns auf ein Bier ein.

Barney, ein geschwätziger Fan der Baja und allem, was mit ihr zusammenhängt, stellt sich als »der Bürgermeister der Landzunge« vor. Er zeigt auf einen Kran in der Ferne, der mitten auf dem weißen Sandstrand befestigt ist; ein kotbrauner Wasserturm einer Entsalzungsanlage ist weiter nördlich zu sehen. Augenzwinkernd tituliert Barney die mexikanischen Unternehmer, die hier riesige Wohnanlagen bauen, als ›Tomatenzüchter‹ (dabei drückt er seine Augen zu und macht eine Bewegung, als würde er an einem Joint ziehen). Viele der festansässigen Amerikaner denken über diese neu hochgezogenen Anlagen in ›ihrer‹ Bucht ähnlich. Geschirr klappert, Barneys Geschäftsfreund aus San Diego rülpst, und eine Cessna 180 jagt laut die Landebahn entlang. Der Pilot will rechtzeitig der Flut entkommen, um sich in Los Angeles, Kalifornien, USA, am Montag morgen wieder in das Heer der Arbeitenden einzureihen.

Im letzten Frühjahr segelten zwei Trawler in die Gonzaga-Bucht, um von Bord aus den Meeresboden abzusaugen, das Wasser war hell von den die Fische anziehenden Halogenlichtern erleuchtet. Am nächsten Mittag waren die Trawler nicht mehr da. Die Bewohner der Landzunge zählten 35 an die Küste geschwemmte Delphine, die mit 22-Kaliber-Munition erschossen worden waren. »Das ist nicht das erstemal, daß hier sowas passiert ist«, sagt Barney.

Der Geschäftsfreund erzählt uns von den hispanischen Einwanderern. Er ist in meinem Alter, hat eine Fönfrisur, eine perfekt braune Haut aus dem Sonnenstudio, trägt ein Polohemd und Ledersandalen. Wir sind halbnackt, von oben bis unten mit Sand und weißen Salzspuren bedeckt, unrasiert und barfuß; jetzt wird mir klar, wie die Begegnung mit den Konquistadoren für die Urbevölkerung von California ausgesehen haben muß. »Diese verdammten Bohnenfresser«, sagt er, in Richtung von Alphonsinas Tochter nickend, »haben unsere Wirtschaft kaputtgemacht, und wartet nur«, fügt er zu laut hinzu, »Kalifornien ist eine Art Test für den Rest unseres Landes. Die Bohnenfresser werden letztendlich alles kaputtmachen.« Der Ausdruck ist mir neu. Ich frage ihn, was er bedeutet, und er antwortet: »Bohnenfresser, weil alles, was sie fressen, Bohnen sin', Mann.«

Deborah starrt in ihren Eistee, ich schaue den Geschäftsmann an. Natürlich zieht die Halbinsel alle möglichen Typen von Menschen an: ausgebrannte Drogenwracks, die in der löchrigen Gesellschaftsstruktur Mexikos verschwinden, Leute, die das halbe Jahr in ihrem Wagen auf Stränden campen, Sportfischer (selten Frauen), und Männer, wie der Investor vor uns, die im Ausland das Gehabe von Großgrundbesitzern aufsetzen. Hier herrscht der ›häßliche Amerikaner‹ vor; kein Wunder: In einem ökonomisch so schlecht gestellten Land wie Mexiko stattet Geld die US-Kalifornier der oberen Mittelklasse mit einem unwiderstehlichen Machtgefühl aus.

Als ein amerikanischer Teenager anfängt, Alphonsinas junger Tochter die Größe des T-Shirts, das er kaufen möchte, ins Gesicht zu schreien – »Extra large, extra large, extra large« –, als wäre sie taub, ist es Zeit für uns zu gehen.

9 | Wenn man es baut, kommen sie

Der Himmel im Westen ist karmesinrot, während sich die Rümpfe unserer Boote am weißen Strand von Gonzaga reiben. Der Osthimmel hüllt uns in Dunkelheit ein. Wir stehen da und staunen. Noch nie habe ich den Himmel so großartig ausgebreitet gesehen. Es hat etwas mit der Reflexion der Sonne im fernen Pazifik zu tun, der sich unter einer Wölbung aus Sturmwolken bricht. Vielleicht habe ich auch zu lange schon keinen Sonnenuntergang mehr gesehen. Stimmt es denn, daß wir, wenn wir jung sind, Sonnenuntergänge anschauen, aber je älter, je beschäftigter wir werden, desto weniger Zeit haben wir, die Pastellfarben des Himmels zu würdigen?

Auf dem Strand, auf dem wir unser Lager aufschlagen wollen, steht ein Schild – es ist zu dunkel, um es lesen zu können. Ich packe meinen Scheinwerfer aus und lese laut vor: ZELTEN VERBOTEN. Wir lachen schallend. Der Text ist in Englisch geschrieben, so gehören die Dutzende von Häusern über uns wohl Amerikanern, die dieses Verbotsschild aufgestellt haben. Wir legen unsere Isomatten auf den Boden und rollen unsere Schlafsäcke aus.

Punta Final ist rauh, aber zu bewältigen. Das Meer grüßt die Felserhebung als alten Gegner, rührt den Grund auf und schäumt dann mit dem Schlag einer flachen weißen Hand das verwitterte Klippengesicht 20 Meter hoch. Wir halten 800 Meter Abstand.

Im September 1539 war unter Hernán Cortés' Befehl Francisco de Ulloa der erste Weiße, der diese Gewässer befuhr. Er umrundete Punta Final und war neugierig, wie es wohl aussähe.

Es gibt hier weder Straßen noch Siedlungen, nur starke Strömungen und unwegsame Berge. Der ganze Horizont ist eine klippenübersäte Küste, die gegen die aufgewühlte See ankämpft. Das Wasser breitet sich wie grenzenloses Ebenholz aus, bewegt sich unter uns wie ein unverletzbares Tier und spiegelt den Himmel. Wir sind weit genug draußen, daß die *campos* verschwunden sind und die Küste sich als derselbe Strand, den Ulloa vor vier Jahrhunderten gesehen hatte, vor uns erstreckt, ein Strand, der über unsere eigenen kurzen Leben hinausreicht, als seien es nur Sandkörner.

Mein Puls rast. Ich schaue ganz kurz zu meiner Gefährtin hinüber: Sie lächelt. Zwischen der rauschenden Brandung, dem nach Moschus riechenden Meer und den unbekannten Fährnissen vor uns fühle ich mich so lebendig wie seit Jahren nicht mehr.

Bahía Gonzaga ist einer der einsamsten Strände mit weißem Sand in Nord- und Südamerika. Läge er in einem anderen Land oder wäre er einfacher zugänglich, wäre er vielleicht ähnlich kommerzialisiert wie Hilton Head, Acapulco oder Rio de Janeiro. Obwohl die Spuren des Fortschritts in Form amerikanischer Investmentbanker und mexikanischer Marihuanapflanzer nicht zu übersehen sind, erreicht man Bahía Gonzaga immer noch schwer. Die schmutzige Straße ist uneben wie ein Waschbrett. Privatflugzeuge können sich nur wenige leisten, und es gibt auch keine Fünfsternehotels.

Die Entwicklung mag langsam kommen, aber sie kommt mit Sicherheit. So unerklärlich, wie man in einem Maisfeld am Ende von Nirgendwo ein diamantförmiges Baseballfeld anlegt, werden die Großen kommen. Man kann nur hoffen, daß sie die Vergangenheit konsultieren, bevor sie die Zukunft zerstören.

Ich drehe mich für einen letzten Blick auf Bahía Gonzaga um, mein Nacken schmerzt dabei sehr. Ulloa beschrieb es 1539 so:

Ich fand diesen Hafen so gut geeignet wie er groß war. War man einmal innen, so ist er an allen Seiten so gut geschlossen, daß man die See nicht sieht. Der Grund ist klar und jede Tiefe, die die Hineinsegelnden wünschen, ist vorhanden. Es besitzt zwei große klare Einfahrten, ohne Hindernisse, die von der Insel gebildet werden. Innerhalb fanden wir so viele Robbentiere, daß, träte ich mit der Behauptung auf den Plan, es waren Hunderttausend, ich kaum als Lügner gelten würde. Dieserhalb gaben wir ihm den Namen ›El Puerto de los Lobos‹.

Die Seeleute aus dem 16. Jahrhundert nahmen ihr »eigenes«, reiches Mittelmeer als Status quo hin. Ihre erstaunten Kommentare über ein noch weitaus größeres Vorkommen an Flora und Fauna geben Auskunft darüber, weshalb die Cortéssee als das reichhaltigste Gewässer dieses Planeten galt. 1602 beschrieb Pater Antonio de la Acensión auf einer ähnlichen Fahrt, wie sie Ulloa machte, »eine große Menge an Fischen jeder Art und verschiedener Formen …«, die »gut« schmeckten und Sardinen, Seezungen, Tümmler, Hammerhaie, Stachel- und Teufelsrochen, Blaufische, Hammelfische, Grunzfische, Makrelen, Austern, Lachse, Thunfische, Sardinen, Rotschnapper, Hundefische und weitere Haie umfaßte.

Journey of the Flame [Die Reise der Flamme] ist eine farbenprächtige Biographie, die die Sicht eines Mexikaners im 19. Jahrhundert auf das Meer wiederspiegelt. Nichts änderte sich 200 Jahre lang. Die Hauptperson, Don Juan Obrigón, spricht von »großen Mengen an tierischem Leben ...Wale drängten sich in den Buchten, so daß es möglich schien, viele Kilometer auf ihren Rücken zu gehen und trocknen Fußes zu bleiben.« Wenn sich die Leviathane erhoben, fielen eine Vielzahl von Fischen und Vögeln von ihren großen Rücken hinunter.

Bereits 1940 begannen sich Veränderungen abzuzeichnen, die sich erst 50 Jahre später auswirkten. John Steinbeck verbrachte zwei Monate auf einem Fischerboot, um Tierproben zu sammeln. In seinem Buch *Log from the Sea of Cortez* [Logbuch von der Cortéssee] beschrieb er zwölf japanische Garnelentrawler, die das Meer durchkämmten und systematisch jedes Lebewesen an Bord hievten und töteten. Er schloß daraus, daß »sie ein echtes Verbrechen gegen die Natur und gegen das unmittelbare Wohlergehen Mexikos und letztendlich gegen das Wohlergehen der ganzen menschlichen Rasse begingen.«

Die kommerzielle Fischerei hat der Cortéssee schweren Schaden zugefügt. Obwohl das Sportfischen in keinem Verhältnis zum kommerziellen Fischen steht, gründet es auf demselben Mangel an Respekt gegenüber den Schätzen der Natur. 1967 stellte Ray Cannons Buch mit Anglergeschichten, *The Sea of Cortez*, diese Gewässer den Sportfischern zum erstenmal vor. Der Autor spricht von »großen Haufen von Fischen«, und beschreibt, wie das Meer meilenweit aufgewühlt ist. »Alle Fleischfresser wurden fast wahnsinnig«, schrieb er, »und fressen, geben es von sich und fressen weiter. Von Blut und Gier irr geworden, schlagen, reißen und töten sie sogar ihre eigenen Artgenossen.« Cannon schildert Kreaturen »mit Mäulern, die so groß sind, daß sie einen Bierkrug verschlingen könnten«, die aus 200 Metern Tiefe an die Oberfläche kommen, und einen Kamikazeangriff von Pelikanen, die sich auf das Schnellboot stürzen.

Obwohl dieser frühere Hollywoodregisseur in seinem Buch reichlich Seemannsgarn spann, hatte *The Sea of Cortez* die gefährliche Wirkung eines suggestiven Sachbuchs. Im Kopf jedes

Lesers, der fischen wollte – und davon träumte, Totoaba, Horn-
hechte, Goldbarsche und andere exotische Fische an den Angelhaken zu bekommen und sein Können zu erproben –, ließ Cannon diesen Mythos bei Tausenden von Fischern lebendig
werden. Die Wirkung dieses Buches war noch grotesker als Montalvos Erzählung aus dem 16. Jahrhundert, die die Konquistadoren mit Gold und Amazonen köderte. Es wurde mehrere Male
nachgedruckt und nährte lange Zeit bei vielen Fischern den
Glauben, daß die Cortéssee ein unerschöpfliches Füllhorn sei.

Aus Angst vor den Wellen halten wir bei einer Spalte in den Klippen an. Ich paddle zuerst hinein, halte die Luft an, bis der Fiber-
glasrumpf an den Felsbrocken entlang schrammt, springe heraus
und winke Deborah hinein.

Während Deborah unsere Kleider in der Brandung auswäscht,
gehe ich die Felsen nach geschützten Fischgründen ab. Als ich
die Angel zum zweiten Mal auswerfe, fällt der Blinker mit einem
Plopgeräusch hinter eine Welle und bleibt für kurze Zeit ruhig,
bis das »Abendessen« anbeißt. Bei der nächsten Welle ziehe ich
den Fisch herein: einen mehrere Pfund schweren, gefleckten
Sandbarsch. Ich schneide seinen Bauch auf und erspähe über
mir einen Truthahngeier, der erwartungsvoll seine Kreise dreht.
Zwei gelbfüßige Möwen kämpfen um die Innereien.

Selbst gefangene Fische zu essen, schafft ein fast archaisches
Gefühl. Ich käme mir ausbeuterisch vor, wenn ich Fische töten
würde, ohne sie zu essen. Sportangeln habe ich nie verstanden.
Als ich zehn Jahre alt war und mit Speck und Hot Dogs in den
Kanälen Floridas angelte, war es immer mein Ziel, etwas zu essen nach Hause zu bringen. Auf den Kanalmauern zu sitzen und
stundenlang auf das Wasser zu starren, schuf auch ein Gefühl des
Verbundenseins mit dem Kosmos, eine Nähe, die durch das Auf-
wachsen in den Betondschungeln der modernen Vorstädte unmöglich gemacht wurde.

In meiner Jugend lernte ich, daß Nahrung ein lebendiger Or-
ganismus ist, der sich insgesamt gesehen nicht sehr von mir unterschied und nicht aus Zellophan und Styroporverpackungen
ausgepackt wurde. Ich hätte das sicher nicht verstanden, wenn

ich nicht beim Angeln diese Nähe zur Nahrung erfahren hätte. Wenn der Fisch mit Sicherheit eßbar war, tötete ich ihn sofort. Sonst zog ich den Haken heraus und warf den Fisch zurück ins Wasser. Stachelrochen ließ ich frei, indem ich die Angelschnur durchschnitt. Ein Teil der Anziehungskraft entstammte, wie ich zugeben muß, der Neugier auf die Geheimnisse des Meeres: Immer zog etwas aus der Tiefe an meiner ›Nabelschnur‹, es wurde zur Gelegenheit, ein neues Geschenk auszupacken – oder es dem ›Schoß‹ des Wassers zurückzugeben. Meine Familie feierte jeden gefangenen Fisch, weil es in den Kanälen kaum noch welche gab und weil es einer der größten Vorzüge des Lebens ist, selbstgefangenen Fisch zu essen.

Ich denke über jene Kanäle in Florida nach, während ich den Barsch zu unserem Lager trage. Zweifelsohne krochen unsere eigenen Vorfahren einst aus dem Meer und sahen dabei anziehender als der noch warme Fisch aus, der gegen meine Handfläche schlägt.

Ich bin hier, um die Rituale meiner Kindheit nachzuvollziehen und eine Verbindung mit dem Meer herzustellen, der größten noch auf der Erde vorhandenen Ansammlung protozoischer, gelatinöser und Wirbeltier-Lebensformen. Die von Jägern gern vorgebrachte Entschuldigung, daß sie deshalb töten müßten, um sich mit den Jagdinstinkten unserer Vorläufer, der Höhlenmenschen, zu identifizieren, ist zu durchsichtig und stellt sich eher mit dem Tier auf eine Stufe. Einem Tier sich dadurch zu nähern, daß man es tötet, ist nichts anderes als kaschierte Mordlust oder einfach die Anmaßung, sich mit Gott auf eine Stufe zu stellen.

Jedesmal, wenn ich das Rückenmark eines Fisches durchtrenne, kann ich mir meinen eigenen Tod vorstellen. Und sicherlich werde ich diesem Barsch bis zum Ende meiner eigenen Reise folgen. Wenn es hier etwas zu lernen gibt, dann lautet die Lehre, so wenig Fische wie möglich zu töten, weil der Barsch, den ich in Händen halte, auch ein Vorgänger meiner eigenen aquarischen Lebensform ist.

Keine noch so große Menge Zucker im Earl Grey Tee verdrängt den Salzgeschmack im Quellwasser, das ich einige Tage vorher im Süden eingefüllt hatte. Deborah kocht Reis, während ich den Barsch mit einer Zwiebel über einem kleinen Feuer aus Schwemmholz in einer Pfanne brate. Öl spritzt aus der Pfanne, und ich wende mein Gesicht ab. Ich sage ›Vielen Dank‹ für den Fisch, und statt mich in Richtung Himmel zu bedanken, sehe ich hinaus auf das Meer, aus dem vor so vielen Tausenden von Jahren unsere ursprüngliche Lebensform an Land kroch.

10 | Diebstahl bei den Gottlosen

Wir kommen an tiefschluchtigen ausgetrockneten Flußbetten und an unwegbaren Gebirgszügen der Calamajuegegend vorbei. 1766 bestand die Mission in Calamajue nur ein Jahr lang, bevor es den Jesuitenpater weiter zu grüneren Weiden und freundlicheren Indianern zog. Das einzige Anzeichen für das Eindringen des 20. Jahrhunderts in diesen Landstrich ist das abgelegene Fischerdorf Campo Calamajue. Die Fischer verhalten sich uns gegenüber gleichgültig, obwohl hier nur selten Hochseekajakfahrer vorbeikommen. Im Licht des frühen Morgens sind ihre Haare gekämmt, ihre Gesichter rasiert und die Fischernetze peinlich genau zusammengelegt, wie man das sonst nur von Fallschirmspringern und ihren Schirmen kurz vor dem Absprung aus dem Flugzeug her kennt. Einige der Männer haben volle Lippen und Adlernasen, was auf eine Abstammung von Festlandindianern schließen läßt; die meisten sind Mestizen, Nachkommen von gemischtrassigen, spanisch-indianischen Ehen, mit einer Hautfarbe wie Milchkaffee und dunklen Augen. Die zwei Männer in ihrem *panga* studieren ihr Netz so genau, als häkelten sie, sie halten ihre Köpfe hoch, ihre Rücken sind stocksteif. Die echten Baja Californier sind lange schon verschwunden, und sogar diese zwei stolzen Männer haben auf der Halbinsel keine Wurzeln; sie ersetzen eine Kultur, die von der Erde verschwunden ist.

Die spanischen Invasoren des 16. Jahrhunderts behandelten die Ureinwohner brutal. Auf einer von Cortés' ersten Expeditionen nach Santa Cruz (La Paz) töteten die Pericú die Soldaten, die ihre Frauen vergewaltigt hatten; als Vergeltung dafür mußte eine ungewisse Zahl von Californiern sterben. Ulloa versuchte während der dritten, von Cortés finanzierten Expedition, einige Indianer in Gefangenschaft zu nehmen, was ihm nicht gelang, »insonderheit da sie beim ersten Male [als Cortés hier war] so gelitten hatten, sie sich in das sichere Hinterland zurückzogen, so daß wir nicht einen fangen konnten.«

Obwohl diese christlichen Soldaten von der heidnischen Kultur fasziniert gewesen sein mußten, spiegelte die christliche Sichtweise letztlich Verachtung und Geringschätzung wider. In erster Linie wollten sie Perlen und Gold. Wegen ihrer Behandlung beim ersten Aufeinandertreffen gingen die Californier den Soldaten gleichermaßen wie den Missionaren aus dem Weg.

Außerhalb von Bahía Gonzaga schrieb Ulloa am 3. Oktober 1539 über einen Californischen Stamm, der niemals zuvor in Berührung mit den Europäern gekommen war:

... [Wir] sahen an der Küste einen alten Mann und einen weiteren jungen Mann mit drei oder vier Jungen. Als sie sahen, daß wir uns ihnen näherten, ließ der junge Mann von einem der Jungen Bogen und Pfeile holen, die er ein wenig entfernt liegengelassen hatte. Als der Junge sie geholt hatte, nahm er den Bogen und probierte ihn aus, augenscheinlich, um zu sehen, ob er gespannt sei. Er und der Rest der Versammlung blieben ungerührt stehen, ohne jede Furcht oder Angst, obschon wir nahe an sie herankamen. Als wir sahen, daß sie so selbstsicher waren, dachten wir, daß sie nicht alleine seien, sondern daß uns ein Hinterhalt bereitet und ihr Auftreten eine List sei.

Ulloa landete im Schutz einer Rinne, um jedem Hinterhalt zu entgehen, und ›fing‹ dann den Alten, der seine Hand vor die Augen hielt, als sei die Spanier anzuschauen gleichbedeutend damit, von der Sonne geblendet zu werden. Ulloas Dolmetscher, die Cortés aus La Paz mitgebracht hatte, konnten die Sprache der Eingeborenen nicht verstehen. Ulloa nahm ihre nicht überdachte Lichtung aus Gras nahe des Meeres wahr, einige Fische, aber kein Brot (wonach sich die Spanier sehnten), Wasserbeutel aus Seelöwenfell und Zuckerrohrflöße – mit »zwei kleinen, primitiv geschnitzten Paddeln« zum Fischen. Er schloß daraus, daß diese Menschen »Nomaden und nur von geringer Intelligenz« seien, und ließ sie frei.

Die Bewohner des Mittelabschnitts der Halbinsel, die Cochimi und die Guaycura, waren Jäger und Sammler. Obwohl die um das Delta des Colorado Rivers lebenden Stämme Ackerbau trieben, blieben die Cochimi und die Guaycari im Süden auf einem Niveau der Steinzeit.

Ulloa entdeckte, daß sich die Cochimi auf dem Wasser geschickter als die spanischen Matrosen anstellten – was in Widerspruch zu ihren primitiven Gerätschaften stand.

Er beschrieb die Männer als nackt und gutaussehend, mit Haaren, die auf eine Länge von zwei oder drei Fingern gekürzt waren. Nachdem er herausgefunden hatte, daß nichts von den Indianern zu holen war, segelte er weiter um die Halbinsel und in den Pazifischen Ozean. Er ›bestrafte‹ und tötete größeren Widerstand leistende Eingeborene ›mit garstigen Gebräuchen‹, indem er sie mit Kanonen beschoß, Hunde auf sie hetzte oder Arkebusen auf sie abfeuern ließ. Auf der Suche nach Reichtümern segelte er für die Krone Richtung Norden nach Alta California weiter, aber aufgrund einer Meuterei oder eines Unglücks trennten er und sein Schiff sich von der Flotille und blieben verschollen.

Andere Schiffe waren auf der Suche nach Perlen. Der nächste schriftliche Bericht über eine Expedition nach California stammt aus dem Jahr 1564. Baltasar Obregón: »Es ist eine Insel mit Dornengestrüpp und von nackten Kannibalen bewohnt, den barbarischsten, eitelsten, schmutzigsten und verlottertsten, die auf den Westindischen Inseln je gesehen oder entdeckt wurden.« Allerdings lobte Obregón ihr Talent als Austerntaucher. Auch wenn die Eingeborenen ihre Perlen dadurch irreparabel beschädigten, daß sie die Austern in der Glut öffneten, versprach sich Obregón von zukünftigen Expeditionen große Mengen an Perlen. Er empfahl dem König hier eine Kolonisierung zu versuchen, um Sklaven zu halten und den Glauben an den Herrn in die Geschöpfe einzupflanzen. Dem Stil der damaligen Zeit entsprechend, konnte auch Obregón nicht der Versuchung widerstehen, den alten Mythos von California weiterzuspinnen: »Es ist anzunehmen, daß die Küste und das Festland von vielen Menschen bevölkert wird, und es kann sein, daß sie Kleider tragen und Silber und Gold besitzen.«

Zehn Jahre später versuchte König Philipp II. die spanischen Entdeckungen durch Ausgabe von Lizenzen zu regulieren. Gemäß den Konditionen des Lizenzvertrags durften Siedler den Eingeborenen nichts antun, und bekamen die Auflage, die heidnischen Eingeborenen zum Christentum zu bekehren. 1593 wurde unter den Direktiven des Königs Sebastián Vizcaíno durch den Vizekönig von Neu-Spanien eine Lizenz erteilt, obwohl es beträchtliche Zweifel an Vizcaínos Fähigkeit gab, Soldaten von weiteren »Ausschreitungen gegenüber Eingeborenen« abzuhalten. Drei Jahre später verpflichtete der Vizekönig eine große Zahl Soldaten, Ehefrauen, drei Franziskanermönche und Cristóbal López, einen Pagen, der der Schwester des Vizekönigs den Hof machte, die Forderungen des Königs nach Konvertiten wahrzumachen.

In California eingetroffen, charakterisierte er die Eingeborenen als

so bestialisch und unzivilisiert, daß, ob im Stehen, ob im Sitzen, wenn die Natur sie überkommt, sie den Forderungen derselben nachgeben ohne jedes Feingefühl oder Respekt. Ihre Sprache ist so barbarisch, daß sie mehr den Lauten von Schafen gleicht als den Gesprächen zwischen Menschen.

Vizcaíno ließ seinen sieben Jahre alten Sohn zusammen mit den Soldaten und seinen diversen Frauen in Santa Cruz zurück, wo Cortés seine Siedlung aufgegeben hatte. Nachdem er festgestellt hatte, daß die Indianer ihnen – trotz der Übergriffe von Cortés – freundlich gesonnen waren, benannte er den Ort in La Paz, Friede, um. Die Geistlichen, auf die Cortés verzichtet hatte, waren in erster Linie für diesen Frieden verantwortlich. Am 3. Oktober 1596 segelte Vizcaíno mit zwei kleineren Schiffen nach Norden weiter, um nach Perlen und Nahrung zu suchen.

Zehn Tage später segelte er nach Bahía Concepción und stieß

auf mehrere Indianer in Kanus. Weil sie ›kampfeslustiger und wagemutiger‹ als jene in La Paz schienen, ruderte er mit 50 bewaffneten Männern ans Ufer und ließ sich von den Indianern zwei Kilometer bis zu einem kleinen Süßwassersee eskortieren. Vizcaíno schrieb darüber:

> *Von dort gingen wir mit ihnen zu ihren Siedlungen, wo sie uns eine weitere kleine Portion guten Fisches reichten, dies erfolgte mit großer Freude; aber sie waren, so schien mir, zu offen, und da ich ihnen nicht traute, befahl ich meinen Männern langsam in der Reihenfolge, wie wir angelandet waren, zurück zum Strand zu gehen.*

Um den Ärger des Königs nicht auf sich zu ziehen, überging Vizcaíno in seinem Bericht die anschließenden Ereignisse – die ein anderer Seefahrer, Gonzalo de Francía, in seinem Rapport festhielt. Offenbar hatte sich Cristóbal López, der Mann des Vizekönigs, Vizcaínos Expedition angeschlossen, weil er eine Perle benötigte. Seine Verlobte, Doña Elvira, die Schwester des Vizekönigs, hatte Lopez mitgeteilt, daß sie einer Heirat nur dann zustimmen würde, wenn López eine sehr wertvolle Perle, die sie verloren hatte, durch eine ebenbürtige ersetzen könnte.

Laut Francía hatte López, als er eine Californierin mit einem sehr schönen Perlengehänge an ihrer Lippe erblickte, dieses abgerissen und die Frau mit dem Kolben seiner Arkebuse geschlagen. Zwei Indianer wurden getötet. Vizcaíno übergeht den Raub und die Morde:

> *Während wir weitergingen, sahen wir, als wir in der Nähe davon [dem Strand] angekommen waren, einige Pfeile auf die Mitte der Schwadron niedergehen, und als wir uns umdrehten, sahen wir annähernd 100 Indianer, die hinter uns herkamen und Pfeile auf uns abschossen. Ich hieß die Schwadron halten, sich umwenden und vier Arkebusen über ihre Köpfe abschießen, um ihnen Angst einzuflößen. Obwohl sie vor dem Lärm tief erschraken, begannen sie, als sie sahen, daß unsere Waffen keinen Schaden hervorgerufen, mit größerer Kraft Pfeile auf uns abzuschießen. Ich be-*

fahl dann sechs Arkebusen auf sie abzufeuern, diesesmal waren die Waffen niedriger angelegt, und drei fielen tot zu Boden und andere, deren Zahl nicht zu schätzen war, wurden verwundet. Bei diesem Effekt flohen sie alle, und wir kamen nach und nach zu der Schaluppe [Ruderboot] unseres Schiffes.

Während Vizcaíno mit seinen Soldaten darüber stritt, ob man noch mehr Feinde töten solle, sammelten sich Hunderte von Eingeborenen am Strand. 25 Spanier, die dort geblieben waren, sprangen schnell in die zweite Schaluppe und begannen, zurück zum Schiff zu rudern. Als die Pfeile auf sie herabregneten, duckten sie sich, suchten auf einer Seite Schutz und brachten dadurch die Schaluppe zum Kentern. 18 Soldaten ertranken wegen ihrer schweren Lederrüstung, den restlichen sieben Männern, die alle verwundet waren, gelang es, zum Schiff zurückzuschwimmen. Vizcaíno zog sich nach La Paz zurück.

Die Franziskaner hatten eine kleine Kirche gebaut. Wie einer der Brüder berichtete, waren die Indianer stolz auf die Männer in Kutten, mochten aber verständlicherweise die Männer in Rüstung und Leder nicht, die die Indianer regelmäßig beraubten und ihre Frauen belästigten. In seinem Bericht an den König erklärte Vizcaíno, daß es nicht genug Nahrung gäbe, um seine Leute dort zu verpflegen, und, nachdem ein Feuer durch ihre Hütten gefegt war, diese Kolonie in Neu-Spanien wurde aufgegeben.

Der Vizekönig tadelte Vizcaíno später dafür, daß er Cristóbal López für den Zwischenfall mit den Eingeborenen nicht bestraft habe. Nachdem López die Schwester des Vizekönigs geheiratet und ihr die gestohlene Perle überreicht hatte, gestand ihm die Braut, daß sie niemals wirklich die Perle verloren hätte.

11 | 12. und 13. Oktober

Als es Tag wird, ist der Himmel klar – bis auf eine kleine Wolke, die über Isla Angel de la Guarda wie ein zu kleiner Filzhut hängt. Von meinen Aufenthalten in sturmreichen Gegenden habe ich gelernt, den Himmel genau zu beobachten, um an den Wolkenformationen abzulesen, ob es Sturm geben wird oder nicht.

Einmal, ungefähr in der Mitte des Mount Denali, begingen wir den Fehler, per Funk eine Wettervorhersage einzuholen, die uns den schlimmsten Sturm des Sommers prophezeite. Wir brachen daraufhin unseren Gipfelaufstieg ab und verbreiteten die Nachricht im Lager. Bergsteiger gruben den ganzen Nachmittag lang bombensichere Höhlen, bauten Iglus und stellten Eiswände auf. Der nächste Morgen war sonnenklar; seitdem ist mein Vertrauen in Funkgeräte und Wettervorhersagen merklich geschwunden, und ich halte mich lieber an meine eigenen Himmelsbeobachtungen.

Ringe um die Sonne oder den Mond sind Anzeichen von Feuchtigkeit in der oberen Atmosphäre. Schweifwolken oder Wolken, die wie fliegende Untertassen aussehen, bedeuten starken Wind und lassen auf Wetteränderung schließen. Gliederschmerzen sind Indikatoren für Tiefdrucksysteme, die Wind oder Regen bringen. Eine rote Morgendämmerung bedeutet Ärger. Morgen mit kalter, unbewegter, kristalliner Luft sind dagegen ideale Reisetage.

Der größte Teil der Baja California besteht aus Wüste. Es ist ein Ort, wo man ohne Probleme im Freien unter dem Sternenhimmel übernachten kann, wie es einst die Ureinwohner taten. Das erspart uns das Auf- und Abbauen des Zeltes und ermöglicht Verbrüderung mit den vorbeikreuchenden Schaben, Krebsen und Reptilien. Ich schüttle jeden Morgen meine Wasserschuhe aus, bevor ich sie anziehe.

Meine Armbanduhr zeigt an, daß heute Dienstag ist, der 12. Oktober, halb sieben Uhr morgens, was hier draußen gar nichts bedeutet. Wie an den meisten Morgen rüttle ich Deborah wach. Sie haßt das frühe Aufstehen, auch wenn die Nachmittagswinde gefährlich sind. Bei Punta Final drangen wir in eine

Region ein, in der das Meer fast allein war. Man erzählt sich, daß hier Koyoten ihre fetten, roten Schwänze ins Meer tauchen, um ihr Abendessen zu fangen. Sobald ein Krebs angebissen hat, wird er in Windeseile aus dem Wasser gezogen. Sogar die Fischer haben diesen trostlosen Küstenstreifen ohne Straßen den Koyoten und deren wilden, tollwütigen pelzigen Nachbarn überlassen.

Wir laden mehrere Hundert Pfund an Geräten aus, tragen die Boote 30 Meter die Felsen hinunter und setzen sie kurz vor der Brandung ab. Wir tragen alle unsere Geräte dorthin und laden sie wieder ein.

Ein Kajak richtig zu beladen ist eine Wissenschaft. Wir pressen die schweren Sachen, Wasser, Ofen, Treibstoff, Zelt, Bücher und Nahrung, in das Vorderteil, um dem Bug in schwerer See Gewicht zu verleihen. In die hintere Luke stopfen wir, auch um unser eigenes Körpergewicht im Heck auszugleichen, den leichteren Schlafsack, Polster und Kleidung. Die mit Gummi verdichteten Luken schließen wir wasserdicht ab, aber um ganz sicher zu gehen, schlagen wir all unsere Ausstattung in nylonüberzogene ›Trockensäcke‹ ein. Nach einer Stunde Packen legen wir ab.

Wir sehen nur wenige Vögel, woraus man schließen kann, daß die Fische fort sind. Sechs Pelikane fliegen nach Norden, so hoch, daß nur ein fischfanggroßer Walhai ihre Aufmerksamkeit erregen könnte. Der Wind wird stärker, und ich verschnüre mein Paddel.

In der Zeit, in der ich mein Segel entwirrt und gehißt habe, ist Deborah 800 Meter nach Süden gepaddelt. Zuerst macht das Segeln in einer Geschwindigkeit von sechseinhalb bis acht Kilometern pro Stunde Spaß. Nach einer halben Stunde habe ich Deborah eingeholt. Der Wind bläst jetzt so stark, daß ich mich in ihn hineinlehnen muß, um nicht zu kentern. Würde ich mir erlauben, neben dem Bedienen der Pinne, dem Halten des Schotts und dem Balancehalten auch noch Angst zu haben, dann wäre meine Konzentration dahin. Wenn meine Angstkurve aufgezeichnet würde, dann gäbe es einen Punkt, an dem mein Blutdruck über die reine Erregung hinausreicht und zu viele Dinge gleichzeitig passieren. Ich bin kurz vor dieser Grenze: Noch eine Sache mehr, auf die ich achtgeben müßte, und meine Kurve erreichte einen so hohen Blutdruck, daß sie in jenes Adrenalin-Gebiet zunehmender Angst vorstoßen würde.

Damit ich Punta Bluff umsegeln kann, muß ich einen östlicheren Kurs nehmen, auch wenn der Wind in südliche Richtung weht. Obwohl ich ohne mehr Segeltuch und einen Kiel nicht über dem Wind segeln kann, steuere ich mit meiner Pinne um und komme näher an die von der Meeresbrandung zerklüfteten Felsklippen von Punta Bluff. Für einen Moment werde ich das Segeln aussetzen müssen und paddle wild, damit ich Punta Bluff hinter mich bringe. Während ich nach dem günstigsten Moment suche, jagt eine Bö über mich hinweg und reißt mir die Segelleine aus der Hand, so daß mein Boot auf die Seite kippt. Nur noch die Kraft des Epoxidmastes zwischen meinen Beinen, der abzubrechen droht, kann das Kentern verhindern. Der Mast hängt stark nach Steuerbord durch, deshalb lehne ich mich luvwärts, meine Kehle weitet sich mit einem Gefühl, das stark dem Genuß von zu viel Kaffee ähnelt; mein Herz muß sichtbar gegen meine Schwimmweste schlagen. Mein Blutdruck schießt hoch in den Angstbereich: Ich könnte verlieren.

Deborah kommt mir sofort zu Hilfe, stabilisiert mein Boot und reicht mir das Segel, so daß ich es reffen kann. Es ist dumm, bei solchen Bedingungen zu segeln, aber Deborah sagt kein Wort, und dafür liebe ich sie.

Der zweieinhalb Meter hohe Mast schwingt bedrohlich hin und her. Wir sind über und über mit Gischt bespritzt, meine verkrampften Beine können die Ruderpedale nicht mehr fühlen und die Gewässer östlich des Felsens sind das einzige, was ich bisher gesehen habe, das dem sagenumwobenen ›Fischhaufen‹ entsprechen könnte.

Wir paddeln in Richtung Osten, bei jedem Eintauchen des Paddels arbeiten wir konzentriert und mit dem ganzen Oberkörper, um deutlichen Abstand zu den Klippen zu halten. Das Rauschen und Aufklatschen der Brandung ist ein zusätzlicher Antrieb für uns und läßt uns mit einer Energie vorwärtskommen, die wir vorher noch nicht entdeckt haben. Achthundert Meter

Mit dem Kajak zu segeln sieht oft einfacher aus, als es ist

draußen richten wir unsere Ruderpinnen nach Süden aus, was uns erlaubt, die nördliche Flut mit dem Richtung Süden wehenden Wind zusammentreffen zu sehen. Doch wir können nicht mehr zurück, der Wind ist zu stark, um umzudrehen, und so halten wir die Luft an und tauchen durch. Unsere Boote werden hin- und hergeschleudert, bis allein die Vorwärtsbewegung verspricht, uns über Wasser zu halten, aber jedesmal, wenn wir in eine Richtung geschleudert werden, stützen wir uns mit dem Paddel auf der anderen Seite ab – kontrolliert nach vorwärts. Als wir den Felsvorsprung umfahren, erwacht eine Seelöwenkolonie aus dem Schlaf: 50 ängstliche Weibchen schlagen zur gleichen Zeit an und heulen wie ein Rudel hungriger Schakale. Obwohl das schäumende Meer Seelöwen nicht abschreckt, wäre es schwer für uns, den Kopf über Wasser zu halten, wenn sie unsere Kajaks umwerfen und zum Kentern bringen. Und selbst, wenn wir in diesem Durcheinander von Seelöwen, Flut, Wind und Wasser schwimmen könnten, würde die Wucht, mit der das Meer gegen die klippenbewehrte Küste schlägt, verhindern, daß wir an Land kommen. Ich unterdrücke meine Hilflosigkeit, aktiviere meine Lungen und brülle: »Haltetgefälligsteuer-Maul!«, was ihr unerträgliches Geheul nur noch lauter werden läßt.

In solchen Zeiten, wenn kein Rückzug möglich ist und der sprichwörtliche Schutzengel seinen freien Tag hat, geschieht es, daß man über sich hinauswächst und einen Ort innerer Ruhe und Stärke findet, einen Ort außerhalb seiner selbst, wo man die eigenen Handlungen objektivieren kann und plötzlich keine Angst mehr verspürt. Man hört auf, darüber nachzudenken, was als nächstes zu tun ist, und richtet sich ganz nach seinem Instinkt. Die Minuten vergehen in Zeitlupe und statt daß der Blutdruck ins Unermeßliche steigt, fällt er, und das Gehirn schaltet auf Autopilot um.

Während ich noch überlege, ob ich den Seelöwen nicht einen Hundeknochen zuwerfen soll, kichere ich vor lauter Adrenalin. Punta Bluff liegt hinter uns, Deborah flucht erleichtert, meine Hände zittern wie Espenlaub, und in meinen verkrampften Füßen spüre ich es wie in einem entzündeten Zahn pulsieren. Ich manövriere in eine geschützte Bucht und fasse nach oben, um meinen schwankenden Mast umzulegen.

Ich schreie in Richtung Meer, wie das ein Cochimi nicht besser hätte tun können. Meine Kleider und meine Haare sind vom Salzwasser verklebt; ich spucke Sandkörner aus. Ich bin so ausgetrocknet, daß ich seit drei Tagen keinen Stuhlgang mehr hatte.

Deborahs Nacken ist so steif, daß sie nur nach hinten schauen konnte, indem sie das Boot wendete; ich massiere ihren Nacken langsam und ziehe mit meinen Fingern eine Acht über den knochigen Vorsprung des Schlüsselbeins, über elastische Muskeln und die acht Zentimeter lange, gummiartige Hautkrebsnarbe – der Arzt stufte es als gutartig ein, aber der Melanom-Tod ihres Vaters ist eine ständige Ermahnung an weniger schöne Seiten von Abenteuern in der Sonne.

Ich breite meine löchrige, aufblasbare Schlafmatte auf den Felsen aus und bereite unser Bett. Deborah liest laut den Anfang eines Romans über Männer aus den Bergen und aussterbende Büffel vor.

Nur Wasser und Himmel – allein mit den Elementen

Ich wache fünf Sekunden vor halb sieben auf, kurz bevor mich meine Armbanduhr zu wecken beginnt. Sie zeigt ›Mittwoch, 13. Oktober‹ an, doch wen kümmert das? Ich stelle die Weckfunktion ab, lasse Deborah schlafen und mustere den klaren Himmel. Zu meinem Erstaunen hängt die runde Wolke immer noch genau über Isla Angel de la Guarda.

Das Meer hat einen merkwürdigen Höchststand erreicht, eine Ebbe, die die runde Welt abgeflacht erscheinen läßt. Zwölf Meter draußen spritzt die Brandung. Drei dunkle Große Tümmler durchtrennen die Oberfläche so sauber wie ein Messer, jagen kleine Fische vor sich her und treiben diese aus dem Meer in unsere Bucht. *Ob sie uns Nahrung vorbeischicken wollen?*

Ich rüttle Deborah wach, aber sie sieht nicht auf das Meer hinaus, wohin ich stumm zeige. Statt dessen fährt sie mich an, und ich stelle sie mir als unsere ungeborene Tochter vor, Ärger glimmt in den Pupillen hinter den verquollenen Augenlidern. Sie ist zornig, weil ich sie aus einem Traum gerissen habe, in dem drei Delphine versuchten, mit Hochfrequenzpfiffen mit uns zu sprechen und wir sie im Traum nicht verstehen konnten. Als ich sie endlich dazubringen kann, auf das Meer hinauszuschauen, sind die drei Delphine längst verschwunden.

12 | Die Heiden

Während ich in der aufgehenden Sonne liege, kann ich mir gut die ehemaligen Californier vorstellen. Sie biwakierten, eng mit ihren Frauen und Kindern zusammengedrängt, um es warm zu haben, zwischen Steinmauern und beobachteten den Himmel. Ich stelle mir ihre Gottheiten vor, während ich in den Himmel sehe.

Der Stamm der Guaycara glaubte, daß die Sterne, der Mond und die Sonne aus Frauen und Männer bestanden, die alle zwölf Stunden außer Sichtweite waren und am nächsten Tag schwimmend wieder auftauchten. Die Cochimi-Indianer glaubten, daß der Große Kapitän den Himmel und alles auf der Erde gemacht habe. Sein Adoptivkind, Emai Cuano, machte bittere Wurzeln süß, zähmte Tiere und schuf das Feuer unter der Erde, damit es die Menschen warm haben. Als die Menschen über die Hitze klagten, zog Emai Cuano die obere Erdschicht fort und schuf mit seinem Speichel das Meer. Als die Menschen versuchten, das Wasser loszuwerden, schuf Emai Cuano mit seinen Tränen den Regen.

Die Männer und Frauen trugen Perlmuttmuscheln, die zu Ketten aufgefädelt waren, um den Nacken; andere Stämme wiederum schmückten Gesicht, Nase und Lippen mit Perlen. Abgesehen von der Bemalung ihrer Gesichter waren die Männer nackt, während die Frauen schamhaft Palmröcke, Westen aus Palmwedel, Otterfelle (die wegen ihres Wertes für russische Pelzhändler bald ausgerottet waren) und Netze trugen, deren Qualität bereits der Jesuitenpater Taraval im 17. Jahrhundert pries: »Ich kann bestätigen, daß von allen Tüllnetzen, die ich in Europa und in Neu-Spanien gesehen, keines mit diesen vergleichbar ist, weder im Weißton noch in der Untermischung anderer Farben oder der Stärke und der Könnerschaft, in der sie eine Vielzahl von Figuren abbilden.« Aus Palm-, Meskal- oder anderen, feineren Gräsern geflochtene Netze verwendete man auch zum Fischen und zum Tragen von Kleinkindern. Die Californier waren erfahrene Weber. Ihre raffiniert geflochtenen Körbe benutzte man zum Wassertragen oder auch zum Rösten von Keimen, die, um ihr Ansengen zu verhindern, schnell über offenem Feuer gedreht wurden.

Obwohl die Californier den archaischen Menschen des Paläolithikums ähnelten und sich nicht wie die edlen Wilden der europäischen Mythen verhielten, so waren sie doch, verglichen mit den frömmlerischen und bigotten Spaniern, ausgesprochen unschuldig. Die Californier tranken keinen Alkohol. Zwei Stämme mit einem Ungleichgewicht an Frauen wurden polygam, ansonsten duldete man keinen Ehebruch, den erst die Fremden ›einführten‹. Entgegen den sensationslüsternen Legenden waren die Bewohner von California keine Kannibalen. Vielmehr ekelten sie sich dermaßen vor der Vorstellung, menschliches Fleisch zu sich zu nehmen, daß sie zum Beispiel das Fleisch von Dachsen verschmähten, weil dessen Pfotenabdruck Ähnlichkeit mit dem des Menschen aufweist.

Aufgrund der Fußabdrücke im Sand konnten sie genau sagen, wer vor ihnen gegangen war. Mit bloßer Hand fingen sie Fische und gingen mit Bumerangs, Pfeilen und Angelhaken auf die Jagd. Um Wild zu erlegen, lockte der Jäger seine Beute, indem er sich den Kopf eines toten Hirschs überstülpte. Zum Fischen lenkten sie ihre Flösse aus Schilfgras regelmäßig auf die hohe See (was Deborah und ich in unseren Fiberglaskajaks uns selten trauten). Außerdem war es gegen die Ehre der Jäger, das erlegte Tier selber zu essen, statt es dem Stamm zu übergeben.

Im April 1687 landeten der Jesuitenpater Eusebio Francisco Kino und Admiral Isidoro de Atondo in La Paz, um einen zweiten Versuch zu unternehmen, eine Siedlung zu gründen. Die seit langem mißbrauchten Guaycuras hegten diesen Männern gegenüber, die anscheinend mehr als nur Perlen haben wollten, ein begründetes Mißtrauen. Kino lud ihre Führer zu einem Fest ein, in das Atondo eine Kanone hinein feuern ließ, die zehn Guaycuras tötete. Die Stadt ›Frieden‹ wurde aufgegeben, bevor die Überlebenden zurückschlagen konnten.

Zehn Jahre später besuchte der beleibte Pater Juan María de Salvatierra San Bruno. Zu trinken gab es Brackwasser. Disteln bewachten die einzige noch verbliebene Wand von Kinos früherer Kirche. Salvatierra und die anderen zogen Lose, und obwohl Salvatierra langer Reisen überdrüssig war, befahl das gezogene Papier ihnen, nach Norden weiterzusegeln.

Salvatierra schlug einige Revolten der Cochimi gegen ihre Unterdrücker mit Gewehren nieder und wurde schließlich als ›Jesuiten-Eroberer von California‹ bekannt. Unter dem Edikt des Königs herrschten die Jesuiten 71 Jahre lang, was offenbar die völlige Ausbeutung der californischen Ureinwohner verhinderte.

Dennoch konnten die Jesuiten nicht völlig verhindern, daß von Gier getriebene Soldaten und Perlensucher die Californier Massenmord und Rachsucht lehrten. Im Jahr 1713 richteten spanische Perlensucher in San José del Cabo willkürlich vier Pericú hin. Im Jahr darauf nahmen die Pericú Rache. Sie baten scheinbar völlig arglos eine andere Abteilung von Perlensuchern um eine Darbietung ihrer Schießkünste, und die Spanier feuerten, eitel wie sie waren, ihre einschüssigen Arkebusen zum Vergnügen der Pericú in den Himmel. Die Indianer töteten daraufhin 13 Spanier und ließen nur einen Soldaten, Juan Díaz, am Leben, der ihnen beibringen sollte, wie man mit dem Perlenschiff umgeht.

Täglich wurde Juan Díaz von den Pericú gedemütigt und verhöhnt, bis er nach einigen Wochen ins Gebiet der Guaycura entkam, vor denen sich die Pericú fürchteten. Obwohl Díaz mit seinem Tod rechnete, gaben ihm die Guaycura Nahrung und sorgten sechs Monate lang für ihn. Als vor der Küste ein Schiff vorbeisegelte, entzündeten die Guaycuru ein Signalfeuer und übergaben Díaz seinen Landsleuten.

Mitte des 18. Jahrhunderts verbrachte Pater Joseph Baegert einige Jahre in einer Region, dessen Bewohner weithin als ›intelligent und friedlich‹ galten. Baegert hingegen beschrieb sie als

dumm, unwissend, sturköpfig, schmutzig, grob, undankbar,
Lügenbolde, schurkisch, äußerst faul, große Klatschmäuler
und insofern es ihre Intelligenz und ihre Handlung erlau-
ben, bleiben sie Kinder bis zum Grabe; sie sind ein Men-
schenschlag, der richtungslos, täppisch, planlos und unbe-
rechenbar ist; ein Volk, welches niemals gezähmt werden
kann, welches seinen natürlichen Instinkten gehorcht, wie
die Tiere.

Baegert widersprach sich allerdings, indem er hinzufügte: »Sie
haben durchaus Verstand und Gefühl wie andere Menschen
auch, und meiner Meinung nach würden sie, wenn sie Kindheit
und Jugend in Europa verbrächten, ... bei ihren Sitten, Künsten
und Wissenschaften Fortschritte erzielen.« Dieses Urteil stammt
von einem Deutschen, der sehr detailliert über Flora und Fauna
Californias schrieb und die dornige Landschaft als ›Fluch des
Herrn ... nach Adams Sündenfall‹ charakterisierte.

Die Spanier gaben den Heiden den Tip, daß die Endblüten von
Ginsterstechpalmen sehr gut schmeckten. Daraufhin waren die
Ginsterstechpalmen vom Aussterben bedroht, weil die Ernte der
Endblüten das Absterben des Baumes bewirkt. Trotzdem gibt es
sehr viele Palmen auf der Halbinsel, weil Missionare Hunderte
Dattelpalmen gepflanzt hatten, heute eine der Grundversor-
gungspflanzen von Baja California.

Der Pitayakaktus war ein natürliches Gewächs, das die Jesuiten ausrotten wollten. Der Jesuit Barco schrieb, daß die pfirsich-
große Frucht der Pitaya »so frisch und gehaltvoll ist, daß sie Nahrung und Getränk zugleich ist, weshalb jene, die viel von dieser
Frucht essen, kaum etwas zu trinken brauchen.«

Die Pericú-Indianer warteten auf die Ernte der Pitaya mit
großer Freude, weil diese Frucht wie kein anderes Nahrungsmit-
tel geschätzt wurde. Die Lieblingsjahreszeit ihres aus sechs Monaten bestehenden Kalenderjahres war deshalb auch *meyibo,*
die Zeit der Pitayasommerernte. Ein anderer Stamm sprach von
›diesem Jahr‹ als *ambia* (Pitaya). Während sie sich an Pitayas
gütlich taten, begingen sie die Ernte mit einem Freudentanz. Pater Baegert beschrieb einen dieser Tänze:

Ihre Tänze bestehen aus närrischem, unregelmäßigem Ge-
stikulieren und Springen oder einer Vorwärts-, einer Rück-
wärtsbewegung und im Kreise gehen. Doch sie haben daran
solch große Freude, daß sich ihre Darbietungen ganze
Nächte hinziehen, in dieser Hinsicht ähneln sie recht sehr
den Europäern, von denen sicherlich mehr während Fast-
nacht und zu anderen Zeiten durch Tanzen starben als
durch Beten und Fasten. Diese Vergnügungen, an sich un-
schuldig, mußten strikt untersagt werden, weil die gröbsten
Unordnungen und Unsittlichkeiten von den Eingeborenen
offen während der Darbietungen durchgeführt wurden.

Während der Pitaya-Orgien wurde die Frucht in einem Land mit
solch magerer Ernte so sehr verehrt, daß die Menschen sogar auf
Felsen ihre Notdurft verrichteten. Nachdem die Pitaya trocken
war, wurden die unverdauten Samen herausgelesen und geröstet.
Die Indianer überreichten dem naiven Pater Francisco María
Piccolo Mehl, das aus solchen Körnern geschrotet wurde und
das der Pater zum Brotbacken benutzte. Die etwas wachsameren
Missionare trafen mit ihrem Kollegen zusammen, rochen an seinem Brot, und Piccolo wurde daraufhin zur Zielscheibe nicht en-
denwollender Scherze und zu einer anhaltenden ›Zweite Ernte‹-
Legende. Trotz der Präsenz der Jesuiten, die zwölf Missionen
errichteten, Ackerbau, Tierhaltung, Musik, Religion und Sprache bei den Heiden einführten, blieb California ein entlegenes
und gesetzloses Grenzland. Die Kuttenträger des 18. Jahrhunderts konnten trotz ihrer ostentativen Frömmigkeit ebenso barbarisch wie die Californier sein.

Mehr als zwei Jahrhunderte später tauschen Deborah und ich
das Beengende unserer eigenen Kultur gegen Californias einfa-
ches Leben ein. Weil ich mir nur noch vorstellen kann, wie die
Cochimi und die Pericú lebten, weil meine Instinkte unter einer
Lawine moderner Technik und Logik verschüttet sind, war es
nötig, Arbeit, Zuhause und Gewohnheiten aufzugeben, um hier
neben meiner Frau auf einem Bett aus sonnengewärmten Felsen
zu liegen. Ich denke über das Feuer unter der Erde nach. Ich
denke über ein ›Meer aus Speichel‹, über einen ›Regen aus Trä-

nen‹ nach. Dann bricht der Tag abrupt wie ein Wal an, die Sterne fallen ins Wasser, und die Sonne schwimmt über dem Meer – und spuckt Muscheln unter uns.

13 | Schwimmende Vögel, fliegende Rochen

Stachelrochen springen mehr als einen Meter hoch aus dem Wasser. Sie bewegen ihre Flügel, die sich wie ein Mittelding zwischen einem Blaureiher und den ledrigen Schwingen eines Pterodactylus anhören. Aber diese ein Meter langen Rochen, die mit den Haien verwandt sind, lassen sich sofort wieder fallen, klatschen dabei laut auf ihre Unterseite und lösen mit jedem Flugversuch eine Wasserwelle aus. Obwohl von Biologen die Theorie aufgestellt wurde, daß Rochen springen, um Parasiten loszuwerden oder um zu gebären, beobachten diese Fische sicher die Küstenvögel. Kojoten imitieren Schafe, Affen Menschen, Kormorane Fische, wieso sollten dann Rochen nicht Vögel nachahmen?

Während die Rochen springen, kommt ein Killerwal nur einmal an die Oberfläche, atmet schnell aus und taucht wieder ab, ohne die weißgekrönte Strömung aufzuwühlen. Ich nehme die Kamera heraus, aber der Wal taucht nicht mehr auf, und die Rochen springen ohne Ankündigung. Ich kann die Kamera nicht schnell genug in die richtige Richtung drehen, um einen springenden Rochen aufzunehmen. Und in dieser Strömung zu lange anzuhalten, bedeutet nichts anderes als zurück nach Norden getrieben zu werden.

Während wir um Landspitzen herumpaddeln, rauscht die Flut mit dem ganzen überstürzten Schwung eines Flusses hindurch. Wir paddeln oft über Kreuz mit ihr, nehmen sie öfters im Winkel, als kopfüber gegen sie anzusteuern. Wir ruhen uns am Ufer aus.

In der Nähe von Isla Alcatraz streifen wir durch die Überreste eines abgelegenen mexikanischen Fischerdorfes, sehen eine Toilette aus Holz inmitten eines Abfallhaufens, drei hochkant stehende Kühlschränke (meilenweit von der nächsten Steckdose entfernt, aber so kann man den Fang vor der Hitze schützen), armlange Schwänze von Drescherhaien, Haigebisse, Fischgräten und leere, in Lebensmittelläden gekaufte Dosen mit Doraden – diese Fischer durften ihren Fang nicht essen.

Auf dem Hügel über unseren Köpfen steht ein 60 Zentimeter hoher Schrein aus Beton, mehr Puppenhaus als Moschee. Innen sind vier Glaskerzen und eine Maria aus Plastik. Andächtig macht eher die Umgebung: Die Bucht von Guadelupe erstreckt sich in einer sandausgefüllten Kurve aus Kandelaberkakteen und anrollender Dünung meilenweit; im Osten breitet sich das türkisfarbene Meer in weißen Windkronen aus und dringt zwischen die Halbinsel und die rund 100 Kilometer lange, gebirgige Isla Angel de la Guarda. Das braune, unbewohnte Land erscheint vom Meer abgetrennt, hängt als schimmernder, fahlbrauner Zeppelin aus Luft über dem Wasser, mehr Wunder als Insel.

Auf Isla Alcatraz vereinen sich die Rufe von Hunderten von Stimmen zu einer rohen Kakophonie; ich gehöre nicht dazu. Oben auf dem Grat des 30 Meter breiten Eilands pfeifen jämmerlich Tölpel, als würden sie Schmerzen erleiden. Kormorane schlagen das Wasser mit ihren Flügeln und jagen 15 Meter die Oberfläche entlang, bevor sie an Höhe gewinnen. Pelikane fliegen in einer muskulösen Darbietung ihrer Flügel und *gatschen* gegen den Wind. Seemöwen ziehen ihre Kreise und Kreise und Kreise und krächzen mich Eindringling an, so daß ich mir die Ohren zuhalten muß. Die kleine Insel ist von weißem Vogelguano überzogen und riecht wie ein frischgepflügtes Feld. Ich falle über eine gelbe Öltonne und stütze mich auf einem Autoreifen ab, stoße schneller von der Insel ab, als ich angelegt habe und schwöre mir, nie wieder eine Vogelinsel zu betreten.

Deborah hat Migräne; um den Schmerz zu vergessen, trommelt sie mit ihren Fäusten auf das Kajak. Sie schreit mich an, daß ich ihr nicht helfen würde, aber von früheren Kopfschmerzanfällen weiß ich, daß ich ihr solange nicht helfen kann, bis das Demerol den Schmerz betäubt hat. Ich gebe ihr zehn Minuten.

Ein Arzt könnte ihr sagen, daß die Migräne durch die Dehydrierung entsteht, aber ich habe meine eigene verrückte Theorie. Deb liegt im Sand, preßt ihre Faust unter ihre Nase, die Augen sind fest geschlossen, um das Doppeltsehen zu unterbinden. Ich komme zu ihr zurück und sage, daß ich sie liebe, reibe, während sie stöhnt und sich auf dem Rücken windet, ihre Füße und erläutere ihr meine Theorie, wie das Meer verletzt worden ist und wir vielleicht seinen Schmerz auf uns laden.

Während die Beziehung des Menschen zur Natur vor unseren Augen zerfällt, scheint unsere eigene, persönliche Beziehung unsere einzige Chance zu sein, um zu überleben – wir klammern uns an dieses Floß der Liebe. Ohne den anderen wären wir auf dieser sterbenden See verloren.

Deborah hält meine Hand so fest, daß sie mir fast die Handknochen bricht.

Durch den Kanal der Wale, der so glatt wie ein zugefrorener See wirkt, paddeln wir auf eine Flut zu. Schildkröten brechen immer wieder die gespiegelte Spannung auf, und wenn sie mit ihren Rückenschilden wieder abtauchen, zerbrechen zielscheibenrunde Wellen die Reflektion.

Ein Eisvogel knattert als harmonische Begleitung seines wunderlichen Fluges mit den Flügeln; ein Kojote streift das salzige Ufer entlang, nimmt unsere Witterung auf, zieht sich in das stachlige Ocotillounterholz zurück.

Neben der vulkanförmigen, braungewaschenen Smith Island tauchen Wale auf: Drei Atemzüge schallen einmal und noch einmal wie Nebelhörner über das Wasser. Ich nehme mein Fernglas zur Hand, aber während die Akustik ausgezeichnet ist, sind die Entfernungen gewaltig. Die Wale sind einige Kilometer entfernt, und ich kann sie nicht sehen. So bewundere ich die Fische, die grün und schwarz und gelb unter mir im klaren Wasser aufblitzen, stumme Embryonen des Lebens. Während ich dem Echo des Luftansaugens und -ausstoßens der Wale lausche, schließe ich die Augen, und es kommt mir vor, als atmeten die Lungen des Meers. Die Zeit vergeht, ich weiß nicht, wie viele Stunden es sind. Obwohl das Meer ruhig aussieht, haben wir bei der verborgenen Flut nur magere sechs Kilometer geschafft. Wir fahren ans Ufer, um uns auszuruhen und auf die Ebbe zu warten. In den Schatten meines Segels gekauert, lese ich in Steinbecks *Log from the Sea of Cortez*. Deborah schläft neben mir, ihr warmer Atem streift meine Armhaare – *deshalb bin ich hierhergekommen.*

Die Flut geht zurück, während der Wind einsetzt. Ich hisse das Segel, und wir verbinden unsere Kajaks, gleiten an Isla Smith vorbei, um Punta Gringa und in die 25 Kilometer breite Bahía Los Angeles. »Die Luft ist wunderbar«, schrieb Steinbeck, »und die Umrisse der Realität ändern sich jeden Moment.« Tausende von teetassengroßen Stachelrochen krabbeln wie Unterwasserschmetterlinge vor uns herum, Tölpel tauchen ins Wasser und schwimmen mit den Fischen, und die Flügel der Rochen knattern im Wind.

14 | Rassistische Fischer

Im Jahr 1940 stieß John Steinbeck in der Stadt Bahía Los Angeles auf ein merkwürdiges Geheimnis. Als er beiläufig mexikanischen und Gringo-Sportfischern erzählte, daß seine Besatzung nach Meeresproben suchte, zeigte man ihm plötzlich die kalte Schulter und behandelte ihn wie einen Fremden. Steinbeck vermutete, daß die Stadt etwas verheimlichen könnte: Waffenschmuggel, vielleicht krumme Geschäfte mit Gold.

Deborah und ich sprechen mit einigen Anwohnern, die uns erzählen, daß der Flughafen der Stadt von Rauschgiftschmugglern benutzt wird, die nachts hier zwischenlanden, um vor dem Weiterflug nach El Centro aufzutanken. Offensichtlich war einer der höheren Beamten von Bahía Los Angeles entlassen worden, weil er von jedem landenden Flugzeug mit Schmuggelladung 200 Dollar Schmiergeld kassierte.

Wir bekommen noch mehr Ratschläge auf den Weg: Wir sollen uns in acht nehmen vor bewaffneten Schmugglern an verlassenen Stränden, vor Möwen, die Beutel mit frischem Wasser aufpicken und vor Kojoten, die Essen stehlen. Wahrheit und Verfolgungswahn vermischen sich; Mexiko ist mit Mythen behangen.

Am besten ist es zu nicken, höflich zuzuhören, dem Sprecher zu danken, vorsichtig zu sein, und die Wahrheit später ihren Lauf nehmen zu lassen.

Für Leute, die es auf sich nehmen, von der Grenze bis nach Bahía Los Angeles einen ganzen Tag auf der Autobahn zu verbringen, hält dieser Ort ein Museum für Naturgeschichte bereit, ein halbes Dutzend Motels, fünf kleine Lebensmittelläden (das Wasser kostet hier zwei Dollar pro acht Liter, deshalb füllen wir unsere Vorräte gratis am Dorfbrunnen auf), Dutzende von Fischführern, RV Trailer-Parks, Meilen weißen Strandes und unzählige Restaurants. Wie die meisten gehobenen Ferienziele auf der Halbinsel ist auch diese Stadt eine symbiotische Mischung aus Gringotouristen und mexikanischen Unternehmern.

Wir treffen zwei Jungs aus Riverside, Kalifornien, die das College hinter sich haben, und schauen zu, wie ein Mexikaner deren heutigen Fang, 31 Thunfische, von denen jeder zwischen 15 und 25 Pfund wiegt, filetiert. »Das Angeln war hier seit Jahren nicht mehr so gut wie heuer«, erklärt einer von ihnen, »und wir haben einfach Glück!« Ich frage, ob es eine Quotierung gibt, und seine Antwort – »Vermutlich, aber keiner schert sich darum!« – trifft präzise das Problem der absterbenden Cortéssee. Ihre Filets passen nicht einmal in die beiden riesigen Kühltaschen.

Morgen ist unser erster Hochzeitstag, und obwohl wir auf einem verlassenen Strand glücklicher wären, planen wir, uns Bahía Los Angeles anzuschauen, Leute zu treffen und uns ein Festmahl zu gönnen. Während wir uns nach dem Abendessen im Schatten eines Palapabaumes ausruhen, plaudere ich mit einem freundlichen Mann von der Handelsmarine am Nebentisch über dessen Idee eines meeresbiologischen Zentrums für Kinder auf der anderen Seite der Bucht. Er ist aus Philadelphia, der erste Schwarze, den ich auf der Halbinsel sehe, seine Begleiterin ist aus San Francisco. Beide sind höflich und ebenso neugierig, etwas über unsere Reise zu erfahren, wie wir es in bezug auf ihre Reise sind. Sie sind hier, um sich am Meer von dem Karrierestreß zu erholen.

An einem anderen Tisch streiten sich einige aus Alta California über Fische. Bei dem Lärm kann ich das Meer nicht hören, aber seine weiße Schaumlinie bis zu den Tischen hochfließen zu sehen, ist Trost genug. Keiner scheint den ungewöhnlich übelriechenden Geruch des Ozeans wahrzunehmen.

Einer der Fischer schreit: »Kugelfische sind wie NIGGER: Keiner hat auch nur einen Funken Intelligenz im Leib!«. Ich bin empört und auf einen Schlag ist meine Aufmerksamkeit so vom Meer weggezogen, daß ich mich frage, ob ich das gerade geträumt habe. Der Mann von der Handelsmarine steht auf und geht hinüber zum Tisch der Fischer. Ich springe auf, weil der Mann allein ist, die Gäste sind mit einem Mal verstummt, und sollte außer dem Matrosen ein anderer sich beleidigt fühlen, so zeigt er es nicht. Ich stehe nahe genug dabei, um dem schmal gebauten Schwarzen wenigstens Rückendeckung zu geben.

»Sagen Sie das niemals wieder«, droht er, und ich beobachte den Tisch der sechs Fischer genau. »Was gibt Ihnen das Recht, so etwas zu sagen?« Die Fischer sind sprachlos. Der Mann von der Handelsmarine ist außer sich, stampft beim Reden mit dem Fuß auf, weil er einen Tag lang annahm, er sei in einem Land, in dem Menschen die Hautfarbe gleichgültig sei. Für einen Moment ist das Dreh- und Sauggeräusch des Meeres alles, was man hört, bis mein Freund sagt: »Dieser Ort ist viel zu gut für Sie«, und sich auf dem Absatz umdreht.

Als er zu seinem Tisch zurückgeht und sich hinsetzt, rede ich den Fischer laut an: »Ich bin nicht hierhergekommen, um mitanzusehen, wie unschuldige Leute beleidigt werden, und ich habe nicht den geringsten Zweifel, daß, wenn wir jetzt abstimmen ließen, jeder diesen Mann rausschmeißen würde«. Dabei zeige ich auf den Graubart ohne Hemd, der sich an einem leeren Margaritaglas festhält und eine Schimpfkanonade vom Stapel läßt, als wäre der Schwarze keine Antwort wert. Er scheint handgreiflich werden zu wollen, aber er blufft nur. Er ist ein großer, aufgeblasener Bierbauch. »Sie sind doch überhaupt kein Kämpfer, sondern nur ein feiger, rassistischer Idiot«, schnauze ich ihn an und setze mich wieder neben Deborah.

Am Nachbartisch setzt der Mann von der Handelsmarine ein zaghaftes Lächeln auf und nickt. Seine Hände zittern. Meine auch.

»Solche Leute sterben anscheinend nicht aus, nicht wahr?«
frage ich.

»Das ist der Lauf der Welt, die Geschichte wiederholt sich
eben.«

»Ich hatte gehofft, daß es hier unten anders wäre.«

»Vielleicht doch nicht, jedenfalls danke für alles, was Sie getan
haben.«

Daraufhin steht der Fischer auf, ohne den Mann anzusehen,
den er beleidigt hat. Statt sich zu entschuldigen, kommt er an
meinen Tisch, schlägt mir auf die Schulter, als ob wir durch unser
Scheingefecht irgendeine perverse Verbindung eingegangen
wären, und brüllt mir ins Ohr: »Ich hoffe, daß jeder morgen viele
Fische fängt!«

15 | Bigotterien des 18. Jahrhunderts

Die ethnische Säuberung Baja Californias begann um 1730. Ein
einflußreicher Zauberheiler im Dorf Anica stachelte seine Ge-
folgschaft zur Rebellion an, ein Indianer-Gouverneur namens
Boton wurde wegen ›Fehlverhaltens‹ von den Jesuiten seines
Amtes enthoben, und Chicori, ein Mulatte vom Kap, bekam einen Wutanfall, als die Padres sich weigerten, eine seiner getauf-
ten Frauen zurückzusenden.

Pater Taraval schrieb, daß der Aufstand der Indianer vom
»Ungehorsam der Vorschriften Gottes und der Liebe barbari-
scher Freiheit« hervorgerufen werde. Ihm kam eine Ver-
schwörung der Pericú zu Ohren, alle Missionare zu töten, und so
warnte er die über keine Soldateneskorte verfügenden Jesuiten
Tamaral und Carranco, die sich allerdings weigerten, ihre Missionen zu verlassen. Im September 1734 wurden diese beiden
Geistlichen von wütenden Californiern erschlagen – die Rädels-
führer waren Chicori, Boton und der Zauberheiler. Pater Taraval
floh aus der Mission Santa Rosa in Todos Santos, fuhr in einem
Kanu hinaus zur Isla Espiritu Santo und wurde schließlich von
Soldaten gerettet.

Auf seiner Flucht stand Taraval ein Pericú namens Fabian zur Seite, der Taraval folgte und als rechte Hand des Geistlichen fungierte. Die Rebellen versuchten wiederholt, Fabian auf ihre Seite hinüberzuziehen und bedrohten seine Familie mit dem Tod, aber Fabian blieb ein loyaler Gefolgsmann der Jesuiten. Wie Pater Taraval schrieb: »Aus all diesem kam er sicher und erfolgreich hervor; aus jeder Expedition schien er mehr Mut zu ziehen und noch größere Loyalität, größere Treue und größeren Eifer zu gewinnen.«

Fabian diente den spanischen Soldaten drei Jahre lang als Dolmetscher und Führer und focht mehrere Kämpfe mit den revoltierenden Indianern aus, die mit Steinen warfen und Pfeil und Bogen benutzten, während die Soldaten über Kanonen und Arkebusen verfügten.

Nach offenen Schlachten vergaben die Spanier den Rebellen und boten ihnen Nahrung und die Möglichkeit, ihre Schuld einzugestehen, an.

Während die Indianer von den spanischen Herren relativ gut behandelt wurden, erging es Fabian und seiner frommen, dunkelhäutigen Familie sehr schlecht. Sie wurden von den Soldaten und Jesuiten als Vasallen und Untergebene betrachtet und mißhandelt

Dies änderte sich auf einen Schlag, als Fabians Frau geschändet wurde. Die Grausamkeit der spanischen Soldaten im 17. Jahrhundert ist gut belegt, aber Pater Taraval war seinem treuen Gefährten gegenüber so gleichgültig, daß man sogar Rassismus und Mißbrauch der Eingeborenen zwischen den Zeilen herauslesen kann – man muß nur ›lockten seine Frau weg‹ durch ›vergewaltigten‹, ›taten sie ihm Gewalt an‹ durch ›peitschten ihn aus‹ und ›behandelten schlecht‹ durch ›peitschten blutig‹ ersetzen. Taravals Tagebuch ist ausgesprochen euphemistisch verfaßt:

Was ihn [Fabian] aufregte, war die Tatsache, daß, unzufrieden, in dieser Art und Weise zu handeln, die Soldaten seine Frau weglockten, *und, als er Klage dagegen führte, ihn wie einen Heuchler behandelten. Als er wütend wurde,* taten sie ihm Gewalt an; *als er versuchte zu vermitteln,* behandelten *sie ihn* schlecht.

[Hervorhebungen vom Verfasser]

Fabian verließ die Mission und berichtete seinem Volk, was seiner Frau angetan worden war. Er erzählte von den Schwächen der Soldaten und verriet, wie die Rebellen jede der besetzten Missionssiedlungen angreifen könnten. Dann kehrte Fabian zurück und befreite die Frauen seines Stammes, die sich dem Angebot der Spanier von Nahrung und Schutz willenlos anheimgegeben hatten. Auf der Flucht schoß man mit Pfeilen auf ihn, aber er kämpfte, von beiden Seiten umzingelt, weiter. Nachdem er drei Verletzungen davongetragen hatte, ergab er sich. Er wurde gefesselt, zur Mission zurückgeführt, abgeurteilt und am 8. August am Galgen hingerichtet.

Bis zum Januar 1737 waren die restlichen Führer der Rebellion entweder im Kampf gefallen, oder sie wurden als Gefangene auf Schiffe verfrachtet, abtransportiert und erschossen. Der Aufstand wurde niedergeschlagen. Auf der Halbinsel war der spanische Sieg über die Indianer eine Spiegelung im kleinen von Cortés' Siegeszug auf dem Festland, weil die Spanier nicht durch ihre kämpferische Überlegenheit siegten. Ihre erfolgreichste Waffe waren Krankheiten.

Auf dem Festland kann die erste Epidemie ziemlich genau auf einen schwarzen Sklaven, Francisco de Eguia, zurückverfolgt werden, der 1520 die Pocken aus Afrika nach Neu-Spanien einschleppte. Cortés mag zwar ein guter Stratege gewesen sein, aber die Pocken waren sein bester Verbündeter, sie brachen die Moral der Azteken und erlaubten ihm, am 13. August 1521 Tenochtitlán in Schutt und Asche zu legen.

Während die Jesuiten im 17. Jahrhundert immer noch versuchten, einen kleinen Standort auf California aufrechtzuerhalten, waren bis zu 97 Prozent der Bevölkerung, ungefähr fünf Millionen Indianer, auf dem mexikanischen Festland an dieser Krankheit gestorben.

Mayas aus dem 17. Jahrhundert schrieben über die Zeit vor 1519:

Es gab keine Krankheiten; ihre Knochen schmerzten nicht;
sie hatten kein hohes Fieber; sie hatten damals keine
Pocken; keine Magenschmerzen; keine Schwindsucht .... Zu
jener Zeit standen die Menschen aufrecht. Aber dann lande-
ten die teules [Konquistadoren], und alles ging zu Bruch. Sie
brachten Angst mit, und sie kamen, um die Blumen zu zer-
trampeln.

Die verheerende Epidemie, die über California wütete, war als
Französische Krankheit (Syphilis) bekannt und wurde von Spaniern (oder von europäischen Matrosen bei kurzem Landgang)
verbreitet, die über californische Frauen herfielen. Die Krankheit
konnte nur über Geschlechtskontakt weitergegeben werden,
war aber auch erblich, ging also von den Eltern auf die Kinder
über. Symptome zeigten sich innerhalb von zehn Tagen bis zehn
Wochen, erste Anzeichen waren kleine Geschwüre und krank-
hafte Gewebsveränderungen, »die an den Geschlechtsteilen
nagten« und sich schließlich bis zu starken Schmerzen steiger-
ten, bis, wie es der Arzt Girolamo Frascastoro im Italien des
16. Jahrhunderts beschrieb, »eine Pustel, die der Spitze einer
Eichel ähnelt und mit dickem Schleim überzogen ist, aufbricht
und der Inhalt bald zusammen mit Blut und anderem heraus-
fließt.« Die Krankheit befällt den Körper und hinterläßt »Glie-
der, die jedes Stückchens Fleisch beraubt sind, verfaulende Knochen und faulig klaffende, abgekaute Münder, zwischen Lippen
hervor und aus Kehlen dringen nur noch schale Laute.«
Pater Baegert schrieb über seine entfernt vom Meer lebende
Herde, deren Schicksalsergebenheit bei den Soldaten weithin
bekannt war:

Die Langmut der Californier bei Krankheitsbefall ist wahr-
haft rühmenswert. Kaum ein Seufzen ist von jenen ver-
nehmbar, die auf unbedeckter Erde in der erbärmlichsten
Verfassung liegen und von Schmerzen aufgewühlt werden.
Sie schauen ohne jede Furcht auf ihre Geschwüre und Wun-
den und unterwerfen sich dem Ausbrennen und Heraus-
schneiden ... mit solch großer Gleichgültigkeit, als ob der

Eingriff an jemand anderem durchgeführt würde. Doch ist es ein Zeichen nahenden Todes, wenn sie ihren Appetit verlieren.

Bis 1762 waren fast 40000 Californier unter anderem von den Folgen der Seuche dahingerafft worden. Auch Jesuitenpater zählten zu den Opfern, der Tod trat bei jenen über 38 Jahren ein. Als man mehr Kenntnisse über den Krankheitsverlauf der Syphilis besaß, wurde Blindheit als ein Symptom im Vorfeld der Krankheit diagnostiziert. 1746 starb Rodriguez Lorenzo, der Soldat, dem man während der Aufstände am tiefsten vertraute, nachdem er in seinen beiden letzten Lebensjahren blind war; sein Sohn starb vier Jahre später an ungeklärten Ursachen, die jedoch nicht auf kriegerische Auseinandersetzungen zurückzuführen waren. Im selben Jahr starb der 43jährige Pater Antonio Tempis ebenfalls an ungeklärten Ursachen. Und 1748 starb der erblindete Pater Clemente Guillen.

Auch die Pocken, die ursprünglich durch ein Stück verseuchten Tuches, das ein spanischer Seemann den Indianern verkaufte, eingeschleppt wurden, dezimierten die Californier erheblich. In den amerikanischen Kolonien leiteten die Engländer zu dieser Zeit Gegenmaßnahmen ein, wenn sich Indianer mit den Pocken infizierten. Der Vorläufer unserer heute gebräuchlichen Impfung, die sogenannte Variolation, rettete in Amerika Tausenden Indianern und Kolonisten gleichermaßen das Leben. Auf California wurde die Varialotion hingegen nie praktiziert.

Im Jahr 1768 ordnete der König an, die übriggebliebenen 16 Jesuitenpadres aus California zu vertreiben. Dies geschah aus simpler Furcht davor, daß der Jesuitenorden gewaltigen Reichtum anhäufen und daraufhin den Thron stürzen könnte. Bis heute haben die Historiker für die Jesuiten nur lobende Worte übrig, heben deren Mitleid hervor und nehmen die Schriften von Männern wie Pater Baegert für bare Münze.

Die Dominikaner und Franziskaner, die die Nachfolge der Jesuiten antraten, mieden die unfruchtbaren Landstriche und die verseuchte Halbinsel und orientierten sich lieber in Richtung Norden nach Alta California. Zu Anfang des 20. Jahrhunderts waren die Pericú und Guaycuras ausgestorben, und die wenigen noch lebenden Cochimi wurden nicht in Reservate gebracht, sondern mußten harte Arbeit in schmucken Grenzstädten verrichten.

Der Unterricht, den die Jesuiten seit 1697 erteilten, hatte sicherlich auf einige der 50000 Indianer eine aufklärerische Wirkung. Laut Auskunft der Jesuitenpater waren viele Indianer naturbegabte Musiker und Sänger, die nur wenig Ausbildung benötigten. Doch 1790 war all dies dahin, denn es waren nur noch 3234 Indianer am Leben – um von einer weiteren Krankheit hinweggerafft zu werden: der Ruhr. Nach Angaben der Jesuiten sollen die Indianer die Vertreibung der Padres bedauert haben. Doch Sprache ist ein präziseres Ventil der Geschichte, und Pater Baegert nahm sich die Mühe, die Sprache der Guaycuras zu transkribieren. Diese hatten keine besonderen Worte für die Missionare, deshalb belegten sie sie mit Ersatzbezeichnungen, wie ›Träger des Rohrs‹ – mit dem Rohr wurden sie ausgepeitscht. ›Spanischer Kapitän‹ hieß bei ihnen ›wild‹ oder ›grausam‹. Für Gott hatten sie kein Wort in ihrer Sprache, deshalb zwang man ihnen das spanische Wort ›dios‹ auf.

Gab es auch nur ein Ereignis, das im California des 18. Jahrhunderts an ein Wunder grenzte, als die Jesuiten wegsegelten, so war es ein Indianer vom Stamm der Guaycura, der in einer bald schon nicht mehr existenten Sprache die Worte stammelte: »Irimanjure per Dios – Ich glaube an Gott.«

16 | Die Flaute von Bahía Los Angeles

Deborah und ich ziehen unser Zelt zurück über den Stand des Abwassers, das die Flut von Bahía Los Angeles mit sich führt. Sogar die Möven fliegen über den Abfall hinweg. Verrottete Innereien, Pelikanabfall, ein Nylonnetz, ein Hüftstiefel, Plastikbeutel, ein toter Stachelrochen, Angelhaken und ein Kondom hat die Sonne zu einem Cortéssee-Potpourri zusammengebacken. Die Palapas des Guillermos Motel und Restaurants sind 15 Meter entfernt, aber um keinen Luxus der Welt möchten wir auf das Privileg verzichten, neben dem nährenden Atem der See zu schlafen, selbst wenn er einige Keime enthält.

Ich versuche, unseren einjährigen Hochzeitstag so aufmerksam wie möglich zu begehen, aber Deborah weiß, daß ich dies nur vortäusche. Während wir in die Stadt gehen, überrede ich sie zum Zelt zurückzukehren, um einen Kaffee zu kochen. Natürlich ist sie mit Recht wütend auf mich. Es ist unser Hochzeitstag, und mein Verhalten zeigt nur Unbeteiligtsein, wenn auch aus dem simplen Grund, daß ich völlig erschöpft bin. Wir streiten uns vermutlich genauso viel oder wenig wie andere Ehepaare auch, aber der Streß unserer Reise ist eine zusätzliche Belastung für unsere Beziehung und hindert uns an einem Austausch.

Meine Depression ist weder klinisch noch manisch. Die Auseinandersetzung mit Deborah, der rassistische Fischer, die stinkende Flut, all dies zermartert mir den Kopf. Was auch immer der Grund ist, der Schmerz reicht so tief, daß ich mir wünsche, es sei eine Migräne, so daß ich mich einfach in den Schmerz fallen lassen könnte. Ich wünschte mir, es wäre heißer, damit ich ihn ausschwitzen könnte.

Deborah kommt von einem langen Spaziergang zurück, ihr Zorn ist verraucht, aber ich bitte sie, mich alleinzulassen, was sie widerstrebend auch tut. Ich igle mich wieder in das aufgeheizte Zelt ein, schließe die Augen und überlege, wie es sich anfühlen würde, wenn ich mir das Fischmesser zwischen die Rippen jage und im Meer verblute. Wohin würde ich gehen? Was ist das Ende der Reise?

Ich stelle mir vor, wie das Messer tief in meiner Brust sitzt, wie sehr ich meinen Test bedauern würde und daß es wahrscheinlich zu spät wäre, um es wieder herauszuziehen.

Deborah kommt zurück, verängstigt von meinem Gesichtsausdruck, und nun merke ich erst recht, daß ich eine Dummheit begangen hätte. Sie schlüpft zu mir ins Zelt und löst meine Erstarrung, indem sie mich umarmt. Sie zittert und ist naßgeschwitzt vor Angst, daß ich sie verlassen könnte. Aber ohne sie wäre diese Reise sinnlos; ohne sie fände ich nicht mehr zu meiner Stärke zurück, und so suche ich nach Worten, um mich zu entschuldigen.

Der erste Kiebitz pfeift sein pee-ooooo-wee. Der verdreckte Strand, der Gestank der ins Meer geleiteten Toiletten und das Verhalten der sogenannten Sportfischer tragen zu meinem Eindruck bei, aus einem bösen Traum erwacht zu sein. Deborah ist vom gestrigen Abendessen übel. Unsere größte Hoffnung ist, in See zu stechen, bevor zwei Dutzend *pangas* hinausröhren mit lauter Gringos an Bord, die ihre Angeln mit fetten Fleischködern auswerfen.

Wir paddeln mehrere Kilometer geradeaus zu der in der Dämmerung liegenden Bucht. Die Strömung treibt Deborah 30 Meter nach Süden ab.

Ich bin immer noch mit mir selber beschäftigt und habe mich noch nicht vom Vorabend erholt, als ich hinter meinem Rücken ein Geräusch höre, das wie eine Windbö klingt. Ich drehe mich um und traue meinen Augen kaum: Über 100 Spinnerdelphine schwimmen spritzend auf mich zu. Ich zwinkere mit den Augen. Die Stadt ist verschwunden. Das Licht ist ein unreifes Apricot, Meer und Himmel sind eins. Die ausgewachsenen Delphine springen halb aus dem Wasser, während die Kleinen zum Teil ganz herausspringen. Durch ihr Atemloch ziehen sie Sauerstoff ein. Die kleinen Spritzer Kohlendioxid hinterlassen, wenn sie sich mit dem Meerwasser vermischen, für kurze Zeit den rätselhaften Geruch, als ob man an einem Heufeld vorbeigehe. Die Delphine tauchen unter meinem Boot durch, – um ein paar Meter vor meinem Bug wieder aufzutauchen. Ohne das Boot in Gefahr zu bringen, sind sie doch nahe genug, daß ich ihnen in die Augen schauen kann. Sie scheinen nicht weniger an mir interessiert zu sein als ich an ihnen. Sie hätten mir auch ausweichen können, aber etwas hat sie angezogen, und dafür bin ich ihnen fast dankbar.

Vor dem felsigen Ausläufer der Punta Herradura werden ihre Umrisse immer kleiner. Ich lege meinen Kopf auf die Seite und horche, halb davon überzeugt, ihr Hochfrequenzschnattern oder ihre Sonarpfiffe zu vernehmen, wenn ich mich nur genug anstrenge – aber da sind nur die von den Tieren ausgelösten Wellen, die gegen Fiberglas klatschen. Ich schaue ihren Körpern nach, bis ich nur noch ihre Atemfontänen sehe, die über der Oberfläche wie schnelle, scharfe Blumen hochschießen.

17 | Das Gewand Gottes

Deborah hält ihren Kopf über den Rand des Bootes, bis wir an Land fahren müssen und in eine unbewohnte, drei Kilometer lange Bucht mit weißem Sand und durchsichtigem Wasser, Bahía Pescador, hineinpaddeln. Die Schönheit dieser Bucht, zu der keine Straße führt, wird von einigen häßlichen Sperrholzhütten mit Palmblattdächern ein wenig beeinträchtigt. Ich koche einen Pfefferminztee mit Honig für Deborah und gehe mir dann den Ort näher ansehen.

Eine Broschüre mit einer Adresse aus Glendale, Kalifornien, USA, preist diesen Strand als ›Agua verde‹ an, als ein paradiesisch gelegenes Konferenzzentrum, in dem leitende Angestellte die Wirklichkeit abschütteln und vergessen können. Ein Hamburger in der Küche ist zu einer madigen grauen Masse verrottet, ein Brief von einer Bank trägt einen Poststempel von 1990, und im Sand sehe ich Kojotenabdrücke. Trinkwasserfässer und Abfall am Strand lassen vermuten, daß hier mexikanische Fischer kampiert haben, die wahrscheinlich die diversen Küchengeräte haben mitgehen lassen.

Zwei Wochenendkrieger mittleren Alters aus San Diego, Tom und Glenn, haben sich ebenfalls mit Kajaks in diese verträumte Meeresbucht verirrt. Während Deborah in der Dämmerung döst, bringe ich unseren Nachbarn einige frischgefangene, in Knoblauch und Olivenöl sautierte kalifornische Makrelen als Abendessen. Tom schöpft mir ein ›Drei-Dosen-Chili‹ auf einen Teller, und Glenn schenkt mir Beaujolais ein. Wir sprechen über den Zustand des Meeres, die immer kürzer werdende Ernährungskette und die Verschmutzung der Umwelt. Die Zikaden zirpen, ein Kojote jault einen langen traurigen Chorus.

Der leise sprechende Glenn äußert die Ansicht, daß die Mexikaner ähnlich leben, wie es die Amerikaner vor 50 Jahren taten. Entsprechend unterentwickelt sei auch ihre Müllentsorgung. Tom redet umständlich, er ist Architekt, der sich mit einem beträchtlichen Immobilienbesitz zur Ruhe gesetzt hat und schon seit zehn Jahren regelmäßig nach Bahía Los Angeles kommt.

Ohne jede Überleitung und nach ein paar Gläsern Wein zuviel verkündet Glenn mit schwerer Zunge: »Tom versucht hier, sein Leben zu überblicken, weil er Krebs in fortgeschrittenem Stadium hat und weiß, daß er nicht mehr lange zu leben hat.«

Nach einer peinlichen Pause frage ich: »Was für eine Art von Krebs?«

»Prostata«, antwortet Glenn.

»Glenn ist ein guter Augenarzt«, ergänzt Tom, »aber er ist kein Urologe.« Er lenkt ab, indem er unseren Strand den »Himmel auf Erden« nennt und sich darüber aufregt, daß man mit Drogengeldern diesen schönen Ort kaputt gemacht habe. »Alles falsch«, meckert er, »statt dem Sperrholz hätten sie einfach Materialien von hier benutzen sollen.«

Ich kann nicht bleiben. Deborah ist krank, und sie braucht meine Pflege.

Sie hat sich in ihrem Schlafsack embryoartig zusammengerollt; ihre Stirn ist schweißnaß. Sie ist sauer, weil ich sie allein gelassen habe. Ich dachte, daß sie schlafen würde. Statt dessen fühlt sie sich im Stich gelassen und stößt mich weg.

Ich nehme die Pfanne hinunter zum Wasser. Seit einem Monat ist die Flut nicht mehr so niedrig gewesen, und der selten zu sehende Uferstrich ist so salzhaltig, daß eine Sushi-Bar vergleichsweise neutral riecht. Obwohl der Mond silberfarben glänzt, wird die Küste vom Glanz der Sterne, die sich im Meer spiegeln, mild beleuchtet. Während ich die Pfanne saubermache, lege ich die Haut der kalifornischen Makrelen ein paar Zentimeter oberhalb des Wassers auf einen Felsen. Während die Fische und das Olivenöl ins Wasser fließen, rauschen zwei Tintenfische, die von kleinen schwarzen Schlankfischen umgeben werden, vorwärts an den Rand ihres Reiches. Nach einigem Zögern gleitet einer von ihnen, der die Ausmaße eines Unterarms hat, aus dem Wasser auf den Felsen und starrt mich mit einem kurzsichtigen braunen Auge an. Wie eine Gelatinemasse aus grünen, mit Tupfen überzogenen Schlangen und genau unter meiner Hand, die die Pfanne hält, rollt er seinen Medusenkopf und nimmt die Haut des Fisches zielsicherer auf als eine krächzende Seemöwe.

Seine acht Arme, der nachdenkliche Blick und der Vogelschnabel machen den Oktopus zu einem Lebewesen, wie man es sich kaum bizarrer vorstellen könnte. Die Vorläufer der Krake, die Kopffüßler, lebten vor mehreren Hundert Millionen Jahren, lange vor dem Menschen und sogar vor dem Auftauchen der Fische in großen Muschelkammern unter Wasser. Da sie von den vielen seltsamen und mittlerweile ausgestorbenen Kreaturen, die diese Muscheln aufbrechen konnten, gejagt wurden, verließ der heute vorkommende Krake vor 200 Millionen Jahren die Muscheln. Die alten Kopffüßlerfossilien verblieben, als das Meer zurückging, im Inneren der Halbinsel und belebten die Wüste mit vielen Tausenden alter und unwahrscheinlicher Lebensformen. Der überlebende Oktopus hat Geschwindigkeit und Vorsicht gegen den ehemaligen Muschelpanzer eingetauscht und gibt nun Wolken von Melaninpigment von sich, das seine Verfolger lähmt. Auch der Krake unter meiner Hand hinterläßt, als er verschwindet, eine Wolke aus schwarzer Tinte, was die kleinen schwarzen Klippenfische in Staunen zu versetzen scheint. Er sucht Schutz unter Felsen und findet so Ersatz für die gedrehte Muschel aus Urzeiten.

Wer die Evolution der Kraken verstehen will, wird herausfinden, daß man wenig über die tatsächliche Abstammung und Entwicklung von Kopffüßlern erfahren kann. Wie zum Beispiel nahm diese Lebensform, die schon Hunderte Millionen von Jahren vor dem Auftauchen des Menschen existierte, ihren Anfang? Die Jesuiten zwangen die Ureinwohner von California daran zu glauben, daß Gott einen göttlichen Moment der Schöpfung auslöste. Doch diese achtarmige Lebensform ist viel realer als unser moderner Gott, den uns die Kirche als einen bärtigen Alten in weißem Kittel andrehen will. Wenn es so etwas wie einen Gott gibt, dann findet man IHN am ehesten in den aufmerksamen Augen eines Tintenfischs, in der Flut eines Schwarms Delphine und

Einer der pittoresken Schreine: Für die Mexikaner eine Stätte religiöser Verehrung, für uns eine Abwechslung im Einerlei von Himmel und Meer

im Leben, das ich mit Deborah teile. Mit vielen Sprüngen und Ausfallschritten laufe ich zu Deborah, so hoch wie ein Lichtstrahl, leicht genug, um abzuheben.

Sie ist schweigsam, schaut beleidigt und spielt ihren kranken Magen bis zur Neige aus – ich habe zuviel Zeit mit Glenn und Tom verbracht, zu viel Zeit mit Kopffüßlern verplempert statt mich um sie zu kümmern. Es ist so leicht, einen Fehler zu machen, zu vergessen ihr zu beweisen, daß sie das Wichtigste in meinem Leben ist. Ich massiere ihre Füße und phantasiere über den Tintenfisch, bis sie eingeschlafen ist.

Weil ich noch nicht einschlafen kann, nehme ich mein Tagebuch zur Hand. Meine Taschenlampe flackert, während ich notiere: »Das Wunder dieser Gewässer kann uns heilen, auch wenn Bahía Los Angeles zum Untergang bestimmt ist.«

18 | Kühles Licht

Mittlerweile hat sich Montezumas Rache bei uns gemeldet, die von einer Dosis Imodium gemildert, wenn auch nicht beseitigt werden kann. Die mexikanischen Indianer halten die Diarrhöe heutiger Gringos nicht für eine Rache Montezumas (der von seinem eigenen Volk gesteinigt wurde), sondern für die Pocken und für die Ruhr, die die Europäer in ihr Land einschleppten und an der während des 16. Jahrhunderts Millionen von Eingeborenen starben. Wir stoßen spät ab – es ist neun Uhr dreißig morgens –, kämpfen um jede Kajaklänge und schaffen bei unruhiger See und Unwohlsein 13 Kilometer pro Stunde.

In Bahía Los Animas humpeln wir in die Nähe eines mexikanischen Fischerdorfes. Ein hüfthoher Schrein ist mit den üblichen Utensilien der Verehrung gefüllt: eine Maria aus Keramik, von der Sonne ausgebleichte Rosenkranzperlen, zart geformte Venus- und Trompetenmuscheln und Abdrücke von Meeresmuscheln im Zement. Wir können den Abfall unter uns riechen; benutztes Toilettenpapier, Monatsbinden und Zeitungspapier flattern im Wind. Uns wird flau im Magen.

Die Sonne geht unter, und wir versuchen, um die Ruhe während des Sonnenuntergangs zu nutzen, die Bucht zu durchqueren. Ein Gringo hebt vor seinem Zelt ein Bier hoch, lädt uns mit einer Handbewegung ein, an seinen Strand zu kommen, aber wir paddeln weiter quer zur Brandung, tief zusammengekrümmt, allein gegen das Meer. Unser Lager schlagen wir in einer Felsschlucht auf, die weit genug über dem Wasser liegt, so daß wir, wenn wir vor dem Fluthöchststand des nächsten Morgens ablegen, trocken bleiben.

Wasser wird aufgewirbelt, ein Fischadler schreit laut, mein Gesicht ist kalt. Ich öffne meine Augen: Keine Wolken, der Himmel ist klar, aber das Meer unruhig. Ich brauche einige Anläufe, um Deborah aufzuwecken, und als sie sich endlich bewegt, noch halb krank, braucht sie fast eineinhalb Stunden, ehe wir hinausfahren können. Wie befürchtet, kommen wir in ein Wind- und Wasserstandschaos. Wir fahren weiter, weil wir hoffen, daß das Wasser auf der anderen Seite von Punta Animas ruhiger sein wird. Sogar bei Ebbe dreht und strudelt sich das Wasser in bestürzendem Durcheinander, deshalb starren wir aufs Land, als suchten wir eine Furt, allein schon um zu vermeiden, daß wir noch müder und verzagter werden. Hinter der Punta steigt das Wasser an, und bevor ich rufen kann »ZURÜCK!«, ist es schon zu spät. Wir sind mitten im Schlamassel.

Deborah in den Augenwinkeln zu sehen, stärkt mein Selbstvertrauen, weil ihr Kajak in die Wellen hineinschießt und mühelos darüber hinwegsetzt – was mir dabei hilft, eine visuelle Kontrolle meines Kajaks zu haben. Trotzdem sind wir auf der Kippe, wir versuchen zu erraten, in welche Richtung die Brecher laufen werden, setzen unsere Paddel ein, um in unvorhergesehene Brecher hineinzufahren: Wie plötzlicher Donner klingt es in unseren Ohren. Meine Kehle ist trocken vor Angst, aber ich versuche ruhig zu bleiben. Deborah gibt Laute von sich, wie man sie von Teenagern in der Achterbahn kennt.

Vorsichtshalber ziehen wir Schleppseile hinter uns her. Fällt einer von uns über Bord und kommt nicht mehr ins Boot hinein, kann der andere wenigstens das gekenterte Boot an Land ziehen.

Ein Kajak mitsamt Ausstattung dem Meer zu überlassen, würde uns zwingen, die Wüste zu Fuß zu durchqueren oder mit Notsignalen einen Fischer herzulotsen und uns an Bord nehmen zu lassen, was all unsere Träume von völliger Autarkie platzen lassen würde.

Doch bald gebe ich auf, spüre ich die Magensäfte sich in meiner Körpermitte zusammenbrauen und überlasse mich den Synapsen meines Körpers, während sich mein Kopf in freien Assoziationen dreht.

Das Wasser einer Welle dringt in meinen Mund, und mir wird klar, daß ich anfangen sollte, mich zu konzentrieren.

Wir umrunden Punta Piedra San Bernadene und steuern nach Süden, in eine Bucht, die 50 Mal breiter als die Stelle ist, an der der Colorado River in den Lava Canyon hineinströmt. Wir schlängeln uns in ruhigerer Strömung die Küste entlang, bis wir anlegen und uns endlich einen Kaffee gönnen.

»Du hattest Angst, nicht wahr?«, ziehe ich Deborah auf.

»Ich wette, Du auch, aber Du bist immer stärker abgefallen!« Sie springt auf mich und drückt mich mit einem Ringergriff zu Boden. Ich ergebe mich, teilweise aus Entgegenkommen, aber doch mehr, um zu verhindern, daß sie mir den Arm bricht.

Obwohl wir beide uns in Bahía Los Angeles erbärmlich fühlen und unser Aussehen uns völlig bewußt ist, denken wir, daß wir hier draußen vollkommen richtig sind. Wie die mexikanischen *panga pescadores* hinter uns in Bahía Los Animas tragen wir keine Sonnenbrillen. Wir wetteifern gegenseitig, wer einem Cochimi stärker ähnelt, und zeigen unsere Sonnenbräune. Glänzendes Salz bedeckt meine Schultern und fällt wie Schuppen von meinem Körper.

Vor der Küste hat eine 14 Meter lange Yacht Anker geworfen. Der Mann am Steuer meint, das Meer könne gar nicht so rauh sein, wenn Kajakfahrer um Punta Las Animas herumgekommen sind, lichtet den Anker und fährt mit Motor los. Nach 15 Minuten kommt er wieder zu seinem sicheren Ankerplatz zurück. Als Scherz schlage ich vor, daß wir vielleicht die nächsten paar Tage als Anhalter nach Süden fahren sollten. Deborah reagiert darauf mit einem Brummen. Wir legen also ab.

Nach einer Stunde haben die Springflut und der stärker gewordene Wind das Meer zum Maelstrom aufgepeitscht. Hinter den Wellen kann ich meine Frau nicht mehr sehen und rufe deshalb Anweisungen in ihre Richtung, gleichzeitig steuere ich die einzige ruhige Lagune im Radius einiger Kilometer an. Keine Zeit für Diskussionen. Wir zerren unsere Boote über die hohe Wasserlinie, unsere Hände zittern dabei so sehr und unser Adrenalinspiegel ist so hoch, daß wir nicht mehr überlegt sprechen können. Ich versuche zu erklären, daß es wichtig ist, schnell hier herauszukommen, ohne es draußen in der Brandung besprechen zu müssen, aber sie mag es nicht, Befehle entgegenzunehmen, und ärgert sich, weil ich ihr vorschlage, morgens früher aufzustehen. Wir schreien uns an, aber ich sehe, daß es keinen Sinn hat.

Zornig stapfe ich eine kleine Erhebung hoch und weiche dabei fetten Spinnen aus, die sich wie Kraken in ihren labyrinthähnlichen Netzen drängen. Zwei Geier fliegen von den Thermalquellen hoch, ein Wüstenzaunkönig flattert in einem Stand mit Pitayakakteen.

Isla Tiburón (Hai) sieht man 64 Kilometer in der Ferne, sie ist die größte Insel des Meeres, 55 Kilometer lang und 32 Kilometer breit. Isla San Esteban liegt im Meer wie der I-Punkt von Isla Tiburón. Dort draußen spielten die Seri-Indianer einige Hundert Jahre lang das Spiel, wie nah sie, auf Schildkröten reitend, an die obere Kante der Klippen herankamen, bevor sie abspringen mußten. Die Verlierer in diesem Wettstreit fielen auf dem Felsstrand zu Tode und traten ihre Frauen an ihre Gegner ab; die Überlebenden, die Gewinner, die der tiefen Schlucht am nächsten gekommen waren, wurden mit Perlen, Fischen und Federn belohnt. *Wenn doch das Leben nur einmal so einfach sein könnte.*

Zurück im Lager ist Deborah immer noch sauer. Im Zwielicht ziehe ich einen lederhäutigen Hornfisch an Land. Ich schlage Feuersteine gegeneinander und lasse Funken auf das Treibholz regnen, als ob ich zugleich Holz schnitzte und Phosphorstreichhölzer entzündete: Das Holz beginnt zu qualmen; ich blase, bis es sich wie eine lebende Kreatur krümmt – eine orangefarbene Schmetterlingslarve in Flammen.

Ich wickle den Fisch in Alufolie ein und röste ihn mit Karotten und Zwiebeln in der Glut. Er schmeckt wie Krabben: sehnig und süßer und stärker als jeder andere Fisch. Während wir kauen und trinken, sticht das Licht wie Nadeln ins Meer, als ob die Sterne Funken über das Wasser verstreuen. Coleridge schrieb in seiner ›Ballade vom alten Seemann‹:

> *About, about, in reel and rout*
> *The death fires danced at night*
> *The water, like a witch's oils,*
> *Burnt green and blue and white.*

> *Und überall um uns herum tanzten in wildem*
> *   Durcheinander*
> *die Todesfeuer zur Nacht;*
> *das Wasser brannte, wie Hexenöl,*
> *grün und blau und weiß;*

(Übersetzung: Edgar Mertner)

Ein halbes Jahrhundert später beobachtete Darwin, als er die inneren Winkelzüge einer Welt zu untersuchen sich anschickte, die als Werk eines einzelnen göttlichen Wesens zu komplex war, auch dieses Phosphoreszieren des Meeres. Nachdem er diese Beobachtung vom Bug der *Beagle* gemacht hatte, notierte er in sein Tagebuch:

Jeder Teil des Wassers, der bei Tage als Schaum zu sehen ist, floß in fahler Beleuchtung. Das Schiff schob vor seinem Bug zwei Wogen flüssigen Phosphors, und sein Kielwasser war wie die Milchstraße. So weit das Auge reichte, war der höchste Punkt jeder Welle erleuchtet; und durch das sich brechende Licht schien der Himmel nur ein weniges über der Horizontlinie, nicht so abweisend düster wie die restlichen Teile des Himmelgewölbes.

Heute wissen wir genau, daß dieses kalte Licht des Meeres von mikroskopisch kleinen Dinoflagellaten hervorgerufen wird, Lebensformen, die halb Tier, weil sie Organisches aufnehmen, und halb Pflanze sind, weil sie von der Photosynthese profitieren. Die Dinoflagellaten weisen dasselbe Phänomen auf, das dem Glühen der Leuchtkäfer zugrundeliegt: Sie verfügen über zwei Enzyme, die von vorbeifahrenden Schiffen, von der Brandung oder selbst von einem wasseraufwühlenden Fisch oxidiert werden, was das Meer mit einer Art kaltem Sternenlicht überzieht.

Bis zur Hüfte im mittlerweile ruhigen Wasser, bitte ich meine Geliebte, die Stablampe auszuschalten, um ihr heute nacht »das Licht zu zeigen«. »Verzeihst Du mir, daß ich Dich heute bei dem schweren Wellengang angebrüllt habe?«, frage ich sie.

Keine Antwort. Ich fülle einen Topf mit Salzwasser und, während ich ihn wie eine Marionette mit den Fingerspitzen halte, ziehe ich ihn durch die Cortéssee und lasse das Wasser in langen Kreisen zurück in sein Element fließen. Tausende kleiner Tiere wirbeln auf, die in Kreisen flüchten und auf dem Meeresboden in miniaturgroße Milchstraßen oxidieren, sehr zu Deborahs Freude, die über die Wunder unserer gemeinsamen Einsamkeit entzückt ist.

Deborah führt mich an der Hand zu unseren Schlafsäcken zurück, und wir ziehen uns aus. Ich fahre mit meinen Händen über ihre breiten Wangenknochen und frage mich, wie sich dies anfühlt und ob wir jemals über unsere eigenen einzelnen Wünsche herauskommen werden. Juckt ihre Nase? Brennt ihre Stirn immer noch von der Sonne? Es ist ihr Gesicht, nicht das meine; unsere Gesichter, unsere *Seelen*, schweben irgendwo getrennt, aber in diesen Momenten, wo wir zusammenkommen, ist das Gemeinsame schöner als alle Sachen oder Orte oder Menschen, die wir berührt haben. Wenn sich unsere Wasserläufe während unserer kurzen Zeit auf diesem alten Planeten Erde schließlich vereinigen, dann ist dies unser Himmel. Wir gelangen dorthin, wenn auch nur kurz:

In der Höhe wirbelt das Licht der Sterne wie die Lebewesen, die im großen schwarzen Meer der Nacht glühen. Wir sind blind dafür, halten und streicheln uns und lieben einander, meine Traurigkeit verschwindet, und ihr Zorn löst sich auf. Unsere Welt, das ist der Salzgeschmack der meeresgesättigten Haut, der Lehm des alten Colorado Rivers in unseren Bauchnabeln und die Sturmbrandung des eigenen Atems.

Eine Fledermaus macht die Geräusche eines Vogels. Der Schlaf trägt uns weit weg von unserer sehr zerbrechlichen Beziehung.

19 | Das Scharlachmeer

Zum Frühstück kübeln wir unseren kalten Instant-Drink herunter, den wir, so wie man es mit Muskatnüssen beim Cappuccino tut, mit Nescafé bestreuen. Dann paddeln wir los. Delphine springen vor uns hoch und verschwinden wieder, und die Wellen schaukeln uns in einen stupiden, zeitaufhebenden Rhythmus.

Wir verlassen einen Strand mit elfenbeinfarbenem Sand. Amerikanische Austernfischer balancieren neben einer marmorierten Pfuhlschnepfe auf einem Bein. Schwarzbäuchige Regenpfeifer und Sandpfeifer schwirren im Sand umher und picken zwischen den heranrauschenden Wellen winzige Einzeller aus dem Sand. Königsmeerschwalben streifen die Schaumkronen der Brecher und vollführen halbe Salti in der Luft, genau wie die See auch. Braune Tölpel machen plötzliche Kopfsprünge, Ausrufezeichen im Wasser.

Der Amerikanische Austernfischer hat einen neonroten Schnabel, der zweimal so lang wie sein Kopf und so wie das beidseitig geschliffene Messer eines Austerntauchers geformt ist. Seine gelben Augen sind mit roter Mascara nachgezogen. Während die frühen *Bajacalifornios* von einem Perlentaucher erzählten, der von einer Riesenvenusmuschel gefangen und unter Wasser gehalten wurde, erklärt die Audubon Society allerdings, daß ungeschützte Venusmuscheln die Schnäbel unaufmerksamer Austernfischer einklemmen – bis die Vögel in der Flut ertrinken.

Die ansteigende Brandung durchkreuzt die Absichten der drei

Austernfischer, so fliegt das Trio mit mächtigen, kurzen Flügelschlägen los und gibt ein aufgeregtes Krächzen von sich. Die marmorierte Pfuhlschnepfe schließt sich ihnen an.

Wir ziehen unser Zelt höher, einen ganzen Steinwurf fort von den hereinkommenden Wellen, damit wir beruhigt schlafen können. Das Meer bläst einen kühlenden Salznebel durch die Lüfte.

Tausende brauner Ameisen absolvieren eine Art Feuerübung vor unserem Zelt. Deborah wirft eine Tortilla auf die andere Seite ihres Ameisenloches, damit wir im Zelt allein sind. Deborahs steifer Rücken hat winzig kleine Knötchen, aber nach langem und ausdauerndem Massieren lösen sie sich auf, bis ich nach und nach den Druck lockere und sie einschläft. Ich schlüpfe nach draußen.

Während die Sonne langsam nach unten sinkt und den Brandungsschaum nektarinfarben färbt, fahre ich mit den Fingerspitzen über den dornigen Stamm eines drei Meter hohen Kandelaberkaktus, so sanft wie über den Rücken meiner Frau, was verhindert, daß sich mit bloßem Auge nicht erkennbare, haarähnliche Widerhaken in meine Haut rammen, und was mir erlaubt, die samtartige weiße Oberfläche zu spüren, die weicher als Flies und heller als Schnee ist. Schon erstaunlich, was eine solch zärtliche Berührung zum Vorschein bringt.

Die Brandung ist immer noch hoch. Acht Sekunden verstreichen zwischen den Wellenblöcken, nach der letzten hereinkommenden Woge schiebe ich mein Boot ins Wasser, springe hinein und paddle über eine Welle, bevor sie sich bricht. Ich ziehe den Gischtschutz über den Fahrersitz, und als eine ein Meter hohe Welle über mich hinwegrollt, bleibe ich trocken.

Deborah wartet einige Brecher ab, bis eine starke Welle ihr Boot hinunter in die Brandung zieht und sie umwirft. Sie schnappt die Bugleine und verliert das Boot fast. Nach der erlittenen Schlappe findet sie den Mut, in das Kajak hineinzuspringen, gerade als eine frühbrechende Woge es halb voll laufen läßt. Zumindest haben wir beide die Brecher überwunden; ich reiche ihr die Pumpe, sie schaut mich mit ganz schmalen Augen an.

Sie ist außer sich, daß ich trockenen Fußes ins Boot kam und sie nicht. Wenn Deborah und ich nicht so stark miteinander wetteifern würden, hätte unsere Beziehung vielleicht längere Ruhephasen zwischen dem erhöhten Wellengang, aber gemeinsam ein Extremabenteuer zu bewältigen, wäre dann viel schwieriger. Diese Art von Wettbewerb zwischen uns spornt jede Seite an. Wenn beim Skifahren ein Abhang zu steil für mich ist, springt Deborah mit einem Lächeln in ihn hinein, und dann folge ich ihr. Wenn während eines Bergaufstiegs das Licht langsam schwächer wird, treiben wir uns gegenseitig an. Wenn einer von uns an einer bestimmten Stelle Angst hat, dann strahlt der andere ein um so größeres Selbstvertrauen aus, bis wir beide uns wieder sicher fühlen und uns wegen unserer Schwächen gegenseitig aufziehen.

Wir paddeln die größer werdenden Wellentäler entlang, lange bevor sie zu schaumkronenbesetzten Brechern werden. Auf dem obersten Punkt der zukünftigen Brecher ist es reizlos, aber vorhersehbarer als weiter draußen in windgepeitschtem, strudelreichem Wasser zu paddeln.

Mein Selbstvertrauen nimmt in gleichem Maße zu, wie meine Konzentration abnimmt, und so passiert es, daß ich zu nah an die Küste drifte: Eine Woge bricht über meinem Kopf mit einer plötzlichen klatschenden Penetranz zusammen. Ein schneller Schlag mit dem Paddel nach Osten verhindert das Umkippen des Kajaks.

»Paddel doch weiter draußen,« höre ich Deborah rufen.

Ich nicke. Sie ist wieder zurück und wetteifert und rast mit mir auf den Felsenpunkt zu; um sie einzuholen, werde ich eine Stunde schnell paddeln müssen, *sofern* sie eine Pause macht.

Die Gewässer an der felsigen Punta Ballena sind ein Durcheinander verschiedener Strömungen, so daß unsere Boote entsprechend hin und her geschleudert werden. Seelöwen brüllen, Deborah schreit Unverständliches herüber, und gäbe es nicht die 480 Kilometer gemeinsamer Zusammengehörigkeit, wären wir tief verängstigt;

Deborah sieht, wie ich ins Wasser eintauche, eine direkte Verbindung durch das Schaumwasser nehme und folgt mir. *Wir wer-*

den nicht kentern lautet das Mantra in meinem Kopf. Wir verfügen gottlob über die Erfahrung und das nötige Wissen, daß um die Ecke, wie bei anderen Felsnasen auch, die Strömung an Wucht verlieren wird.

In Bahía San Fransiquito stehen wir wie gebannt vor einem Farbenschauspiel. Der Sand sieht wie unraffinierter Zucker aus und zieht sich symmetrisch zweieinhalb Kilometer den Strand entlang, die sanften, fünfzehn Zentimeter hohen Brecher steigen auf ganzer Länge als erweitertes Glasfenster hoch, bevor sie auf dem Zucker zerspringen. Klippen halten den Wind ab.

Die Dürre der Wüste unterstreicht ihre Verbindungsstelle mit dem Meer. Fische platschen, Seelöwen spielen fröhlich, und der Ozean erstreckt sich in aquamarinblauer Unendlichkeit. Wenn man Strände zu Botschaftern nominieren könnte, die zu den Küsten der Welt sprechen sollten, dann wäre dieser hier Mexikos Abgeordneter.

John Steinbeck kam hier 1940 mit seinem Boot durch und beschrieb die Einsamkeit dieser Küste so:

Ein Strand mit weißem Sand begrenzt diese Bucht, und am Rande dieses Strands gab es eine armselige Hütte eines Indianers, und davor lag ein blaues Kanu. Niemand trat vor das Haus. Vielleicht waren die Bewohner fort oder krank oder tot. Wir näherten uns ihm nicht; wir hatten ein starkes Gefühl, Eindringlinge zu sein, ein Gefühl, das deutlich genug war, uns sogar davon abzuhalten, Proben in dieser kleinen Innenbucht zu nehmen. Das Land war steinig und unfruchtbar, und selbst das Unterholz war ausgedünnt.

Da die wenigen überlebenden Cochimi nach Norden getrieben worden waren, sah Steinbeck Indianer, die vom Festland hierher verfrachtet wurden, um als Hilfsarbeiter in den Minen der Halbinsel zu arbeiten. Heute gibt es noch annähernd 200 Cochimi, die über die trostlosen Sierras und trockenen Täler von Baja Norte verstreut leben. Mit Fremden reden sie nicht mehr, sie haben aus der Vergangenheit gelernt.

Hier in Bahía San Fransiquito hat eine Mestizenfamilie – Me-

Deborah ist froh, die Felsen hinter sich gelassen zu haben

stizen sind gemischtrassige Mexikaner – die Hausmeisterdienste im Anglerhotel übernommen. In den Dünen liegen ein Dutzend Bungalows. Die Luft riecht nach scharfem, beißendem Meer, und der Sand sieht so sauber und einladend aus, daß wir uns am liebsten in ihm herumwälzen würden. Ich erkläre dem Familienvater, einem zurückhaltenden, drahtigen Mann Mitte Dreißig, unsere Reiseroute. Seine Neugier vermischt sich mit ungläubigem Staunen: »Su esposa kayako, *San Felipe?*«

Ich spanne meinen Bizeps an und zeige auf Deborah: »Mi esposa es muy fuerta!«

Felix lacht und ruft etwas zu seiner jungen Frau, die ihren Besen an die Wand stellt und mit glänzenden Augen und gelben Zähnen Deborah ansieht. Zwei Frauen, zwei Länder und auch zwei Jahrzehnte Unterschied in der Emanzipation.

Ihre fünf Jahre alte Tochter steht mit der Hand im Mund da, bis sie ihre Finger herauszieht und einen Keks annimmt; sie und ihr Bruder bedanken sich bei Deborah mit einem schnellen ›Gracias‹.

Felix füllt unsere Wasserbehälter an den Fässern auf, die über

109

eine Schlaglochpiste aus der 90 Kilometer entfernten Stadt El Arco herbeigeschafft wurden. Er erzählt uns, daß die meisten seiner Gäste, die zum Fischen kommen, mit Kleinflugzeugen in San Fransiquito landen. Bevor der Transpeninsular Highway 1971 gebaut wurde, seien die Gringos überall gelandet – was von zahllosen Schmutzrillen entlang der Küste untermauert wird. Felix hofft, daß sie eines Tages die Straße asphaltieren werden, um das Touristikgeschäft anzukurbeln; wir erwähnen nicht, daß eine geteerte Straße auch schäbige T-Shirt-Läden, schmutzige Tacostände und Müll mit sich bringen wird, Abfall, so hoch wie die Kothaufen in San Felipe und Bahía Los Angeles. Auf Spanisch heißt *tierra inculta* (Wildnis) wörtlich »unkultiviertes Land«; Felix ist so naiv zu glauben, daß, wenn man die Wildnis unter Asphalt begräbt, die gewünschte Kultur kommen wird.

Felix ist leicht beleidigt, als ich ihm einige Pesos für seine Mühen geben will. Er meint, daß wir bei unserem weiten Ziel das Wasser nötiger hätten als er. Dabei lacht er. Die Kinder winken zum Abschied. Seine Frau bedeckt ihre Zähne und verharrt in einem Zustand, den ich für Traurigkeit halte – aber wer weiß schon aufgrund der kulturellen Differenzen, was sie wirklich fühlt?

In Bahía San Juan Bautista kommen wir durch eine unheimliche Blutwasserflaute. Zuerst sieht es so aus, als wäre ein Wal verblutet. Das Wasser riecht sogar nach Tod: überall Fischinnereien und Kupfer.

Ein lebloser Kormoran treibt mit schwankendem Kopf vorbei. Ein anderer steigt neben dem toten Vogel hoch und fliegt schnell davon, schlägt mit seinen Flügelenden das Wasser und zieht seinen Schwanz hinter sich hoch, bis er schließlich an Höhe gewinnt. Vielleicht erschrak der lebende Kormoran, nachdem er Hunderte von Kormoranen erfolglos wegtauchen sah, mehr vor seinem toten Artgenossen als vor meinem Kajak. Wir paddeln weiter, bis uns klar wird, daß diese tiefreichenden Scharlachwolken aus denselben Tieren bestehen, die wir nachts glühen gesehen haben: Milliarden über Milliarden von blühenden Dinoflagellaten.

Ulloa war der erste Seemann, der im September 1539 dieses

faszinierende Phänomen beschrieb. Nach ihm sahen es viele andere Seeleute, und folgerichtig wird die Cortéssee in den meisten Karten als ›Scharlachmeer‹, als Mar Bermejo, geführt.

Rot gefärbtes Wasser kann auch von Hochseegarnelen oder aus dem Bett des Colorado Rivers gewaschenen Lehmklumpen hervorgerufen werden, aber wo immer das Wasser warm genug ist, daß die Dinoflagellates sich darin ernähren können, ›blühen‹ die winzigen Wesen in einer Tagesumkehrung ihres nächtlichen Glänzens auf.

Exodus VII, 21, beschreibt eine »rote Flut« – was als Gottes Strafe dafür interpretiert wird, daß der Pharao Moses nicht aus Ägypten ziehen ließ –, die einen Fluß zu Blut werden läßt und Fische tötet, die förmlich ›zum Himmel stinken‹, wodurch die Ägypter davon abgehalten werden, Wasser aus dem Fluß zu trinken.

An Bord der *Beagle* beschrieb Darwin ein Aufblühen, ohne das Tier zu benennen oder es in Verbindung mit dem nächtlichen Phänomen des Phosphoreszierens zu bringen:

[Eines] Tages passierten wir große Mengen trüben Wassers, genau wie bei einem angeschwollenen Fluß. Etwas des Wassers, goß man es in ein Glas, verfügte über eine fahle, rötliche Färbung, welche, unter dem Mikroskop betrachtet, sich als etwas erwies, das mit kleinen Animaculae schwamm und oft aufplatzte.

Vor 50 Jahren tötete eine solche rote Wolke, die halb so lang wie Florida war, 500 Millionen Fische. Leute, die die Küste entlangspazierten, infizierten sich und bekamen Sodbrennen. Andere ruinöse ›rote Fluten‹ haben die Küsten von Alta California, Alaska, New England, Australien und Bombay heimgesucht – Folgen waren Fischsterben und Lebensmittelvergiftungen mit Lähmungserscheinungen, die nach dem Genuß von Venus- oder Miesmuscheln auftraten.

Auch wenn die meisten Dinoflagellates ungiftig sind, nehmen wir den toten Kormoran als Anzeichen dafür, daß die Sorte, die unter den Rümpfen unserer Kajaks rot blüht, vermutlich die giftige *Goniaulax catenella* darstellt. Von mehreren *panga*-Besatzungen von Fischern zu schließen, die von Bahía San Juan Bautista aus arbeiten, sind die Mexikaner von der roten Flut unbeeindruckt. Die zwei Flagellabeine der zerbrechlichen Tiere brechen, wenn Wind über das Meer weht: Milliarden roter, abgekapselter Körper werden auf den Meeresboden herabsinken, und das Wasser ist wieder sauber.

Wir paddeln weiter durch das Scharlachmeer. Blut erstreckt sich bis an die Ränder der Windstille. Meine Schultern sind bleischwer. Alles ist ruhig, Angeln ist keine Option, und die unerwartete Blässe des Meeres läßt uns so still wie auf einem Friedhof sein.

Während eines kurzen Halts in Santa Rosalía bleibt Deborah bei den Booten, und ich trage vier leere Wasserbehälter zu einer Tankstelle. Zwei Männer Anfang Zwanzig helfen mir, sie an einem Hahn aufzufüllen. Ich weigere mich, ihr Marihuana zu kaufen oder zu rauchen, und der Ärger beginnt. Es ist immer dasselbe alte Spiel: das wissende Lächeln zwischen zwei Trickbetrügern, die Fragen, wieviel denn meine Reise kostet, ihre Hände berühren zufällig Taschen, in denen mein Portemonnaie sein könnte. Ihr Atem riecht süßlich, Pitaya ist es nicht.

Raul und Manuel begleiten mich auf dem Rückweg zu den Kajaks, scheinbar, um zu helfen, aber sie wollen mehr. Das mindeste sind Pesos, die sie von mir verlangen, sobald wir nicht mehr in der Öffentlichkeit, sondern am abgelegenen Strand sind. Und für viele junge Mexikaner sind Messer ein Zeichen der Ehre. Raul und Manuel sind hartgesottene, arbeitslose junge Mestizen: Nachkommen armer Minenarbeiter, Abkömmlinge von Konquistadoren und versklavten Indianerinnen. *Mich auszurauben*, denke ich, *wäre die wahre Rache Montezumas.* Sie versuchen, mich an den Ellenbogen zu halten, tauschen sich murmelnd aus und leiten mich. Ich bin größer als beide und könnte sie abschütteln, *wenn* sie keine Messer ziehen, aber ich bin nicht halb so verzweifelt wie sie – ich wähle das Kampfgelände aus und die Regeln.

Ich bekomme die Gelegenheit, meinen Eröffnungszug vor einigen älteren Einwohnern zu machen, die auf der Straße zusammenstehen und plaudern. Ich bleibe stehen und hole Luft wegen des sichtbaren Gewichts von 40 Litern Wasser. Da ich um die Ehrlichkeit der meisten Mexikaner weiß, spreche ich laut genug, so daß mich die Ansammlung hören kann. Ich sage: »Raul y Manuel, no gracias, vaya pronto!«, und beobachte die Augen der älteren Männer, die über die beiden Stadt-*pachuchos* streifen. Ihre Schultern fallen herunter, ihre Münder öffnen sich, und mit einem Nicken entlasse ich sie: »Adiós!«

20 | Silberstreifen

In einer flachen Bucht verlassen wir das aufgewühlte Gewässer und kriechen auf allen Vieren aus unseren Kajaks. Die obersten 30 Zentimeter des Strandes bestehen aus kleinen, verkrusteten Muscheln, mehrere Hunderte Jahre vom Sand entfernt, mehrere Millionen Jahre entfernt vom Gips. Fast zu scharfkantig, um darauf zu gehen. Darunter scharre ich ein wenig und finde intakte Jakobsmuscheln. Während kleine Wellen den Strand hochrollen, schießt Wasser durch diesen Muschelschicht-»Kuchen« und gurgelt wie eine Kaffeemaschine.

Deborah streckt sich, gähnt und läuft den Strand entlang. Hochseekajakfahren ist keine sonderlich anstrengende kardiovaskuläre Anstrengung, aber nach einem ganzen Tag Paddeln ist mein Hauptinteresse nur noch, mich am Strand auszuruhen. Trotzdem löst das Laufen den Wettbewerb zwischen uns auf. Sie wird zu einem Strich aus blondem Haar und brauner Haut und verschwindet dann an der Küste so behend und leichtfüßig wie ein Californier.

Vor zwei Jahrhunderten schrieb Pater Baegert über Läufer der Cochimi:

Sie laufen heute 20 Ligen [90 Kilometer], und kehren morgen zum Platz ihres Beginns zurück, ohne viel Müdigkeit an den Tag zu legen. Ein kleiner Junge, der eines Tages kurz vor einer großen Reise stand, äußerte den Wunsch, mich beglei-

113

ten zu dürfen, und als ich ihm zu verstehen gab, daß die Ent-
fernung groß sei, das Geschäft eilig und mein Pferd zudem
noch flott, antwortete er umgehend: »Ihr Pferd wird müde
werden, aber ich nicht.«

Vier Wochen lang nahe am Meer zu leben, zeigte uns das Tor –
die Cochimi nannten solche Kirchenportale »Mäuler« – zu einem einfacheren Leben. Schon im 18. Jahrhundert nahm Pater
Baegert den Unterschied zwischen seinem zivilisierten Europa
und dem asketischen California wahr. Man empfand damals die
Wildnis der Neuen Welt eher primitiv als schön, sah die Dornen
des Kaktus statt die Früchte der Pitaya und stufte die Wilden eher
satanisch als himmlisch ein.

Baegert verbrachte sechs lange Jahre in der San Luis Gonzaga
Mission (die heute noch existiert). Er pflanzte Granatäpfel an,
Feigen und Zitrusfrüchte und schuf aus der Wüste eine Oase. An
einem gewissen Punkt müssen die einfachen Freuden der Wildnis seinen undurchdringlichen Jesuitenpanzer angeknackst haben. Anonym veröffentlichte er einen »Bericht über die amerikanische Halbinsel von California«, in dem er – wahrscheinlich
um sein ständiges Moralisieren auszugleichen – auch einige
Wahrheiten niederschrieb:

[Sie] leben unzweifelhaft glücklicher als die zivilisierten
Menschen Europas, nicht ausgenommen jene, die alles
Glück, welches das Leben darbietet, zu genießen scheinen.
Gewohnheit unterwirft sich ohne Unterlaß und behend alle
Dinge und der Californier schläft auf hartem Grund und in
freier Natur genauso gut und weich wie der reiche Europäer
in einem Himmelbett mit Daunenfedern in einem blendend
dekorierten Saale.

Deborah und ich sind hier, weil unser Leben zu Hause dem Europa Baegerts ähnelt: Entfernt von der Erde rasen wir in Autos
umher, sausen in zusammengebauten Aluminiumröhren durch
die Atmosphäre, während wir immer mehr Besitz anhäufen und
uns mit Hypotheken und Steuern belasten. Wir sind nach Baja
California gekommen, um dem Rest unseres Lebens, mag man

diesem auch nicht entkommen und sei er noch so grundlegend, zu entfliehen.

Würde Pater Baegert in einer Zeitmaschine in die Gegenwart reisen, dann würde die ›Zivilisation‹ auf Baja California seine Bedenken hervorrufen.

Wir fahren in eine Aneinanderreihung von Sandlagunen und Felsriffs. Ein Delphin rast herein, bläst seinen Atem neben uns hoch und beschützt sein Kalb. Ein Tölpel wackelt nach links und rechts und versucht, sich auf seinen blauen Schwimmfüßen aufrechtzuhalten.

Amerikanische Campermobile, Wohnwagen und Zelte erwarten uns am nächsten Strand. 28 Häuser, die das Mehrfache unseres 400 Quadratmeter großen Hauses kosten, sind entlang der Küstenlinie aufgereiht, der Baugrund kostet hier 420 Dollar pro Quadratmeter. Im Unterschied zu anderen amerikanischen Siedlungen entlang der Cortéssee stammen die Hausbesitzer aus Montana, Arizona und Colorado, doch überwiegen Leute aus Nordkalifornien. Ein Wald aus Satellitenschüsseln, als ob das Meer nicht ausreichend Unterhaltung bieten würde.

Wir haben 640 Kilometer zurückgelegt. Wir wollen diese Leistung feiern, indem wir uns das Salz und den Sand abwaschen und in einem richtigen Bett schlafen, aber das Punta Chivato Hotel ist zu teuer. Wir entschließen uns, dort zu Abend zu essen. An der Bar kleben Gringos und Mestizen auf ihren Sitzen, während ein ESPN-Football-Sprecher aus einem großen Fernsehapparat brüllt.

In einer aktuellen Ausgabe eines Magazins lesen wir einen Artikel über das in der Schwebe befindliche Nordamerikanische Freihandelsabkommen (NAFTA). Das Ziel von NAFTA ist es, die Zollabgabe auf Waren, die zwischen Mexiko, den Vereinigten Staaten und Kanada zirkulieren, aufzuheben – es soll in letzter Konsequenz eine einzige kontinentale Ökonomie geschaffen werden. Die amerikanische Industrie wird dazu verleitet, Werke nach Mexiko zu verlagern, wo Umweltgesetze nicht angewandt werden und der Stundenlohn von Arbeitern 58 Cents pro Stunde beträgt. Laut des Zeitschriftenartikels halten Politexperten

NAFTA »für eine Wolke mit einem Silberstreifen«. Das mutmaßlich zu erwartende Verbot kommerziellen Fischfangs in der Nordsee beispielsweise war für den Kongreß ein Beweggrund, NAFTA zu ratifizieren. Niemand weiß, ob Mexiko ein »grünes Gewissen« entwickeln und amerikanische Umweltstandards einhalten wird. Die Sauberhaltung von Luft und Wasser, die Bewahrung des Lebens im Meer und die Sicherung der Ernährungskette des Ozeans wird die mexikanische Verwaltung und ihr korruptes System einer großen Belastung aussetzen.

Am Strand wirft das Mondlicht Schatten von uns und macht unsere Zähne weißer, als sie sind, während wir nervös zur Außentoilette stapfen (Baegert beschrieb, wie er im Badezimmer seine Rasierklinge in die Hand nehmen wollte und statt dessen eine Klapperschlange hochhielt). Ein Hitzegewitter entlädt sich in langen hellen Schlägen über dem nordöstlichen Meer, als ob der Himmel Krieg mit der Nacht führen würde. Kumulonimbuswolken erstrecken sich einige Kilometer nach oben bis in die Stratosphäre. Kein Donner grollt. Wir verfolgen, wie ein einzelner Blitz mit der Präzision eines Zeichenstifts den Rand einer Wolke illuminiert und uns beschränkten Menschen wieder einmal zeigt, wie seltsam und wunderbar doch die Natur ist. Deborah legt ihren Arm um mich, und in Gedanken bin ich schon weit vor unseren nächsten Fußabdrücken im Sand. Während der feine weiße Sand durch meine Zehen rinnt, stelle ich mir uns zwei im hohen Alter vor, wie wir an meinem 85. Geburtstag an einem Strand stehen, und ich meinen Arm um sie lege. Das wird so nie geschehen.

Wir sagen kein Wort, aber es ist gar nicht zu übersehen. Kurze und hell leuchtende zwei Sekunden lang hat die Wolke einen Silberstreifen.

21 | Machismo

An den Ufern des Rio Mulegé sehen wir einen krächzenden großen Blaureiher, aufgesetzte Wohnwagenabteile auf Kleinlastern, Hütten von Angelführern und eine aufgegebene Landebahn. Ich halte nach dem legendären großen Hornhecht im schattig dunklen Wasser Ausschau, aber deren Bestand ist wahrscheinlich ausgefischt.

Unsere Hände sind vor Salz eitrig, wir haben entzündungshemmende Motrintabletten (gegen Rücken- und Nackenschmerzen) sowie Schokoladenriegel gegessen und trotz eines umfangreichen Abendessens und Frühstücks in Punta Chivato immer noch Hunger. Wir brauchen dringend eine Pause.

Am Serinadad Hotel laden wir unsere Kajaks neben einem geschwätzigen Sportfischer aus, der gerade mit einer Winde ein sechs Meter langes Boot auf den Anhänger zieht. Er gibt mit der Kubikmeterverdrängung und der Vorratskapazität seines Sechsgangbootes mächtig an und prahlt, daß es 935 Kilometer bis nach Amerika, für ihn eine Fahrt von nur zwei Tagen, seien. Er wedelt in die Richtung einer der zwei Dutzend Kühlboxen mit einem Fassungsvermögen von jeweils 28 Pfund Eis, alle in die Staufläche des Pickups fest eingebaut. Ich frage ihn, wie viele Fische er denn über das Wochenende »geschlachtet« habe; er bemerkt den Unterton in meiner Frage und zieht es vor, nicht zu antworten. Wir gehen zur Bar.

Wie viele Männer gehen ihr ganzes Leben lang angeln, fragte Thoreau, ohne daß ihnen klar wird, daß sie gar nicht nach Fischen suchen?

In solchen Angelegenheiten sind Frauen oft klüger als Männer: Sie gehen nicht angeln. Vor zwei Wochen fing Deborah nur deshalb einen Fisch, weil ich ihr die Angelrute überließ (an dem ein Hornfisch angebissen hatte) und wegging. Sie mußte ihn an Land ziehen und aß ihn nur widerstrebend. Ich hingegen genoß jeden Bissen.

Sal, unser schnurrbärtiger Kellner, arbeitet nebenbei als Führer, sein Englisch ist gut. Wir geben ihm Geld dafür, daß er uns an die Mündung des Flusses bringt und uns Beispiele alter Höhlenkunst zeigt. Er ist 30 Jahre alt, massig und gut aussehend und hat sein ganzes Leben in Mulegé verbracht.

Eine Dampfwalze planiert die alten Kopfsteinpflasterstraßen. Die älteren Bewohner des Dorfes stehen mit traurigen Gesichtern daneben und schauen zu, die Arme eng vor der Brust verschränkt. Es ist wie ein Erdbeben, das eine Stärke von 2,5 auf der Richter-Skala erreicht: Die Schaufenster der Läden erzittern, Geschirr klirrt, und aus den Regalen fallen Gegenstände auf den Boden.

Die dreigeschossige Misión Santa Rosaliá de Mulegé wurde im Jahr 1770 auf einem südlich der Stadt gelegenen Hügel neu aufgebaut, nachdem eine Flutwelle das Gebäude von 1705 am Flußufer zerstört hatte. Der Rio Mulegé, der auch Rio Santa Rosaliá genannt wird, war der einzige ganzjährig befahrbare Fluß der Halbinsel, bevor Dämme gebaut wurden, um Überflutungen zu verhindern und die Pflanzungen der Jesuiten zu bewässern. Sal steuert sein verbeultes Großtaxi nach Osten auf die Mündung zu, wir kommen an Bananenbäumen, Dattelpalmen und Orangenhainen vorbei. Sal winkt Freunden bei der florierenden Eisblockfabrik zu, ein weiteres Resultat des Flusses, wo mehrere Lastwagen mit amerikanischen Nummerschildern ihre Kühlboxen auffüllen lassen.

Während wir den Canyon hinaufgehen, spielt unser Führer den Naturkundler. Ein Fliegenschnapper erwacht auf einem Felsen in der Nähe zum Leben, Sal nennt ihn den ›Canyonvogel‹. Er zeigt auf den brusthohen ›lonvoi-Kaktus‹ und sagt: »Wenn Sie Durst haben, können Sie seine Frucht aussaugen.« Ich greife nach einem der Bälle, bevor Sal mich warnen kann, daß man Stunden braucht, um seine fast unsichtbaren Dornen aus den Fingern zu ziehen. Ein Roadrunner rennt hinter uns auf dem Weg, und Sal erklärt feierlich den lokalen Mythos, wie diese pittoresken Vögel Klapperschlangen töteten: indem sie einen Kreis aus Dornen von Cholla-Kakteen um die schlafenden Schlangen legen.

Mit wachsender Irritation antwortet Sal auf unsere vielen Fragen. Die vielen fingernagelgroßen Kröten, die aus Tümpeln, die der Fluß schafft, heraushüpfen, sind die ›Canyonfrösche‹. Die

*In ihrem Bikini und mit ihren blonden Haaren ist Deborah
immer wieder Blickfang für mexikanische Männer*

Schlange, die sich unter einen Felsen schlängelt, ist die ›Stein-
schlange‹. Die kleinen Nagetiere sind ›Canyonmäuse‹. Ein
Zaunkönig, der auf der Spitze eines Cardón-Kaktus flattert, ist
der ›Kaktusvogel‹.

Sal hat drei Kinder, aber er erklärt geheimnisvoll, daß seine
Frau jung und nicht glücklich mit ihm sei. Angesichts seiner
wiederholten Versuche, durch das Gewebe von Deborahs Hemd
zu schauen, ist keine weitere Erklärung nötig.

Blondinen sind selten südlich der Grenze, und für mexikanische Männer stellt eine hellhäutige, blonde Frau, respektvoll
una güera genannt, eine Abwechslung von den dunkelhäutigen
Gesichtern der meisten Mexikaner dar. Obwohl *Bajacalifornios*
darauf bestehen, daß sie anders sind, weil die Halbinsel später als
das Festland besiedelt wurde, ist klar, woher Sals Verhalten
kommt. Ehebruch kommt hier häufig vor; die Mexikaner be-
handeln ihre Ehefrauen als ungleichwertige Untergebene.

So wird die Mutter zur tragenden Säule der mexikanischen Familie. Sie erzieht die Kinder und hält die Familie zusammen,

wenn die Väter gehen. Trotz moderner Straßen ins Landesinnere, die Orte wie Mulegé leichter zugänglich machen, hält mich das latente Mißtrauen zwischen Männern und Frauen davon ab, mit den Frauen auf den Straßen, im Hotel oder in den Geschäften ein Gespräch anzufangen. Mexikanerinnen sind nun einmal gewohnt, hier mit ihren Geschlechtsgenossinnen zusammenzusein.

Sal mag ein liebevoller Ehemann und Vater sein, und Frauen anzustarren mehr ein gesamtgesellschaftliches Phänomen – dies hat Deborah auf der ganzen Halbinsel beobachten können – als ein Fluch. In Spanien hat die Definition des *machismo* sehr viel damit zu tun, daß man seine Ehre verteidigt. Wegen der Herrschaft der spanischen Besatzer in Mexiko verweist *machismo* hier allerdings viel stärker auf die Verteidigung einer schwach entwickelten Männlichkeit.

Natürlich könnte man Sals verstohlene Blicke und sein serviles Benehmen gegenüber Deborah als genetischen Impuls deuten, der überall mehr oder weniger stark vorhanden ist. Aber der entscheidende Unterschied Mexikos zu anderen Ländern ist dessen Konquistadoren- und Missionarsvergangenheit. Seit der Landung der Spanier beobachteten die Indianer, wie Frauen vergewaltigt oder verschleppt wurden, während die herrschenden Konquistadoren oder Missionare den Indianern nicht trauten. Sal ist ein Mestize, halb Spanier, halb Indianer, und sein Verhalten wird von den nicht mehr zu ändernden Geschehnissen in Mexikos Geschichte bestimmt.

Wir halten an einem Tümpel mit kühlem, grünem Wasser. Sal sagt, daß wir durchschwimmen müssen. Er wartet auffällig lange, bis sich Deborah bis auf den Badeanzug ausgezogen hat. Während wir wie Kormorane durchs Wasser waten, schlängelt er sich durch die Büsche, um uns ein paar Minuten später trocken und gutgelaunt zu begrüßen.

Nach einer kurzen Wegstrecke kommen wir unterhalb des ersten Wandgemäldes der Trinidad-Höhle an. Rote und weiße Handabdrücke ziehen sich eine hohe Wand hoch, eine menschliche Figur feiert mit erhobenen Armen ein erlegtes Wild, ein Hai liegt träge auf dem Bauch, und ein unbekannter Fisch ist wie ein Röntgenbild bis aufs äußerste verknappt gezeigt – Sal behauptet, daß es sein Lieblingsfisch, der Rotbarsch, sei.

Diese Kunstwerke gestaltete ein Volk, das als ›die Giganten‹ bekannt wurde. Einen Bergzug in der Nähe nannten jesuitische Missionare nach diesem Stamm Sierra Gigantica. Verschwommene Legenden über den Ursprung dieser Bilder verbreiteten schon die Cochimi. Aber die Indianer des 18. Jahrhunderts wußten nicht um den Sinngehalt der Wandritzungen und konnten zudem nicht malen. Sie nahmen an, daß Werke in dieser Höhe nur von Riesen geschaffen worden sein konnten.

Ethnologisch interessiert, wie sie waren, interpretierten die Jesuiten diese Wandmalereien als Hervorbringung einer neuen Menschenrasse. Francisco Clavijero, ein Jesuitenhistoriker aus dem 18. Jahrhundert, schrieb in *Storia Della California:*

Diese Bilder und Kostüme, die nicht zu den Wilden und den Stammeseingeborenen, die California bewohnten, als die Spanier dort anlandeten, gehörten, waren zweifelsohne Hervorbringungen eines älteren Volkes, welches uns unbekannt ist. Seit langer Zeit glaubt das ganze Land, daß es Riesen waren, die von Norden kamen. Wir schenken dieser Legende keinen Glauben, aber von verschiedenen Ausgrabungen, bei denen Jesuiten Knochen ans Tageslicht hoben, kann nicht angezweifelt werden, daß in früheren Zeiten das Land von Menschen ungewöhnlicher Größe bewohnt war.

Die Jesuiten waren freudig überrascht zu sehen, daß diese Wandmalereien bekleidete Riesen darstellten statt der nackten Heiden auf California. Aber die Höhe der Werke allein reichte nicht aus, um die Legendenbildung zu nähren. Im Jahr 1765 entdeckte Pater José Robéa 65 Kilometer nördlich der Petroglyphen von Rio

Ein ungewöhnlicher Galerie-Besuch: Nur schwimmend gelangt man zu den Felsmalereien von Mulegé

Mulegé nahe einer anderen bemalten Wand große Skelettreste. Auf der Grundlage dieses Beweises aus dritter Hand schloß Clavijero:

> *Berücksichtigt man das groß ausgeprägte Cranium und den Raum, den das Skelett einnahm, und vergleicht man die Vertebrae mit jenen eines durchschnittlichen Skeletts, dann gewinnt man die Überzeugung, daß der Mensch, dem dieses Skelett einst gehörte, fast vier Meter groß war.*

Moderne Felsenkunstexperten vermuteten, daß die Maler einst Gerüste benutzten, um in einer Höhe von bis zu elf Metern über der Erde zu malen. Baja Californias 400 Felsmalereien und Wandmalereien sind 1500 Jahre alt. Tonscherben finden sich in der Nähe der bemalten Wände; die Cochimi aus jüngerer Zeit benutzten nur Körbe aus Schilfrohr und Holz. Form und Bedeutung dieser Werke kann man mit den Felszeichnungen der Anasazi aus dem Südwesten der Vereinigten Staaten oder den Höhlengemälden von Lascaux und Altamira gleichsetzen. Während das Aussterben der Anasazi im amerikanischen Südwesten eine Folge von Dürre oder Krieg war, ist bis heute völlig unbekannt, was mit den ›Riesen‹ Baja Californias geschah.

Die Gemälde weisen einen sehr starken Bezug zum Meer auf, auch wenn die meisten Wandgemälde im Inland zu finden sind (wir sind etwa 20 Kilometer vom Meer entfernt). Man erkennt Menschen, Schafe und Wild auf ihnen, aber auch Leben aus dem Meer. Delphine und Wale sind nie umgekehrt oder ›tot‹ dargestellt, zugehörige Fische werden oft mit den Bäuchen nach oben porträtiert, und ein Speerfischer jagt einen Stachelrochen, der von den Cochimi gründlich gefürchtet wurde und bis zur Ankunft der mexikanischen Taco-Stände nicht als Nahrung diente.

Um zur nächsten bemalten Wand zu gelangen, müssen wir einen schmalen Nebencanyon hochschwimmen. Sal zeichnet eine Karte in den Sand, um uns die Route zu zeigen und läßt uns dann sofort mit der Behauptung im Stich, er sei ein guter Schwimmer, aber als heißblütiger Mexikaner könne er *el agua fría* nicht aushalten. Wir stopfen unsere Fotoapparate und Kleider in Trockensäcke aus Nylon, die wir über die Schulter hängen.

Wir waten durch frisches grünes Wasser; ich unterdrücke den Drang, davon zu trinken – ober- und unterhalb des Canyons sind Hunderte magerer Brahmanenkühe, die aussehen, als hätten sie die Ruhr. Unsere Bewegungen zerreißen die Wasseroberfläche, die entstehenden Wellen spiegeln sich deutlich am Grund als gelbe, konzentrische Bullaugen, die unsere Körper umgeben. Wir sind so still wie in einer Kirche. Auf einmal erwähnt Deborah etwas von Süßwasseralligatoren, aber nachdem ich meine Augenbrauen hochgezogen habe, unterdrückt sie ihr Kirchern.

Der Canyon wird schmaler und ist nur so breit wie unsere ausgestreckten Arme; wir treten Wasser. Ein Geier segelt auf einer Luftströmung über uns, und mir läuft ein Schauder den Rücken hinunter: So müssen die Giganten wohl auch darauf reagiert haben. Wir überwinden einen kleinen Wasserfall und sind dann wieder auf festem Boden; Palmwedel schauen über den Canyonboden hinaus, eine Tarantel auf einem Felsen bestimmt unseren Weg.

Die Höhle ähnelt dem roten Maul eines versteinerten Leviathans. Innen wurde an eine Wand ein weißer Wal in Augenhöhe gemalt, und wir stellen uns die Ehrfurcht der Riesen vor, wie sie vor dieser Darstellung standen und diesen Behemoth des Meeres bewunderten.

Ein Delphin mit seiner unverwechselbaren Schnauze ist detailliert mit Ockerfarben aufgemalt. Sie *wußten davon*, überlege ich mir, *sie wußten von der Intelligenz der Delphine.*

Mit ausgestrecktem Arm und auf Zehenspitzen bin ich fast drei Meter groß und kann so meine Hand unter einen weißen Handabdruck legen, der größer als meine eigene große Hand ist. Als ich für einen Moment die Handfläche gegen den kühlen Stein presse, fühle ich dieselbe kalte Ehrfurcht der Riesen wie diese bei der Anbetung der Säugetiergötter des Ozeans.

23 | Unsaubere Regierungsgeschäfte

Roy Mayhoff und Becky Aparico zeigen noch unerfahrenen Kajakfahrern, wie man auf die Sandbänke von Río Mulegé paddelt. Meine Schultern schmerzen immer noch, deshalb höre ich Becky sorgfältig zu: »Delphine benutzen ihr Rückgrat, um sich *ohne jede Anstrengung* durchs Wasser zu bewegen.« Sie hält ein Paddel in den Händen und demonstriert es mit einer schnellen, delphingleichen Anmut. »Man schiebt eine Schulter nach unten und verdreht den Oberkörper, so benutzt man sein Rückgrat und seine 25 Wirbel, um sich nach vorne durchs Wasser zu schieben – was viel effizienter ist als mit Armen und Schultern zu pumpen.« Hätten wir Becky nur vor vier Wochen getroffen!

Meine Schulter knirscht so wie meine Knie bei einem Dauerlauf. Mein Hintern ist wund gescheuert, so daß ich mich kaum vorbeugen kann. Deborah hat eine Technik wie beim Kanufahren: das Paddel ziemlich hoch heben und nach dem Eintauchen zu schieben – Schmerzen hat sie keine. Ich dagegen habe gepumpt und kurz ausgeschwungen, um das Knirschen in meiner Schulter zu beenden. Paddeln tut weh.

Während wir in Mulegé eine Ruhepause einlegen, male ich mir vor dem geistigen Auge Beckys und Roys ›Delphinpaddeln‹ aus und stelle mir das Kajak als Erweiterung meines Rückens und meiner Beine vor. Der letzte Monat hat mir gezeigt, welch ein tolles Gefühl es ist, an schwarzen Schlankfischen und gelben kalifornischen Makrelen vorbei die Wellen zu durchschneiden, wenn das Wasser sich vor einem auftut und hinter einem wieder schließt, glatter als eine Skispur im Pulverschnee.

Vor vier Jahrzehnten kam Joseph Wood Krutch, ein naturkundlich orientierter Schriftsteller, nach Bahía Concepción, dem Stützpunkt von Becky und Roy. Er fuhr einen Schlammweg entlang und beobachtete das reiche Vogelleben, Wasser von der Farbe des Himmels und eine funkelnde Blume, wie sie in ganz Amerika nicht ihresgleichen hat. Krutch sah, daß diese Bucht einer der unberührtesten Orte der Welt war. Er fuhr die klippenbewehrte Küste entlang, die Reifen küßten abgefallene Früchte, und er fühlte sich von der Vielfalt der Meerestiere tief berührt. Krutch schrieb *The Forgotten Peninsula* [Die vergessene Halbinsel], das ein Kapitel mit der Überschrift ›Besichtigung auf die harte Tour‹ enthält. Er stellte fest, daß die Städte San Francisco und Oakland mit Leichtigkeit in die unbewohnte Bucht passen würden.

Bahía Concepción ist heute asphaltiert. Touristen können ohne jede Schwierigkeit hierher gelangen, es gibt Hunderte von Ferienhäusern, Zeltplätzen, Touristenläden und Kajakschulen – Mexigo, die National Outdoor Leadership School (NOLS) und Roys und Beckys Bahía Tropicales.

Roy und Becky geleiten die meisten ihrer Kajakkunden mehrere Meilen um die kleinen Inseln herum. Sie ermutigen die Novizen des Kajaksports regelmäßig dazu, sich lieber aus den Kajaks zu rollen, statt in ihren Booten mit offenen Cockpits eine Eskimorolle zu machen. Sie paddeln zu den Überresten von Nestern von Tölpelvögeln, die die Dorfbewohner ausgeräumt haben. Sie schnorcheln drei Meter in die Tiefe zu Buttermuscheln und zeigen, wie der Meeresgrund in der Bucht von heimlich einlaufenden Garnelenfangbooten oder 30 Meter langen Sardinenschiffen, die in der Bucht verboten sind, ›sauber‹ gewirbelt wurde.

Vor drei Jahren, erzählt Roy, waren seine Kajakkunden von Hunderten von Vögeln umgeben. Heute ist er schon glücklich, wenn eine Handvoll Vögel seine Entourage umflattert. »Vor drei Jahren«, sagt er und dabei blitzen seine braunen Augen auf, »sah ich von unserem Haus in Santispac große alte Fische an der Oberfläche tosen, aber heute sind Freßorgien ganz selten.«

Ihre Neugier führte Becky und Roy einmal dazu, auf einem mexikanischen Garnelenfischer mitzufahren. Der ganze Fang, der sich in der großen ›Gorillaplanke‹ aus Holz und in den Netzen verfangen hatte, türmte sich auf dem Deck als drei mal ein Meter große Pyramide aus »springenden, sich windenden und krümmenden Meerestieren« in die Höhe. Garnelen und Tintenfische machten ungefähr fünf Prozent des Haufens aus, und große Rochen, Heilbutt und eine per Gesetz geschützte Schildkröte wurden wegen ihres zarten Fleisches auch aussortiert.

Die Mannschaft hatte schließlich alle eßbaren Fische aussortiert. Becky und Roy fingen daraufhin an, Schlangen, Rochen, Meerschwämme, kleine Grundfische, Seesterne, Schalentiere und Puffische ins Meer zurückzuwerfen. Von der Crew wurden sie gezwungen, damit aufzuhören. Ihr groteskes Argument: Wenn die Tiere überlebten, würde man sie nochmal fangen und müsse man sie nochmal von den eßbaren Fischen aussortieren. Hilflos und geschockt sahen Becky und Roy zu, wie der Trawler kreuz und quer die Bucht leerfischte und die Tonnen toter ›Abfallfische‹ an einer Stelle, die zum Fischen zu tief war, ins Meer schüttete.

Da die Fangboote Garnelen nur im Hafen von Guaymas auf dem Festland verkaufen dürfen, werden illegal gefangene Fische – Heilbutt, Jakobsmuscheln, Schildkröten, Kugelfische, Stachelrochen und Seegurken – in Mulegé billig und unter der Hand verkauft; das bringt den Fischern Bargeld und füllt die Kühlfächer der Restaurantbesitzer. Kürzlich wurde in Mulegé in einem Restaurant der 50. Geburtstag seines Besitzers gefeiert, serviert wurde Schildkröte – dies alles natürlich in Anwesenheit eines Beamten von PESCA.

PESCA, das Bundesministerium für Fischereiangelegenheiten, setzt die Fischereibestimmungen durch. Roy hat PESCA-Beamte (die 30 Pesos, 10 Dollar, pro Tag verdienen), dabei beobachtet, wie sie in Mulegé Restaurants auf der Suche nach illegal erworbenem Fisch überprüften. Gab es keine Quittung von einem legalen Fischmarkt, bestachen die Restaurantbetreiber den Beamten mit 30 oder 40 Pesos.

Roy, 51 Jahre alt, ist stocksauer. Hier an der Bar des Serenidad Hotels schüttet er sich eine Cola mit Rum hinter die Binde und fährt mit nassen Fingern durch sein dünner werdendes Haar. Er spricht von Tölpeln, die sich in Fischnetzen verfingen, die neue Nachfrage in Japan für Tintenfisch und das Verschwinden von Jakobsmuscheln aus der Bucht. Roy will ein Kreuzfahrer sein, aber er fühlt sich weitaus mehr als ein Außenseiter, der einen Kampf ausficht, der ihn nichts angeht. »Nichts wird sich hier jemals ändern, ganz egal, was wir Gringos machen«, sagt er.

Die Mexikaner sind ebenfalls stocksauer. Im Februar 1989

richtete die lateinamerikanische Umweltschutzorganisation
›Gruppe 100‹ einen offenen Brief an Präsident Salinas und pro-
testierte gegen die korrupte PESCA-Behörde.

Im letzten Januar zeigte das mexikanische Fernsehen in einem
Beitrag von *60 Minutos,* wie PESCA 4,5 Millionen Dollar aus
Japan für ›Fischereistudien‹ in der Cortéssee annahm, obwohl
die Öffentlichkeit der Meinung war, Salinas hätte das Treibnetz-
fischen untersagt. In der monatlich erscheinenden *Baja Sun*
sind Schlagzeilen über Fischereiskandale der Regierung an der
Tagesordnung. In der Ausgabe vom August 1992 konnte man
lesen:

*Ökologen und Besitzer von Sportfischereibooten bekämp-
fen die Korruption des Fischereiministeriums, aber der
Kampf gleicht einem Hund, der sich in den eigenen Schwanz
beißt. Beweise für illegales Fischen und Bestechlichkeit von
Beamten müssen ... DEM BUNDESMINISTERIUM FÜR
FISCHEREIANGELEGENHEITEN vorgelegt werden ...*

In Loretó, 130 Kilometer südlich von Mulegé, kann eine mexikanische Umweltschutzorganisation namens »Rettet die Cortéssee« Beamte der PESCA nicht dazu bewegen, ihre Treffen zu besuchen. In Mulegé unterzeichneten mehrere hundert Bewohner
der Stadt eine Petition, in der die PESCA dazu aufgefordert
wurde, eine 80 Kilometer große Fischschutzzone außerhalb von
Bahía Concepción durchzusetzen. PESCA weigerte sich, an den
Runden Tischen in Mulegé teilzunehmen und die Petition entgegenzunehmen.

Deshalb fuhr einer von Roys mexikanischen Freunden zu ihnen. Er fuhr während des Berufsverkehrs eine Stunde nach
Santa Rosalía in Richtung Norden und klopfte an die Tür des
PESCA-Büros, die verschlossen war. Frustriert ging er nach nebenan in die Selena Cantina. Dort standen zwei Männer an der
Bar, die schon den ganzen Tag hier waren und als er sie fragte, ob
sie wüßten, wo er *los empleados,* die Angestellten, von nebenan
finden könnte, antworteten die PESCA-Beamten nur: »Aquí«.

Alle Reisen brauchen einen Kontext; alle Abenteuer brauchen Abgeschiedenheit. Im Lauf des letzten Monats haben wir uns keineswegs von den Bewohnern der Cortéssee ferngehalten. Im Gegenteil – wir lernten Dinge, die wir uns nicht angeeignet hätten, wenn wir ihnen ausgewichen wären. Aber wir kamen nach Süden, um von unserer ›echten Welt zu Hause‹ Abstand zu gewinnen.

Ein Familienmitglied könnte sterben, das Haus könnte abbrennen, auf dem Anrufbeantworter könnte ein Stellenangebot sein, oder eine vergessene Rechnung im Briefkasten landen. Aber das Leben ist zu kurz. Man braucht nicht viel Phantasie, um sich irgendeine Ausrede auszudenken, wieso man irgendwo nicht hingeht. Doch sich für eine Reise verantwortlich zu fühlen, ist unabdingbar. Eine Abenteuerreise ist ein Bekenntnis dazu, den Anker zu lichten und solange nicht zurückzusehen, bis das Segel schließlich gehißt ist.

Manchmal sind Deborah und ich verschiedener Auffassung.

In Mulegé hat Deborah eine Ahnung, daß zu Hause etwas nicht in Ordnung sein könnte, und wir machen aus, daß sie zu Hause anrufen darf, solange sie mir nichts davon berichtet. Während sie zur Telephonzelle geht, sitze ich auf dem Marktplatz auf einer Betonbank mit hölzerner Rückenlehne.

An Halloween, dem Vorabend des in Mexiko zwei Tage dauernden *Día de los Muertos* (Tag der Toten), ziehen Gruppen von Kindern mit bemalten Gesichtern durch die Straßen und vollführen Kunststücke. Der *Día de los Muertos* ist einer der wichtigsten Feiertage in Mexiko. Kinder begleiten ihre Eltern auf Friedhöfe, säubern Gräber, vergnügen sich mit besonderen Spielen und bringen ihren toten Verwandten Geschenke dar.

Mexikaner verkehren mit den Toten, nicht so sehr im christlichen Sinne eines Jenseits, sondern aufgrund der kulturellen Übereinkunft, daß die Vergangenheit nicht tot ist. Deshalb der ständige Verweis, Sachen auf »morgen« (*mañana*) aufzuschieben, und die Unfähigkeit der Mexikaner bei PESCA oder

Das mexikanische Mädchen Mareta hat sich ziemlich schnell mit Deb angefreundet

anderen Regierungsstellen, ein Morgen für sich oder ihre Umwelt zu planen. Gringos stufen Mexikaner gewöhnlich als träge ein, aber ihre Kultur ist viel komplexer. Sie haben eine andere Zeitauffassung, neigen der Vergangenheit zu und lassen das Schicksal ihre Zukunft gestalten.

Ich räkle mich auf der Betonbank und beobachte das bunte Treiben in Halloween. Vanessa und Mareta, acht bzw. neun Jahre alt, halten mir einen mit einem Leintuch bedeckten Korb hin und fragen, ob ich selbergemachte Bohnenempanadas möchte. Ich habe keinen Hunger – was selten genug vorkommt –, deshalb sage ich den Schwestern, daß die Empanadas köstlich riechen, und statt Geld und Waren auszutauschen, unterhalten wir uns. Sobald sie zu Frauen geworden sind, werden sie nicht mehr mit Amerikanern reden.

Die beiden wohnen eineinhalb Kilometer flußabwärts. Sie gefallen mir, weil sie unschuldiger und vertrauensseliger als amerikanische Kinder sind – und vor allem neugieriger. Sie fragen: »¿Dónde esta Colorado en los Estados Unidos?«

»En las Hermoso montañas«, antworte ich. Vanessa und Mareta kichern über meine Kindergartenkonjugation.

Zuerst fotografieren sie mich, dann ich sie in ihren mit Blumenmotiven bedruckten Kleidern. Ihre Knie sind schmutzig, ihr schwarzes Haar ist zurückgekämmt und enthüllt breite Wangenknochen, aufmerksame Augen und ein verschmitztes Lächeln.

Auf der Nachbarbank sitzen zwei Collegeprofessoren mit Eistüten in der Hand und haben ihre Studenten im Blick, die mit Schreibblöcken durch die Stadt laufen und Mexikaner ausfragen. Ein alter Mann, mit einem Bein fast schon im Grab und mit tiefen, schwarzen Augenringen, nähert sich ihnen. Der Akademiker und die Frau in meinem Alter weichen zurück; der Alte lächelt, hält seinen Kopf mit großer Würde hoch und begrüßt sie. Die Amerikaner verbergen ihr Befremden und unterhalten sich um den Mann herum, als sei er Luft. Er schlurft zu uns hinüber. Ich rede selten mit Bettlern, aber dieser alte Mann ist anders; er stirbt. Ich bitte Vanessa, mich vorzustellen. »Esta Frederico«, sagt sie, und sein Rücken strafft sich, und ein Lächeln hebt die herunterhängenden Seiten seines fahlen Gesichts etwas. Ich schüttle ihm die Hand und sage ihm meinen Namen.

»Mucho gusto«, sagt er ruhig.

»Nein«, antworte ich auf Spanisch, »das Vergnügen liegt ganz auf meiner Seite.«

Ich gebe ihm einige Pesos und flüstere: »Vaya con Díos«.

Frederico nickt und antwortet ohne die Blasiertheit amerikanischer Bettler: »Muchas gracías, Juan«, und geht weiter.

Vanessas und Maretas Mutter erscheint, ihre Augenbrauen sind zusammengezogen – sie betrachtet mich so, wie die Collegeprofessoren bei Frederico taten –, und winkt den Mädchen heftig zu, von mir wegzugehen.

Einige Meter entfernt sehe ich Deborah unkontrolliert in den Telephonhörer heulen, und durch eine unerklärliche telepathische Verbindung zwischen Ehemann und Ehefrau weiß ich sofort, daß unser Hund Molly tot ist.

Wir halten uns in den Armen, Tränen laufen uns über das Gesicht, und die Zeit bleibt für eine gewisse Spanne stehen, weil ich nicht mehr weiß, wie wir zurück zu der Betonbank mit der Holzlehne kamen; es ist zu schlimm, um stehenzubleiben, wir setzen uns deshalb hin und heulen wie kleine Kinder. Ich weiß, daß sich Deborah schuldig fühlt. Wären wir nicht nach Mexiko gefahren, hätten wir bei Molly sein können, als sie an Altersschwäche starb. Deborah meint, daß der Hund vielleicht aus Kummer darüber starb, daß wir ihn allein gelassen haben, womit sie Recht haben kann.

Vanessa und Mareta tauchen wieder auf. Die Gesichter, die vorher glatt waren und keine Falten hatten, sind jetzt konsterniert. Ich stelle sie Deborah vor, und sie erkundigen sich höflich, wieso wir weinen.

»Porqué nuestros perro, Molly, es muerto«, antworte ich, »y Molly está nuestros niña.« Sie verstehen das, so gut Kinder oder auch jeder andere in diesem Moment dies eben verstehen könnte. Ich erklärte, daß wir sehr an unserem Hund hängen und wir traurig sind, weil Molly ein so liebes und anhängliches Tier war. Sie können uns nicht folgen, weil sie uns nicht verstehen. Sie sind Kinder, und sie sind Mexikanerinnen.

»Está el Día de los Muertos«, sagt Mareta. »Está bien.« Die Mädchen umarmen uns und lassen eine Empanada da, um uns die Trauer etwas zu erleichtern.

Sogar Deborah fängt an, auf mexikanisch zu denken. »Wenn wir zurück sind«, sagt sie, »werden wir für Molly ein großes Fest ausrichten.«

Über Bahía Concepción hängen Sturmwolken. Es ist zu rauh, um zu versuchen, die sechs Kilometer lange Bucht zu durchqueren, und so fahren wir die Küste eines Fischerdorfes mit einer verlassenen Hütte an. Es ist Ebbe, und die Geisterkrebse laufen zurück in ihre zobelbraunen Sandlöcher. Ein Tölpel legt seine Flügel an, taucht unter und im letzten Moment wieder auf, taucht wieder ins Wasser ein, gleitet in zwei langen Bewegungen über die Wellenkronen, bis er seinen Kopf wieder unter Wasser taucht, um einen Fisch zu fangen.

Die Bretterbude riecht säuerlich. Hineinzugehen verschiebe ich erst einmal, um die Muscheln, Tausende von Muscheln, dahinter zu sehen, Muscheln, die eine Geschichte unter sich

*Eine Müllhalde besonderer Art: Tausende von Muschelschalen
wurden von Fischern hier weggeworfen*

begraben. Ich klettere den Muschelhügel hoch, trete eine Schicht ab, und es gibt ein Geräusch wie von zerbrechender Keramik: Ich stelle mir Fischer vor, wie sie die Muscheln aufbrechen und aufhämmern, das Fleisch herausziehen und die leeren Muscheln jahrelang wegwerfen – bis es keine Muscheln im Meer mehr gibt. Die Fischer ziehen weiter.

Deborah bleibt vor der Hütte stehen, ich halte die Luft an und gehe geduckt durch die Tür. Unter einem wackligen Sperrholztisch ist ein Bündel, das schwarze Fell und die furchtvollen Augen eines toten Terriers. Eine Angelleine aus Nylon wurde um seinen Hals gebunden, das andere Ende wurde absichtlich an einem Tischbein angebunden, meine Wangen werden wieder feucht, weil ich an Molly denken muß, an diesen Hund und an die Muscheln hinter dem Haus. Es gibt hier eine Verbindung, etwas, das mit unserer unerträglichen Grausamkeit gegenüber der Kreatur, ob groß, ob klein, zu tun hat. Ich begehe den Fehler, zu tief einzuatmen, meine Knie werden weich, ich fühle, wie ich ohnmächtig werde, und laufe nach draußen, um Frischluft einzuatmen. *Willkommen in Mexiko, Schatz,* denke ich.

»Deb«, sage ich, »Du gehst da besser nicht rein.«

»Wieso denn nicht?«

»Weil es drinnen wirklich übel stinkt.«

Auf halber Strecke hat sich das Meer beruhigt. Der Himmel ist so reich wie eine Algenblüte. Deborah ist mehr als hundert Meter hinter mir, weil die Strömungen ihr etwas leichteres Boot während der Überquerungen stärker abtreiben. Ich halte an, um meine Hände ins Wasser gleiten zu lassen, als ob ich fühlen müßte, was aus der trockenen Bahía Concepción kommt. Das Wasser ist kalt, klar, dunkel. Besessen wie ein alter Pokerspieler, kann ich nicht entziffern, was unter Deck ist. Ein entferntes Weinen kommt über das Wasser, der undefinierbare Ruf eines Vogels. Ich lege mein Paddel aus der Hand. Der Ton wird wieder vom Wind zu mir hinübergeweht, laut und unverwechselbar, und mir wird klar, daß es Deborah ist, Deborah, die weint.

25 | Killerwal in Ruhe

Die 130 Kilometer von Mulegé nach Loreto im Kajak zurückzulegen ist die populärste Paddeltour in Baja California. Obwohl Sandstrände nicht so häufig wie im Norden vorkommen, gibt es zwischen Mulegé und Loreto Inseln, einige wenige Zufahrtsstraßen, einen unbedeutenden Gezeitenwechsel und schwache Strömungen. Im Gegensatz zum nördlichen Teil verringern tiefer werdende Gewässer und eine sich ausweitende See Gezeitensog und Gezeitenströmung. Bei Sturm ist es aber trotzdem keine Badewanne.

Während des Pliozäns vor fünf Millionen Jahren verschmolz Baja California mit dem Festlandmexiko. Während die tektonischen Platten des Pazifiks sich allmählich von den nordamerikanischen wegbewegten, wurde ein 1300 Kilometer großes Stück vom Festland abgetrennt und zog sich wie ein Karameltoffee 190 Kilometer nach Nordwesten in die Länge, kleine Inselchen lösten sich wiederum ab, und ein Meer, die Cortéssee, entstand, die bis nach Palm Springs reichte. Vulkantätigkeit verbrannte diese ausgedehnte Halbinsel, zahlreiche Krater bildeten sich auf dem Land und im Wasser (stellvertretend für viele andere nenne ich hier nur Islas Raza, San Luis und Smith). Der Colorado River benötigte einige Millionen Jahre, um dieses Nordmeer mit Sedimenten aufzufüllen.

So wurde der Colorado River verstopft, und die Ära des Tourismus begann. Mulegé, Loreto, Bahía Concepción, Isla Espíritu Santo, Bahía Los Angeles und Bahía Magdalena wurden zu florierenden Urlaubszielen von Kajakfahrern. Während unserer einwöchigen Fahrt nach Loreto sehen wir 22 Japaner unter der Führung von Baja Expeditions, drei NOLS-Gruppen von 15 bis 19 Leuten, drei Männer aus Alta California, zwei aus Colorado und ein weiteres Ehepaar. Nördlich von Mulegé treffen wir nur auf drei Kajakfahrer.

Südlich von Mulegé überholen wir zwei Taxifahrer aus Colorado. Andy und Skip sind zugegebenermaßen schlecht vorbereitet und haben zwei Kajaks mit offenen Cockpits gemietet –

diese eignen sich mehr zum Schnorcheln in einer Bucht als für Küstenexpeditionen. Sie haben ein drittes, aufblasbares Kajak mit Campingausrüstung im Schlepptau. Freiwillig befestigt Deborah dessen Schleppleine an ihrem Heck, um ihnen zu helfen, und weil es eine der Hauptbeschäftigungen in ihrem Leben ist, mit Männern in Wettbewerb zu treten. Eine Stunde lang ohne die Last im Nacken zu paddeln, läßt Andy und Skip offenherzig plaudern. Der 29jährige Skip besitzt in Telluride ein erfolgreiches Taxiunternehmen. Er sagt, Geld sei ihm unwichtig geworden, er wolle die Firma verkaufen und sein Leben mit Sinnvollerem verbringen, beispielsweise damit, die Cortéssee in einem Kajak zu durchqueren.

Deborah gibt schließlich meiner Ungeduld über unser langsames Tempo nach. Wir verabschieden uns, sie löst das Verbindungstau zum Gummiboot. Wir überqueren eine aufgewühlte Bucht und hoffen, die nächste Felsnase zu umrunden, bevor der Wind stärker wird. Von ihrem Hemmnis befreit, erinnert mich Deborahs Beschleunigung an die Apollo-Raumkapsel auf dem Weg in den Weltraum, als sie ihre leeren Schubwerke abkoppelt. Mit meiner Frau Schritt zu halten, ist harte Arbeit; jedesmal, wenn ich das Paddel ins Wasser tauche, hört sich meine Schulter an wie eine Schüssel krachender Rice Krispies. Ich denke an einen Delphin, wie er sich durch das Wasser schlängelt und wie leicht beeinflußbar mein Kajak geworden ist. Meine Füße krampfen sich nicht mehr um die Ruderpedale zusammen, und ich ändere die Richtung meines Bootes dadurch, daß ich meine Hüften gegen das Dollbord drücke, lehne mich ohne Nachdenken oder direkte Kraft in große Wogen und paddle auf die andere Seite und lache dabei über das »schnappende Krachgeräusch« in meinem Schultergelenk. Der noch vor vier Wochen vorhandene Rettungsreifen um meine Hüften ist jetzt einem knüppelharten Waschbrett gewichen. Deborah hat Windhundkonturen bekommen: zarte Muskelstränge und dicke blaue Venen, die ihre Arme wie Landstraßenmarkierungen auf Straßenkarten entlanglaufen.

Wir passieren die erste NOLS-Gruppe, die sich über einen Strand verteilt hat, auf dem wir eigentlich zelten wollten. Statt hier zu halten, fahren wir doch noch um einen weiteren Landvorsprung herum und demonstrieren unsere gute Erziehung, indem wir sie in Ruhe lassen. Eine Stunde später ziehen wir im aufgewühlten Wasser die Gischtschutzüberzüge über. Während wir auf unsere avisierte Bucht zupaddeln, sehen wir eine andere Gruppe mit zehn NOLS-Kajaks und Persenningplanen auf dem Strand aufgereiht. Wir paddeln auf einen Steinstrand zu, damit wir die NOLS nicht stören. Das Landen ist reichlich schwierig: auf Felsen zusurfen, unsere Schutzplanen herunterreißen und herausspringen, bevor das Meer unsere Boote gegen die Felsen schleudern kann.

Fünfzehn staunende Schüler verfolgen, wie einer ihrer Instruktoren in die geschützte Bucht hinauspaddelt. Eine Lehrerin fängt uns ab und ruft uns zu, Abstand zu halten, damit wir die Kenterklasse nicht stören. Sie ist ziemlich üppig und schaut dementsprechend bewundernd auf Deborahs schlanken, kräftigen Körperbau, was mich mit Stolz erfüllt. Die Instruktorin erklärt, daß die Schüler ihrer und zweier weiterer NOLS-Gruppen an der Ruhr erkrankt sind, die sich wegen gemeinsamer Kochgelegenheiten wie ein Lauffeuer ausgebreitet hat.

Die Lehrer der NOLS sind hervorragend geschult, aber 19 Leute sind für das ›Minimalziel‹ einer Reise in die Wildnis einfach zuviel. Unabhängig davon, wie zivilisiert sich eine Gruppe verhält, hinterläßt sie an ihren Lagerplätzen doch immer Abfall, Asche, Müll und eine zertrampelte Flora. Bei kleineren Gruppen kommt dies nicht vor. Ihre Teilnehmer haben obendrein das Vergnügen, es auf die ›harte Tour‹ zu lernen, nämlich aus den eigenen Fehlern und ohne Instruktor, der Pläne und Lernziele aufstellt. Deborah und ich besprechen, ob wir den nächsten Felsvorsprung umfahren sollen. Die bärenhafte Lehrerin runzelt die Stirn über unsere Absicht, bei einer solch aufgewühlten See herauszufahren – sie hatten den gestrigen Tag mit Warten auf das Abflauen der Wolkenbildung, des Winds und der Diarrhöestürme verbracht – aber wir werden auch nicht eingeladen, den einzigen guten Strand mit ihnen zu teilen.

Donner grollt über dem Meer, und während der Bug unserer Boote in Wellentäler schießt, reagieren wir, indem wir uns vorbeugen und unsere Paddelschläge genau abzustimmen ver-

Immer noch mit Vorsicht nähert sich Deborah einem schon längst nicht mehr gefährlichen Killerwal

suchen. Wir machen in dem Moment Schluß, als das Wasser über unseren Gischtschutz ins Boot hineinfließt. Wir schlagen unser Zelt neben einem Trockental auf, das vor Autoreifen, Netzen und nicht abbaubaren Flaschen starrt.

»Plastik«, sagt Deborah auf unserem Spaziergang Richtung Süden, »verdammt noch mal, überall auf der Welt sieht man Plastik.«

Dreieinhalb Kilometer vom Lager entfernt, sehen wir einen Kojoten vom Meer weglaufen; der Geruch ranzigen Fetts steigt in die Luft. In der Ferne halten Geier ihre fingerspitzenförmigen Flügel in einem 110° Winkel nach oben von ihren Körpern ab – dadurch unterscheidet sich ihre Haltung von der rechtwinkligen der krallenbewehrten Fänge von Raubvögeln.

Ein drei Meter langer Killerwal liegt auf dem Strand unter uns. Wir gehen näher darauf zu. Seine schwarze Haut ist zu einem Grau verrottet, sein Bauch hebt und senkt sich mit der Brandung. Mit einem Finger berühre ich vorsichtig die einige Zentimeter langen Zähne: scharfe, gelbe Schneideinstrumente. Ich ziehe meine Hand zurück. Ein Auge fehlt, und in der leeren Augenhöhle bewegt sich eine Membran mit den Brandungswellen. Blaue, gasgefüllte Innereien hängen aus einem Loch an seiner Seite heraus.

Wieso der schon einige Zeit tote Killerwal noch nicht von den Geiern gefressen wurde, ist verwunderlich. Diese normalerweise so gierigen Aasfresser halten sich zurück, als stünde der Wal selbst im Tod noch an der Spitze der Nahrungskette.

Rick Ridgeway, einer unser Partner in Denali, erzählte uns einmal von Killerwalen vor Isla Tiburón. Rick ging früh eines Morgens allein auf einer Klippe, die 800 Meter hoch war, klettern; ein Absturz schien kaum mit Gefahren verbunden zu sein, da ihn das Wasser auffangen würde. Ein Fischadler kreiste über ihm und krächzte schrill, als Rick genau unter sich einen Killerwal erspähte, der mit Kohlendioxid vermischtes Wasser in die Höhe blies. Es gab nur geringen Halt in der Wand, und Rick war sprachlos über seine Nähe zu den Walen, von denen zwei nicht weiterschwammen, während der dritte auf einen Felsvorsprung gerade neben Rick zuschoß. Der Killerwal schob seinen Kopf aus dem Wasser und hielt nach Seelöwen Ausschau, während seine zwei Artgenossen im Wasser auf die die Flucht ergreifende Beute warteten, aber der Felsvorsprung war verlassen.

Während die Killerwale mit ihrer Jagd auf Beute weitermachten, krabbelte Rick in eine Höhle, seine, wie er sagte, »Synapsen voll im roten Bereich Verteidigung-Flucht vor dem Jäger«. Rick weiß, daß Killerwale normalerweise keine Menschen angreifen, aber während er sich, am ganzen Körper zitternd, in die Höhle schmiegte, fragte er sich, was die Killerwale getan hätten, wenn er von der Felswand hinunter ins Meer gefallen wäre.

In Bahía Los Angeles erzählte mir Pepé Smith, wie er einmal einen auf Wale spezialisierten Biologen in einem *panga* durch die Bucht gefahren hatte. Ein Killerwal, sagte Pepé, hätte sie zehn Minuten lang mit weit aufgerissenem Maul gejagt (er machte es vor, schwankend, und gleichzeitig schüttete er mehr von seinem Tecate in sich hinein), während Pepé den Motor des *panga* aufheulen ließ, »und wir waren knapp drei Meter vor dem Maul des Killerwals, als ich den *panga* auf einen Strand jagte, wir heraussprangen und davonliefen.« Es klang wie ein Lügenmärchen, bis ich ihn zum Eingeständnis brachte: »Vielleicht haben wir den Wal dadurch provoziert, daß wir zu nah an sein Junges herangefahren sind.«

Der Killerwal, auch Orca genannt, ähnelt in seinem Denkverhalten, der Kommunikation und den sozialen Vorlieben einem Wolf. Wissenschaftler beobachteten in der Nordsee 15 Killerwale, die einen Bryde-Wal jagten, bis dieser erschöpft aufgab. Dann formierten sich die Killerwale über dem 13 Meter langen Rücken ihrer Beute so, daß der Bryde-Wal nicht mehr zum Luftholen auftauchen konnte und ertrank.

Der noch nicht ganz ausgewachsene Wal vor uns könnte während solch einer Aktion (oder auch in einem Fischernetz) ertrunken und tagelang im Meer getrieben sein, während seine Mutter die Haie verscheuchte. Die herrliche Küstenlinie oberhalb des toten Wals ist mit Tausenden Blumen geschmückt: eine süßlich riechende violette Blume, die auf blutroten Weinreben wächst, gelbe buschähnliche Wolfsmilchgewächse, die mit dem Weihnachtsstern verwandt sind, und ein purpurfarbenes, durchdringend faulig riechendes Exemplar aus der Familie der Gänseblümchen. Pitaya-Kakteen recken auf den Abhängen ihre karmesinroten Trompetenblüten in die Höhe.

Der nebelverhangene Regen erklärt den Reichtum an Blumen, und uns scheint, daß der Killerwal keinen passenderen letzten Ruheplatz hätte finden können. Hier, am Rande des Ozeans, wo er als Dünger für die Wolfsmilchpflanzen dient, wo er über die Kakteen in den Klauen der Geier fortgetragen wird und ihn die Krabben zerlegen, wird er ›gründlicher‹ verschwinden als Knochen auf einem Friedhof. Seine Überreste werden sich in der schäumenden blauen Küste auflösen wie Wolken, die eine Wüste bewässern.

26 | Zu welchem Zweck leben wir?

Da die Gezeiten in diesem südlichen Abschnitt des Meeres weniger stark sind, bekommen wir öfters größere Schiffe zu sehen. Ein Kabinenkreuzer von der Größe eines Sattelschleppers mit Anhänger fährt an uns vorbei, und wir hätten ihn beinahe vergessen, bis uns die hohen Wellen fast zum Kentern bringen. Wir stemmen uns in unsere Ruderpedale und paddeln ins Kielwasser.

Deborah und ich messen das Paddelvergnügen jeden Tag, indem wir Zahlen vergeben, von Eins bis Zehn, je nachdem, wie viele entzündungshemmende Motrin-Tabletten, Vitamin M, wir nehmen. ›Ein Tag mit zehn Motrin‹ heißt, daß wir Schmerzen haben, ein Motrin oder gar keines bedeutet, daß wir ›einen schönen Tag‹ hatten. Müde von den Mittagswinden, lenken wir unsere Kajaks in eine geschützte Sandbucht. Es ist nur ein Tag mit drei Motrin, aber ich fühle mich wie gerädert, mein Kopf tut von der Sonne und wegen der Unterversorgung mit Wasser weh, während sich die Schulter anfühlt, als würde die operativ eingesetzte Schraube jeden Moment herausspringen. Deborah liest, und ich strecke mich in dem winzigen Schatten, den mein Boot wirft, aus, lege meinen Kopf auf einen Arm und schlafe ein, während der Wind durch den Mast fährt. Keine Träume.

Während ich meine Augen etwas später wieder aufschlage, bewegt sich mein Kopf auf meinem Nacken wie die Angeln einer Windfangtür bei −30 °C. Ich bin ganz wach, sehe die Welt wie neu und stelle mir die Frage, wieso ich hier bin und welchem Zweck ich diene.

Sanderlinge flitzen durch die Hinterlassenschaften der Flut, aufgrund ihres unersättlichen Stoffwechsels sind sie gezwungen, ein halbes Dutzend Jahre herumzurennen, bevor sie sterben. Dynamisches Strandgras schießt in die Höhe, als ob es sich von diesem gottverlassenen Küstenabschnitt trennen möchte. Ich erschlage eine auf meinem Arm sitzende Mücke, auf daß sie sich nicht mehr in Legionenstärke vermehre. Stachelrochen springen aus dem Wasser wie ein in die Luft geworfener Pizzateig. Geier picken in einen Haufen fliegenübersäter toter Hornfische, die hier so fehl am Platze sind wie Geierknochen auf einem Unterwasserriff. Das Leben scheint manchmal voller Ironie und unbeantwortbarer Fragen zu sein.

Ich schlucke vier weitere Vitamin M-Tabletten, und was als Tag mit drei Motrin begann, wird jetzt zum schlimmen Tag. In der Hoffnung, noch etwas zu retten, ziehe ich den Reparaturkasten heraus und fange an, den zerkratzten Kiel des Kajaks etwas auszubessern. An einigen Stellen trennt nur noch eine einzelne Schicht durchsichtiges Fiberglas meinen Hintern vom Wasser. Ich klatsche ein halbes Pfund Epoxid und zwei Stück dicke Fiberglasfasern darauf. Das Epoxid färbt zwar meine Finger weiß, aber solche Reparaturarbeiten lassen mich wieder auf die Beine kommen.

In dem fast mannshohen Wald aus sauren *dulce* Pitaya-Kakteen sind alle tomatengroßen Früchte von Kaktuszaunkönigen oder Insekten ausgesaugt worden. Unser begrenzter Essensvorrat zwingt uns, wie einst die Cochimi, uns als Sammler zu betätigen. Deshalb stehe ich bei Fluthöchststand auf der wellengepeitschten Punta Colorado und werfe immer wieder die Angel in das scheinbar unergiebige Meer, während Deborah außer Reichweite der Brandungswellen sitzt und ihr Tagebuch schreibt. Aus dem Nirgendwo kommt eine völlig unerwartete Welle und wirft mich kopfüber ins Wasser, die Angel behalte ich nur deshalb, weil der Köder sich in meinen Shorts verhakt. Während ich mich, bevor die nächste Welle kommt, aus dem Wasser ziehe und mir an den Korallen die Hände und Arme aufreiße, bekommt Deborah von alldem nichts mit: Ihr Gesicht ist in den Händen vergraben, sie weint um Molly. Wenn es nichts anderes im Leben gibt, wenn der Ozean tot ist, dann haben wir zumindest einander. Vielleicht ist das der eigentliche Zweck unseres Lebens: einander zu lieben. Zur ersten gegenseitigen Hilfe laufe ich schnell zu ihr.

Wir halten uns nie auf einem Berg oder einem Meer auf, ohne seine Geschichte genau zu studieren, weil wir wissen wollen, worauf wir unsere nähere Aufmerksamkeit richten sollen. Während wir um Punta Santa Theresa herumpaddeln, sind wir hochgradig beunruhigt über die Wucht, mit der das Wasser gegen die Kiele unserer Boote schlägt und uns ins Gesicht spritzt. Wir sind nervös, weil dies die Stelle ist, an der die Outward Bound-Kajakschüler sich die ganze Nacht lang an ihre Boote geklammert haben, bis drei losließen und starben.

Wir nehmen Kurs nach Südwesten, und das Wasser beruhigt sich derart schnell, als hätte jemand den Wasserhahn in einer gefüllten Badewanne zugedreht. Fische springen himmelwärts, und, als wäre es ein einstudierter Rollenwechsel, Vögel tauchen ins Wasser ein. Ich lasse den Griff meiner am Dollbord befestigten Angelrute los, zähle bis fünf, um Leine auszulassen und halte die Rolle an, um zu verhindern, daß der Köder allzu tief eintaucht.

Kein Verkäufer in einem Angelgeschäft würde jemals eine solch dünne Angel für Hochseefischen empfehlen. Die inneren Teile meiner alten Süßwasserangel sind verrostet und notdürftig repariert. Daß sie überhaupt noch hält, verdanke ich meinen täglichen Öl- und Säuberungsaktionen. Jemand schlug mir vor, künstliche Fliegenköder zu verwenden, aber eine solche Angel zu kaufen und zu lernen, wie man sie auswirft, widerspricht meiner Einstellung, nur zum Zwecke der Nahrungsbeschaffung zu angeln. Ich habe kein Interesse daran, mit den Fischen zu spielen und sie dann wieder ins Wasser zurückzuwerfen, nachdem ich die Haken aus ihren Mäulern gezogen habe, und dies alles unter dem Schutzmantel, ein ›Sportsmann‹ zu sein. Ist ein Fisch zu groß für meine Angel, so kommt er von selbst wieder los; ist er allerdings von der richtigen Größe für ein Abendessen, dann ziehe ich ihn hinaus.

Fliegende Fische und springende Nadelfische befinden sich zu beiden Seiten unserer Kajaks. Der Nadelfisch ist teils auch deshalb mein Lieblingsfisch, weil er als nicht genießbar eingestuft wird, auch wenn sein Fleisch süß und zart ist. Außerdem ist er schwer zu fangen – piranhascharfe Zähne und Bewegungen wie von Luftakrobaten durchtrennen einfädige Leinen wie ein heißes Messer Butter schneidet, weshalb ich meinen Köder an eine 40 Zentimeter lange Stahlverstärkung gebunden habe.

Ein Nadelfisch springt auf den Köder wie eine Katze auf eine Maus und beginnt, hinter mir auf dem Wasser zu tanzen. Ich richte das Ende der Angel in Richtung Himmel und rufe Deborah um Hilfe. Leine wischt aus meinem Roller, und ich lasse ihn auf das mexikanische Festland zuschwimmen. Als der Fisch aus dem Wasser herausspringt und sich in einem Radius von einem Meter hin- und herwindet, gelingt es mir, ihn weitere drei Meter an mich heranholen. Deborah hält mein Kajak dadurch ruhig, indem sie unsere beiden Boote zusammenbindet und wir einen Katamaran bilden. Das Meer klatscht wieder stark gegen die Boote.

Der Nadelfisch windet und schüttelt sich, schießt gerade aus dem Wasser, um sich vom Köder zu befreien. Meine einzige Chance besteht darin, geduldig auszuharren und den Fisch heranzuziehen, indem ich die Angel langsam zurückziehe. Die Zahnräder stehen unter so starkem Druck, daß sich die Leine nur hereinziehen läßt, wenn sie lose ist. Ich zwinge den Fisch zum Boot, er schwimmt um uns herum, dadurch scheuert er die nasse Nylonleine gegen unsere Ruder, daß sie beinahe reißt.

Nach zwei weiteren Runden und einer zähen halben Stunde Kampfes gibt er auf. Er kommt längsseits, schnappt heftig nach Luft und reißt dabei sein Maul auf, so daß ich die unzähligen Zähne oben und unten sehe, eine mit Nadeln beschlagene Zange. Deborah entschuldigt sich, als ich mit einem scharfen Knacken des Messers das Rückgrat durchschneide und eine acht Millimeter starke Polypropylenleine durch Kiemen und Maul auf dem hinteren Teil des Decks ziehe.

Das wie Kunsteis aussehende, orangefarbene Nachmittagslicht dämmert, und die Aussichten, jetzt zu landen, sind äußerst schlecht. Während wir uns zwischen anrollenden Wellen eine felsige Bucht näher anschauen, verschätze ich mich bei der Wassertiefe und befinde mich plötzlich zwischen bedrohlich hohen Wellen. Glücklicherweise ist Deborah auf der äußeren Seite des Riffs und ruft mir wegen des drohenden Kenterns zu. Mit eingezogenem Kopf paddle ich und tauche durch den ersten Brecher hindurch, paddle dann fest in die zweite Welle hinein, die meinen Bug 60 Grad nach oben dreht, ich werfe mich nach vorne, und die Welle entläßt mich mit einem halsbrecherischen Aufklatschen in das auf sie folgende Wellental. Ich sitze immer noch aufrecht, habe Angst, daß die dritte und größte Welle die Bootsausrüstung gleichmäßig über den Meeresboden verteilen wird und halte mein Paddel fest, als die Welle über mein Gesicht rollt, den Gischtschutz fortreißt und etliche Liter Wasser ins Boot schwemmt, bevor sie mich hinter sich schleudert, nach unten reißt, wunderbarerweise aufrecht und so steif wie ein 600 Pfund schwerer Nadelfisch.

Deborah und ich sind vor Schreck wie versteinert. Ich hätte schwimmen sollen.

Außer einem dünnen Streifen Scharlachrot im Osten ist der Himmel dunkel, Meer und Luft sind pechschwarze Wände. Ohne sicheren Strand müssen wir die ganze Nacht im Boot verbringen und paddeln, weil auf die Felsen zuzusurfen Kajak und Kajakfahrer gleichermaßen gefährden würde. Wir fahren in Richtung Süden. »Kannst Du noch?«, frage ich Deborah.

Sie beschuldigt mich, zu lange gefischt zu haben, was uns erst den ganzen Ärger eingebrockt hätte.

Statt ihr recht zu geben, tröste ich sie: »Es ist schon in Ordnung. Komm, hören wir auf das Brandungsgeräusch, ob es gegen Felsen oder auf Sand klatscht.«

»Klar, als könnten wir das unterscheiden!«, antwortet sie sarkastisch.

Einige mexikanische Fischer hören uns und halten eine Laterne hoch, um uns an ihren sicheren Strand zu leiten. Ich höre dem Geräusch der Brecher zu, paddle an den Rand der Wellen und warte einige ab, bevor ich auf den Strand rausche. Im seichten Wasser setze ich das Paddel so stark und so schnell ein, wie es meine Arme und mein Rücken und mein Magen erlauben, schneller als das Wasser, so schnell wie ein Delphin. 20 Meter vor der Küste fängt mich eine andere Welle ab und hebt mein Kajak hoch, so hoch in die Luft, bis ich glaube, das Boot würde auf einem Teppich aus Luft und Wasser fliegen, ich lehne mich zurück und lausche dem Bug, wie er im Anblick der Nacht (und fünf baß erstaunter Mexikaner) Wasser und Bucht scharf durchtrennt: »VERDAA-MIIIIICH!« Die Welle hebt das Boot den ganzen Weg bis zur Flutlinie auf den Strand, ich springe hinaus, meine blutlosen Beine halten mich nicht und ich falle der Länge nach in den Sand.

Ich rufe Deborah zu, die noch draußen ist, 60 Meter von mir entfernt: »Du wirst es lieben!«

Nur Minuten später erscheint sie in ihrem durch die Luft sausenden Kajak als ein gelber Fleck am Strand, sie ist zurückgelehnt wie ein eingefrorener Aerobiclehrer und stolpert, als sie aus dem Boot steigt. Das macht gar nichts. Wir sind in Sicherheit.

Wir ziehen die Boote höher, über den Punkt hinaus, zu dem eine Sturmflut gelangen könnte. Ich umarme Deborah, aber sie stößt mich weg, weil ihr die Angst immer noch in den Knochen steckt. Auch ich spüre noch das Adrenalin pulsieren.

Dann halten wir inne, um den gefangenen Fisch zu bewundern, der uns mit klaren Augen unbewegt anstarrt und zwischen meinen Schwimmflossen und der Notwurfleine wie ein muskulöses Stück einer zähnebesetzten Pfeife liegt. Deborah weigert sich, ein Stück von ihm zu essen. Zwei Tage lang genieße ich jeden Bissen. Silbergrün glitzert er in der schwarzen Nacht und hat eine so unglaubliche Form. *Heute hat mir dieser Akrobat gezeigt, wie man auf dem Wasser tanzt,* denke ich, *und der tiefste Respekt, den ich ihm erweisen kann, ist, ihn aufzuessen.*

27 | Käfer

Stachel- und Teufelsrochen springen. Auf Felsvorsprüngen sehen wir Pelikane und Fregattenvögel, die sich mit ihren krummen Schnäbeln putzen und die hereinkommende Flut angurren. Ein Rochen springt so hoch, daß ich ihn, von einer Wolke eingerahmt, vor dem Horizont sehe, wie er mit den Flügeln schlägt und für den Bruchteil einer Sekunde die Luft anhält, bevor er wieder zurück ins Wasser fällt, mehr wie ein Stein als wie ein Vogel. Eine Schildkröte mit einem traurigen, heruntergezogenen Maul kommt in Deborahs Nähe immer wieder an die Oberfläche, ihre Augen blinken neugierig, bis sie schließlich einen Laut von sich gibt und von dannen schwimmt.

Junge Pelikane beobachten ihre ausgewachsenen Artgenossen beim Tauchen nach Fisch. Eine Höhle verstärkt das Knattern der

Richtig an Land zu kommen, ist immer wieder von neuem eine Kunst

Gürteleisvögel um das Zehnfache. Ein Costa-Kolibri mit einem grün, weiß und purpurfarben gemischten Kehlfleck flattert hinaus zu uns, umkreist uns einmal und fliegt, nachdem er sichergegangen ist, daß Deborahs Kajak keine Damianablume ist, wieder zurück an Land.

Bajacalifornios kennen Damiana als eine aromatische Blume mit fünf Blütenblättern, die in mexikanischen Apotheken üblicherweise als getrocknete, grüne Blätter verkauft werden. *Bajacalifornios* sagen, daß Tee aus Blättern der Damianablume die Potenz fördert; Gringos träufeln den Likör in ihre Margaritas, um dasselbe Resultat zu erreichen.

Rittlings auf einem Brecher taucht der Bug des Kajaks tief in das ruhige Wasser, und ich lehne mich nach hinten, um meine Wassersäge im Gleichgewicht zu halten, aber das ganze Boot gleitet vor der Welle in ruhiges Wasser und dreht sich zur Seite. Dies kommt unerwartet, aber meine Reaktionen sind ganz normal: sich zum Land hin zu lehnen und das Paddel wie ein Kanupaddel fest in die Hand nehmen, um ein Umkippen zu verhindern, und sich dann seitlich zur Küste gleiten zu lassen, zu surfen. Deborah surft hinein, *schnurkerzengerade,* während Regen die glatte Wasseroberfläche hinter ihr überzieht.

Feiner, haftender brauner Sand klebt auf unserer Haut. Strandgras wächst aus Eselsscheiße, Kaninchenkügelchen liegen überall verstreut. Unsichtbare kleine Stechmücken, *jejénes,* beißen in unsere Handgelenke und in die Schwimmhäute zwischen unseren Zehen.

Nachdem ein fünf Zentimeter langer Skorpion unter meinem Boot durchgewandert ist und seinen stachelbesetzten Schwanz wie ein Hummer erhoben hat, zieht Deborah den Nylonschutz über die Sitzöffnung ihres Kajaks – Skorpione des mexikanischen Festlands besitzen tödliches Gift, das das Nervensystem lähmt. Hier auf der Halbinsel weiß man nur von einem Menschen, der durch einen Skorpionstich starb und es für einen Wespenstich hielt. Reibt man Ammoniak (oder Urin) auf die Wunde, kann man so die toxischen Proteine des Gifts neutralisieren. Deshalb tauchen wir in unser Zelt, nehmen unsere Schuhe mit nach innen, ziehen den Reißverschluß des Zeltvorhangs gründlich zu und schwitzen lieber wie Saunabesucher. Sogar der aufhörende Regen kann uns nicht überreden, draußen zu schlafen.

Pater Baegert dürfte mit seinem scharfen Auge des Naturbeobachters der erste gewesen sein, der Skorpione »schöne kleine Tierchen« nannte. Nachdem er gebissen wurde, berichtete er, daß der Biß nur eine Schwellung und Schmerzen, die einige Stunden andauerten, hervorrief. »Die Farbe des California-Skorpions ist von einem Gelb-Grün«, schrieb er, »und einige von ihnen sind so lang wie ein Finger, wenn man den Schwanz nicht mitzählt.«

Kein Ort auf der Erde weist so viele verschiedene, nämlich 61 Skorpionarten auf, wie Baja California. In den westlichen Vereinigten Staaten gibt es 58, in Italien fünf und in Florida vier. Biologen haben hier etwas südlich von der Mitte der Halbinsel – und nicht oben im Norden – die größte Vielfalt an Skorpionen, 13 verschiedene Arten, gefunden. (Deborah bittet mich, etwas aus ihrem Boot zu holen, ich weigere mich.)

Unsere Mägen machen sich durch Knurren bemerkbar und künden die Essenszeit an. Wir ziehen den Reißverschluß auf und stürzen, als würde der Strand von Heckenschützen beschossen, nach draußen zum Wasser, wo eine Brise die ganz ähnlich hungrigen *jejénes* entmutigt.

Ich verhülle den verstopften Ofen unter einer Nylontasche, puste die an ihm haftenden Sandkörner fort, reinige ihn zehn Minuten lang mit Gas und wische dann die Öffnung und den Brenner mit meinem T-Shirt sauber. Er zündet von neuem, röhrend wie ein *panga* – deshalb hören wir das *panga*, das aus der Nachbarbucht kommt, nicht. Deborah steht unbekleidet im flachen Wasser und reinigt ihren Badeanzug vom Sand, der Fischer wendet sich, nachdem er nur kurz in unsere Richtung geschaut hat, diskret ab und blickt in Richtung Meer, so daß sich Deborah in Ruhe anziehen kann.

Deborah pickt die süßen, albatroszarten Stücke Seenadel aus ihrem Fischtaco und gibt sie mir. Motten fliegen uns ins Gesicht und leider auch in unser Essen. Krebse krabbeln zwischen den hereinkommenden Wellen hin und her und schnappen nach ihrer eigenen Mikrobennahrung.

Goldschwarz gestreifte Feldwespen machen unsere Mahlzeit noch ungemütlicher. Wir scheuchen sie fort, aber sie kommen wieder, in Unmassen wie die Samen von Pyramidenpappeln. Sie stechen genauso wie Skorpione, aber sie auf das Risiko hin, gestochen zu werden, aus der Nähe zu beobachten, zerrt doch sehr an den Nerven. »Der Mensch tötet stets die Dinge, die er liebt«, schrieb Aldo Leopold über das Delta des Colorado Rivers, »und so töteten wir, die Pioniere, die Wildnis.« Ich erschlage 23 Wespen.

Eine Gottesanbeterin von der Größe meines kleinen Fingers fliegt aus den Dünen und landet auf meinem Fuß, dort reinigt sie ihre zwei Antennen, indem sie mit einem grünen Fühler darüberfährt. Steinläuse sehen sie und huschen den Strand hinunter, sogar die Motten fliegen weg. Dann beendet die Gottesanbeterin ihre Säuberung, sieht mich mit ungewöhnlich großen Augen an und dreht ihren Kopf wie ein neugieriger Hund zur Seite. Ich scheuche sie weg.

Wieder im Zelt und sicher vor den Insekten, massiere ich Deborahs steifen Nacken. *Jejénes* bedecken wie feiner schwarzer Nebel die Außenseite des Netzes. Ich überprüfe zweimal, ob der Reißverschluß des Eingangs auch richtig verschlossen ist.

Schließlich wiegt uns, die wir auf unseren Schlafsäcken liegen, das rhythmische Geräusch der Meereswellen in den Schlaf, auf unser Haut ist ein Film aus Schweiß und Sand. Mitten in der Nacht röhrt es plötzlich laut, ich falle sofort aus meinen Träumen und schreie »NEIN, NEIN!«, mache die vordere Zeltöffnung auf und suche in der Dunkelheit nach der eingetretenen Katastrophe: Es ist ein Flugzeug im Landeanflug auf Loreto.

Im Zelt sind im Nu hungrige *jejénes* ...

28 | Mahi-mahi

Bevor wir wieder weiterpaddeln, müssen wir erst einmal den Sand aus unserer Ausstattung schütteln. Wir tauchen Zelt, Stoffsäcke, Trockentaschen, Isomatten, Schlafsäcke und unsere T-Shirts einige Male ins Wasser, aber der Sand klebt richtiggehend in den Sachen. Ich tauche in eine Welle und schüttle mich unter Wasser. Ich lasse das Wasser durch mein Haar rinnen und kratze dann mit den Fingernägeln mehrere Wochen altes Schildpatt, Haifischzähne, Muscheln, Fischbein, Austern, Fischschuppen und Venusmuscheln, die mit Gestein der Halbinsel zusammengebacken sind, von meiner Haut.

Eine Stunde später haben wir immer noch Sandkörner im Mund, die wir auszuspucken versuchen. Fregattenvögel stoßen auf brütende Möwen herab, ich verstaue das Paddel im Kajak und halte mir die Ohren zu, um das Kreischen nicht mehr zu hören.

Ein großer Schwertfisch, der erste, den wir auf unserer Reise sehen, springt hoch und jagt hinter unserem Bug nach Beute. Seine große Rückenfinne gibt während seiner Sprünge ein Surren im Wind von sich und blitzt grün und blau auf.

Einen 20 bis 50 Pfund schweren Schwertfisch, den man auch

Dorade oder *mahi-mahi* nennt, an meiner Angel zu halten, wäre, als hätte Kapitän Ahab versucht, Moby Dick mit einer Harpune zu erlegen. Außerdem könnten wir solche Mengen an Fisch gar nicht aufbewahren, ein Teil davon würde schlecht werden. Laut Ray Cannons Zusammenfassungen über den ›Weißen Wal‹ in seinem Buch *Sea of Cortez*, ist der Versuch, einen Schwertfisch von einem Kajak aus zu fangen, vergeblich; die meisten Doraden werden von Powerbooten mit auf Hochtouren laufenden Motoren aus gefangen, die Köder auswerfen und mit einer Geschwindigkeit von bis zu 65 Kilometern pro Stunde in die entgegengesetzte Richtung fahren.

Cannon schrieb:

Würde man mich fragen, was das erstaunlichste Ereignis war, das mir in der Cortéssee widerfuhr, ... würde ich antworten: der Schwarm von ungefähr 100 Schwertfischen, die wie ein Regenbogen gleichzeitig aus dem Wasser sprangen und einen 50 Meter weiten Sprung vollführten ...

Für den grenzenlosen Hunger des Schwertfischs scheint es keine Grenze, keine Befriedigung zu geben. Ich habe sie großen Haien und Knochenhechten nur um Haaresbreite Köder wegschnappen sehen. Beim ersten Anblick eines durch das Wasser gezogenen Köders schwimmt dieses gefräßige Tier, ähnlich wie die Seenadel, aus weiter Entfernung schnell heran, vollführt Sprünge in die Luft oder reißt 30 Meter lang die Wasseroberfläche auf, um als erster den Bissen zu schnappen. Einmal am Angelhaken, springt es bis zu fünf Meter hoch. Ich kenne kein anderes 50 bis 70 Pfund schweres Meereslebewesen, das die Angelrute eineinhalb Stunden lang in der Form eines Fragezeichens [halten] kann.

Cannons Anglermärchen setzten sich in der Phantasie zahlloser Gringo-Fischer fest. Loreto entwickelte sich zur Ausgangsbasis für Schwertfischausfahrten. *Sports Illustrated, Outdoor Life* und *Western Outdoor News* propagierten bis zu den späten achtziger Jahren das Doradenfischen.

Meine Schulter ist immer noch empfindlich. Jedesmal wenn ich noch so behutsam das Paddel eintauche, bilde ich Wörter und forme Sätze, damit die Zeit vergeht und ich von der Belastung abgelenkt werde. Während ich das Kajak über die Steine ziehe, auf die die Brandung laut gischt, denke ich über den Eintrag für mein Tagebuch statt über das Kajak nach, über das sich eine 80 Liter-Welle ergießt, die meinen Sitz mit sich reißt.

Wasser läuft warm über meine Hände. In diesem dunklen Fenster aus Wasser, das nur von dem Sirupglanz des wächsernen Mondes aufgehellt wird, lauert überirdische Gefahr – fertig aufgezogen für irgendein lederhäutiges Wesen aus alten Zeiten, das aus der Tiefe nach oben kommt und die Stille mit dem Klatschen der Flossen und dem Krachen der Zähne gegen Fiberglas zerreißt. Ich fühle mich wie ein Kind im Dunkeln unter dem Bett. Deborah kann in mir besser lesen als ich selber: Sie summt diese berüchtigte Baßmelodie aus dem Kinofilm *Der Weiße Hai*. Ich frage mich, ob es eine Verbindung zwischen der Liebe zu ihr und der Forderung, niemals Schwäche zu zeigen, gibt. Vermutlich verdiene ich es so.

Wo ist die Sonne? Ich schaue noch einmal auf die Uhr, und die Zeiger stehen immer noch auf sechs Uhr, aber ich sehe die Weckfunktion statt der richtigen Uhrzeit: Es ist neun nach drei Uhr morgens. Ich sage es Deborah, aber es macht ihr nichts aus, denn sie genießt den seltsamen Kitzel, zum erstenmal nachts zu paddeln.

Die Küste könnte eineinhalb Kilometer oder auch nur wenige Meter entfernt sein. Ich halte nur wenig Abstand, um den Rhythmus der Brandung in meinem rechten Ohr zu haben. Eine Welle wirft mein Kajak ans Ufer, und ich streife den Sand mit meinen Händen ab und fahre wieder hinaus. Ohne jede Sicht verlasse ich mich völlig auf mein inneres Gefühl, überprüfe einige Male die Wassertemperatur mit meinen Fingern, halte meine Nase in die salzhaltige Luft, als ob irgendeine Nachricht jenseits des Mondlichts läge, und zucke jedesmal zusammen, wenn ein Fisch in meinem Rücken klatschende Geräusche macht. Mein Leben zieht wie ein Spielfilm an meinem inneren Auge vorbei und füllt die Leere, die die Dunkelheit schafft: Nachdem der große weiße Hai aus meiner Phantasie weggeschwommen ist, sehe ich unseren Hund vor mir: die Schnauze trocken, wegen seiner Arthritis hüpfend und von Schmerzen geplagt. Es wird mir sonnenklar, daß Mollys Tod Deborah und mich einander näher zusammenrücken läßt. Da Molly gestorben ist, haben wir nur noch uns beide.

Ich zittere, habe Gänsehaut. Ich muß von diesem kalten Meer wegkommen – ich weiß auch, daß es größtenteils Gefühle sind, die mit mir durchgehen und nächtliche Vorspiegelungen sind, aber über der namenlosen Friedhofstiefe des Wassers kann ich mich nicht mehr meinen Ängsten stellen. Ich sage Deborah, daß die Strömung uns vielleicht aufs offene Meer hinaustragen wird, und in meiner Stimme hört sie sofort die Paranoia. Ich muß es nicht extra aussprechen. Wir steuern auf die Vororte von Loreto zu, legen uns mit ausgestreckten Armen auf den Strand und warten auf den Sonnenaufgang.

29 | Nach den Jesuiten

Im Jahr 1809 legte Juan Obrigón, ein rothaariger Mestize, 2300 Kilometer von San José nach San Francisco zu Fuß zurück, um zu sehen, wie es nach dem Rückzug der Jesuiten in seiner Heimat aussah. Obwohl das Scharlachmeer immer noch urwüchsig und unerschlossen war, wollten er und seine Begleiter den letzten der Indianerstämme besuchen, so wie wir das Meer.

In seiner Biographie *Journey of the Flame* [Reise einer Flamme] bemerkt Obrigón mit trockenem Humor, die Jesuiten »… hätten sich gefühlt, als hätte Gott sie gerufen, um die Seelen von Millionen von Indianern zu retten, die nicht von der Existenz ihrer Seelen wußten, und sich höflich weigerten, sich Seelen aufzwingen zu lassen.« Obrigón wurde in der Nähe von San José geboren. Sein Vater war ein irischer Matrose, der von Bord floh, mit Obrigóns hellhäutiger Mestizenmutter ins Bett ging und postwendend Baja California verließ.

Elf Jahre später wanderte der frühreife Rotschopf nach Norden auf einem Pfad, den Indianer und Soldaten sorgfältig der Wildnis abgerungen hatten (die gepflasterten Überreste sind deutlich vom Meer aus zu sehen, der Pfad schlängelt sich über Klippen und durchfurcht Sandbänke). Diese ›Königsstraße‹ verband die Nord- und Südmission Loretos mit allen anderen Missionpueblos auf der Halbinsel. 1730 schrieb ein spanischer Wanderer, daß »im Laufe von 34 Jahren mehr Arbeitskraft auf das Anlegen von Straßen ... verwendet wurde als zwei Jahrhunderte lang in ganz Neu-Spanien seit Beginn der Conquista.«

Dieser Weg wurde im selben Maße für Obrigóns Erzählungen zum erzählerischen Faden, wie dies die Cortéssee für unsere eigene Reise ist. Auf seiner Reise beschreibt Obrigón die Indianer außerhalb von Loreto:

Zu mir kam ... ein Indianer, der mir in seiner Sprache zuflüsterte: »*Einer Ihrer Männer hat gerade einen Schluckauf [gerülpst]*«*, und während ich mein Lachen unterdrückte, denn dies ist eine schlimme Beleidigung und unterbricht allen Nachrichtenfluß von den Eingeborenen, wiederholte er:* »*Er hat Schluckauf.*«
»*Er hat zuviel gegessen*«*, antwortete ich, denn dieser Mann war ein bekannter Vielfraß.*
»*Es ist also nicht ›Die Krankheit‹?*«*, fragte er erleichtert.*

Pater Baegart erwähnt Indianer mit »Ausstößen solch gewaltigen Charakters, daß der Lärm Donner ähnelte und noch in einem Abstand von 40 und mehr Schritten gehört werden konnte«. Das Rülpsen (Attacken der Ruhrkrankheit) dauerte mehrere Minuten und führte bei den Indianern zum Tod. Antonio Blanco, Obrigóns spanischer Biograph schrieb: »*In Wahrheit hatten die Eingeborenen Grund für ihre Furcht, da sie gegen diese Krankheiten, die uns Spaniern kaum etwas ausmachten, keine Widerstandskräfte entwickelten ... [Nie]mand weiß, wieso Indianer so leicht sterben.*«

In Loreto rühmt Obrigón »die besten Mandarinorangen der Welt« wie auch Oliven und Perlen. Er beschreibt, wie Millionen von Heuschrecken über die Felder der Missionare herfallen –

eine rätselhafte Geisel, die, wie Obrigón behauptet, im Gefolge der abziehenden Jesuiten verschwand. Er beschreibt Indianer, die verhungerten, als die Franziskaner (die auf die Jesuiten folgten), mit Satteltaschen voller Nahrung nach Norden ritten und sich weigerten, die Heiden zu nähren. Und er beschreibt das Verbot, Weizen anzubauen, das Spanien erließ, »damit der spanische Handel keinen Schaden nehme, doch hierdurch lernte jedermann in California, Spanien zu hassen.«

Obrigón zeigt auf, daß die Spanier 1771 in Loreto das erste Mädcheninternat auf nordamerikanischem Boden gründeten, in dem 600 Indianerinnen wohnten. Die Mädchen lernten zu kochen, den Hausputz und Kleider zu tragen. Einige Jahre später schloß die Schule aus unbekanntem Grund, und die Mädchen »entließ man, um ohne Kleider herumzulaufen, Käfer zu essen und sommers wie winters im Freien ohne Dach zu wohnen.«

Obrigón zählte in Loretos Bibliothek 500 Bücher, »aber in Loreto lebten 400 Seelen«, und nur eine Handvoll der Einwohner war des Lesens überhaupt mächtig. Er war Analphabet, aber schloß von den Abbildungen in den Büchern – »Heilige, die ihr Leben auf die verschiedensten grausamen Arten aushauchten, die anzuwenden sich unsere Indianer schämten« – auf ihren Inhalt.

Und von der »reich dekorierten« Kirche in Loreto konnte er nur annehmen, daß der Platz gepflastert war, weil Schweine nicht auf Stein schliefen, und Salvatierra, der Gründer der Mission, sie auf dem Weg zur Messe nicht wegzuscheuchen wünschte.

Der Anfang des 19. Jahrhunderts, sagt Obrigón, war eine Zeit, in der »menschliches Leben nicht viel wert war«. Mit seiner Abstammung von Indianern, Spaniern und Iren war Obrigón der erste Schriftsteller Mexikos, der die Überreste seiner geliebten Halbinsel als Chronist sichtete. Nachdem 80 Jahre nach Obrigóns Reise der letzte Indianer an verschiedenen Krankheiten gestorben war, schloß sein Biograph, daß »die Zivilisation in Süd-Kalifornien für sich selber spricht.«

In Loreto mühen und schleppen wir uns mit neun Tüten voller Lebensmittel ab. Die Lautstärke mexikanischer Musik, die aus vorbeifahrenden Autos drängt, läßt Fensterscheiben und Palmblätter erzittern. Lautsprecher auf dem Dach eines verbeulten Pinto preisen einen neuen Wahlkandidaten so laut an, daß wir die Tüten fallen lassen und uns, während der Wagen vorbeifährt, die Ohren zuhalten. Die Leute in den Häusern zur Straße drehen zur Lärmabwehr ihre Fernsehapparate lauter.

Die erste Mission in Baja California, die Salvatierra vor 296 Jahren gegründet hatte, wurde im Jahr 1704 auf der heutigen Stelle neu errichtet. Nachdem ein *chubasco* den Großteil Loretos 1829 verwüstet, aber die Kirche verschont hatte, wurde der Verwaltungssitz nach La Paz verlegt. Der Kirchhof wurde neu gepflastert, obwohl er eher einem Gefängnis als einer Kirche ähnelt. In den höchsten Turm wurde eine Uhr eingebaut. Das Läuten der alten Kirchglocke, ohne Verbindung zum Uhrstand oder irgendeinem religiösen Ereignis, übertont fast den Pinto, der in die nächste Straße abbiegt.

Auf demselben Hof, auf dem Pater Salvatierra vor den Heiden predigte – und Pitaya-Festlichkeiten und liederliches Verhalten verdammte –, lutschen Teenager aus Loreto Kirscheis am Stiel und rufen Freunden über den Platz zu, zu ihnen hinüberzukommen.

30 | Grün werden

Als wir uns im Kajak von Loreto entfernen, schilt mich Deborah: »Glaubst Du wirklich, ich weiß nicht, daß das Wetter schlecht ist und daß Du mich warnen mußt?« Ich entschuldige mich und sage ihr, daß ich nur laut denke. Den ganzen Morgen über bleibt sie in der Defensive. *Wie viele Jahre sind Mann und Frau schon auf dieser Erde, überlege ich, und wir versuchen immer noch, herauszufinden, wie wir uns gegenseitig verstehen können?* Nach ein paar Kilometern unter bedecktem Himmel und bei aufgewühlter See halten wir an und bauen das Zelt auf.

Die bizarren Felsen wie hier bei San Juanico gehören zu den unvergeßlichen Erlebnissen der Cortéssee

Pfenniggroße Regentropfen beruhigen das salzige Meer. Wir steuern Isla Danzante an, benannt nach den tanzenden Indianern, die im 17. Jahrhundert den Perlensucher Francisco de Ortega begrüßten. Während der Regen nachläßt, wird der Wellengang stärker. Niedrighängende schwarze Wolken berühren die grünen Bergspitzen des Festlands wie Schichten vorbeitreibenden Spanischen Mooses.

Während die Regentropfen wieder auf die Erde klatschen, wird der Ozean so schwarz und eben wie ein Schmiedeamboß. Ich ziehe einen Regenmantel an. Als ich zu schwitzen anfange, ziehe ich ihn wieder aus und neige mich nach hinten, um mit dem Mund dicke Regentropfen aufzufangen. Ein brauner Wolkenvorhang schiebt sich vor die Sonne. Isla Danzante und Isla Carmen tauchen vor uns auf, sonnenverbrannt, was uns eine Vorstellung davon gibt, wie die Inseln bei schönem Wetter sein mögen.

Es regnet und regnet. Zufrieden paddeln wir durch ruhiggewordene Gewässer, weil der Regen uns dieses eine Mal abkühlt und eine mystische Dimension hinzufügt: Die Bergspitzen der Inseln sehen aus, als seien sie nicht von dieser Welt, sondern die rot überzogenen Erhebungen des Mars, was uns das erhebende Gefühl verleiht, auf einem Meer aus Wolken zu paddeln. Nachts vermeiden wir flutartig überschwemmte Canyons und fangen das Regenwasser in Tassen und Töpfen auf, die wir an die Ecken des Zeltes stellen. Die Halbinsel scheint grün anzuschwellen, Blumen sind über sie verstreut, eine große Pelzkrause unterhalb des Gesichts des Meeres.

Ich finde eine weiße, langbeinige Spinne, die auf dem Bug meines Kajaks gestrandet ist. Ich paddle zurück zu unserem alten Lagerplatz, lasse die Spinne auf meine Handfläche laufen, springe dann hinaus und benutze einen Fischhakenkaktus als Halteseil.

Der Regen macht es möglich, daß wir 60 Zentimeter Abstand zu dem normalerweise aufgewühlten Wasser vor den Klippen halten können. Wir treiben an schlafenden Seelöwen vorbei sowie an einem Regenbogen bunter Fische, die über die Riffe schwärmen.

Der Regen tut uns gut. In den letzten sechs Wochen kamen wir uns so ausgedörrt vor wie die Wüstenstriche, an denen wir vorbeikamen. Jetzt, während nachts der Regen gegen die Zeltwände prasselt und tagsüber die Wasseroberfläche sprenkelt, fühle ich mich wie erleichtert. Wie ein Gefäß, das nur die Baja California füllen kann: Durch Meer und Wüste, Kultur und Wildnis.

Schließlich reißt am 8. November der Himmel zum erstenmal seit Wochen wieder auf. Fischer werfen auf hoher See von ihren *pangas* Netze aus, ihre Oberkörper sind von der Bewegung heißer Luft und Wellen benebelt, als liefen sie über Wasser.

Wir fahren in eine kleine, geschützte Bucht, die 16 Kilometer südlich von Punta Candeleros liegt. Irgendwie sind die Strände hier gepflegter als jene nördlich des Mittleren Riffs. Ich gehe an verbranntem Treibholz vorbei, an ausgebleichten Seeigeln ohne Rückgrat, einem Krug mit einer Maxwell-House-Aufschrift (der Deckel ist auch da), Hummerrückenpanzern, dem Verschluß einer Öldose, einer Sandale, einer Dose Negro Modela, purpurgrünen Algen, Austernschalen, noch einem Glastopf mit Deckel und Kuhfladen.

Ein Schwarm wirr durcheinanderfliegender gelber Schmetterlinge schwebt von einer Klippe herunter und fliegt wie eine Safranwolke über unsere Köpfe hinweg. Frische Kojotenspuren ziehen sich über die Küste. Im Sand sind Dutzende zentimetertiefer, mit Mustern versehener kleiner Krater – eine Wolfsspinne wartet daneben auf Insekten, die hinein stolpern.

Deborah hebt eine fünf Zentimeter lange Winkerkrabbe hoch, und Auge in Auge sehen Homo sapiens und Krustentier das Weiße im Auge des Anderen.

Ich gehe die Hügel hinauf. Was vom Meer aus wie eine gut bewässerte Wiese aussieht, ist nur ein dorniger grüner Anfall auf sandigem Geröll. Ich kauere mich hin, damit sich das Land auf meiner Haut abdrückt. Die üblicherweise blätterlose *Palo adán*-Pflanze trägt Blätter, die die Feuchtigkeit vor wenigen Tagen hervorrief; Cholla- und Pitaya-Kakteen, letztere nennt man auch Orgelpfeifen, überziehen ein ausgetrocknetes Flußbett mit frischem Grün. Ich lasse meinen Blick über diese Dornenlandschaft zum Meer hin schweifen, Fregattenvögel, Pelikane und Seemöwen gleiten über die türkisfarbene Wasseroberfläche und lassen sich darauf hinabfallen, so wie die *jejénes*, die meine Haut bearbeiten. Der Gegensatz von kaktusübersätem Vordergrund und hellem Ozean blendet mich beinahe. Ich weiß, daß das Land reicher ist, als es den Anschein hat, und daß das Meer zur Hälfte aus Salz besteht, aber während ich die Insektenbisse, die meine Haut überziehen, aufkratze und ein Cholla-Rückgrat herausziehe, lockt das Meer wie eine Oase.

An den Bauten der Wolfsspinne laufe ich vorbei und den Hügel hinunter, vorbei an einer Bullenschlange, die sich so flach wie eine Klapperschlange auf den Boden zusammenrollt, vorbei an einem kleinen Dornengebüsch und vorbei an einem alten Reifen. Ich reiße mir die Hose vom Leib, atme tief ein und tauche ins Wasser ein.

Hier, in der vom Wasser gedämpften Brandung, die sich wie reines weißes Rauschen anhört, herrscht beinahe so etwas ähnliches wie Reinkarnation vor. Unter der Meeresoberfläche ist dieses unklare, flüssige Universum so vertraut, so überwältigend, daß, wären meine Ahnen nicht aus dem Meer an Land gekrochen, ich mein nächstes Leben sicherlich in dieser embryonenhaften Umarmung finden werde. Meine Haut wird zu Schuppen, meine Arme Flossen, und meine Lungen werden zu Kiemen.

Für heute muß ich mich vom Boden abstoßen und wieder auftauchen. Ich muß mich dazu zwingen, nicht meinen Mund zu öffnen und Wasser in mich hineinlaufen zu lassen.

31 | Wir spielen Fisch

Wir streifen Flossen, Schnorchel und Tauchermaske über. Jetzt, wo wir uns südlich der turbulenten Gezeiten und der Gesteinsablagerungen des nördlichen Teils des Golfs befinden, können wir die Welt unter Wasser erforschen.

Das Wasser hat ungefähr 27 °C, etwas kühler als die Temperaturen bei San Felipe und 10 °C kälter als das Wasser in unseren eigenen Körpern. Schwimmt man nur kurz umher, ist es durchaus erfrischend. Ist man allerdings zu lang im Wasser, dann beginnt die Körpertemperatur abzusinken, die Finger kribbeln, und das Herz stampft bald wie eine Druckerpresse, die eine Sonderausgabe herausschleudern muß.

Ich tauche drei Meter tief. Von dort unten ist das Meer oben perlweiß, bewegt und durchsichtig, es bedeckt den Alabasterkörper des Tages. Als sähe man aus dem Ende eines gewaltigen, dunklen Tunnels heraus.

Ich tauche wieder auf und puste wie ein an die Oberfläche kommender Vaquita Wasser aus dem Schnorchel, nehme einen tiefen Atemzug von der nach Plastik schmeckenden Luft.

Das Klacken unsichtbarer Garnelen dringt an unsere Ohren, als seien es Unterwasser-Kastagnetten. Ich kitzle eine Venusmuschel, damit sie sich öffnet, aber sie geht nicht auf. Ein schwarzer Schatten, so groß wie meine Brust, zieht sich schnell unter ein zehn Meter entferntes Riff zurück.

Deborah zittert vor Kälte, deshalb folge ich ihr ans Ufer. Während sie den Strand entlangjoggt, lange ich in das Gepäck im Bug und ziehe zwei Fiberglasstäbe heraus. Das vordere Ende weist drei scharfe Metallzacken auf, und der Fuß hat eine chirurgische Röhrenverbindung, die mit meinem Handgelenk verbunden ist und als Antrieb dient. Ich schraube die jeweils ein Meter langen Teile zusammen und wate zurück, ziehe meine Maske herunter und gleite zurück, als sei ich Neptun, der von neuem seinen Thron besteigt.

Diesmal verhalten sich die Fische schon ängstlicher. Ob dies mit meiner Geschwindigkeit zusammenhängt – ich schwimme so schnell wie ein Raubfisch – oder mit dem langen gelben Speer in meiner Hand oder meinem erhöhten Herzschlag, weiß ich nicht.

Gaffschwänzige Kalifornische Makrelen schwirren fort, ich schieße und verpasse sie um ein ganzes Stück. Seebarsche gleiten vorsichtig den Boden entlang und verstecken sich hinter Felsbrocken, sie scheinen meine Wünsche zu kennen. Drei schwarze Schlankfische sehe ich, die sich geziert wie Edelfräulein auf der Stelle bewegen, ihre seidenzarten Flossen berühren meinen Arm: sie sind viel zu zart, als daß ich sie mit der Harpune erlegen könnte.

Dort, wo das Riff abfällt, zischt etwas Dunkles vorbei, etwas, das mir so unproportioniert erscheint wie umgekehrt ich einem Kugelfisch. Ich schaue aufmerksam in Richtung Meer und bereite mich darauf vor, daß es auf mich zukommt. Vermutlich war es nur ein vorbeigleitender Hammerhai, ein dummer Teufelsrochen oder ein mannsgroßer Barsch, der sah, wie ich seine Beute zu erlegen versuche. Ich konzentriere mich auf die Jagd, um meine Zweifel zu zerstreuen, und sage mir, daß Hammerhaie, Rochen oder Barsche keine Schnorchler angreifen. *Oder etwa doch?*

Ich schieße auf drei weitere Seebarsche. Ich lockere meinen Griff auf halber Höhe der Harpune, und die Elastizität der chirurgischen Röhre an meinem Handgelenk stößt die Harpunen wie eine fauchende Rakete heraus; die Seebarsche flitzen in Löcher, und das metallische Auftreffen der Harpune gegen das Felsenriff zeigt jeden Fehlschuß an.

Kugelfische hängen wie Heißluftballons unter Wasser, ignorieren jeden Räuber, der hungrig genug ist, in sie zu beißen und sich von giftigen Stacheln stechen zu lassen. Ich überlege noch einmal, ob ich auf die Schlankfische anlegen soll, die mit ihren hauchzarten Flossen über meine Tauchermaske streifen, aber einen von ihnen zu erlegen, wäre so, als tötete man eine Turteltaube zu Füßen der Person, die sie gerade fütterte.

Mein ganzer Körper zittert, ich lege meine Arme um mich und beiße mir auf die Lippen.

Ich schieße schließlich auf einen gefleckten Sandbarsch, der, auf dem Hintergrund des Riffs fast unsichtbar, unter meinen

Flossen entlangschwimmt und sich durch seine Farbanpassung sicher fühlt, bis meine Harpune seinen Schwanz durchbohrt. Ich schwimme zurück ans Ufer, meine Arme und Beine zittern vor Kälte, als plötzlich ein Muränenaal, ein riesiges braunes Maul, irgendwo herausschießt, sich um meine Harpune schlängelt und mit gelben tropfenförmigen Augen in meine Maske starrt, dann abrupt wieder in eine dunkle Grotte zurückgleitet und den blutenden und sich windenden Seebarsch verschont.

Ich richte die Harpunierstange in meine Schwimmrichtung auf die Küste zu, so daß das Moment der Bewegung den Fisch gut auf den Haken hält. Ich frage mich, während ich an den Schlankfischen, die diesmal zuvorkommenderweise auseinanderschwimmen, an zeppelinförmigen Kugelfischen mit O-förmigen Mäulern und an einem silbernen Schwarm Kalifornischer Makrelen vorbeischwimme, ob der Barsch Schmerzen fühlt.

Im flachen Wasser stehe ich auf, halte den 30 Zentimeter langen Barsch in einer Hand und ziehe die Harpune aus ihm. Der Fisch windet sich und sticht mit einer scharfen Flosse in meinen Daumen, sodaß ich ihn vor Schmerz aus der Hand fallen lasse.

Drei Stunden im Wasser ohne Taucheranzug sind mehr als genug. Ein Brüllen füllt meinen Kopf, und ich kann nicht hören, was Deborah sagt, als sie mir eine Tasse mit Tee reicht, die ich nicht an die Lippen führe, weil das Getränk zu heiß ist. Ich rücke näher an den Ofen, und sie reibt mit einem schmutzigen T-Shirt meine mit Gänsehaut überzogenen Beine trocken. Ein Jet fliegt über unsere Köpfe, der wie ein Vogel vor der untergehenden Sonne aussieht. Geräuschlos kommt er näher, und ich zwinkere mit den Augen, nur um dann zu sehen, daß es ein Fregattenvogel ist. Deborah zwingt mich, den Tee zu trinken. Meine Fingerspitzen fühlen sich auf dem Rand der Tasse wie glühende Kohlen an, ich setze die Tasse ab und gebe es auf. Ich reibe Arme und Beine und versuche, meine normale Körpertemperatur zu erreichen und denke trotz einer trüben Kopfschmerzen-Wolke: *Meine Körpertemperatur ist der eines Fisches weitaus näher als der eines Menschen.* Ich bitte Deborah, daß sie mir die Flossen von den Füßen zieht.

32 | Verzauberte Vagabunden

Über der Bucht von San Evaristo bläst ein starker Nordwind. Drei Segelboote bewegen sich unruhig an ihren Ankerplätzen wie Windhunde, die darauf warten, von der Leine genommen zu werden. Marie und Eran Katz laden uns auf ihre 13 Meter lange Yacht *Shulamite* ein, es werden frisch gepreßte *limonada* und Weizenkleiekekse gereicht.

Die anderen Yachtbesitzer stoßen mit Cocktailgläsern an, und von ihren Booten aus Teakholz dringt laute Musik aus Stereoanlagen, an den Masten sind salatschüsselgroße Satellitenschüsseln befestigt. Die *Shulamite* mit ihrem Kiel aus Zement, Rostflecken und ihrer genügsamen Ausstattung wirkt unter ihnen wie ein Arbeiterklasseboot, das Deborah und ich den anderen vorziehen.

Die 28jährige Marie stammt aus Vancouver. Eran, der kaum wie 20 aussieht, ist 29 und ein ehemaliger Panzerkommandeur aus Israel. Während Eran seinen zwei Jahre alten Sohn Jordan auf den Knien schaukelt, grinst er so breit, daß er noch ein, zwei Jahre jünger aussieht.

Die beiden leben schon seit mehreren Jahren auf der *Shulamite*. Wegen der Ähnlichkeit unserer Unternehmungen kommen wir leicht miteinander ins Gespräch, aber während wir nur zwei Monate unterwegs sind, haben Eran und Marie das ganze letzte Jahr in der Cortéssee verbracht.

Das Verzeichnis moderner Meeresabenteurer in Mexiko ist knapp, aber die Katz stehen in einer langen Reihe von Vagabunden. Im Oktober 1933 paddelten Ginger und Dana Lamb in einer fünf Meter langen Segelboot-Kajak-Kanu-Kreuzung mit dem Namen *Vagabunda* aus dem Hafen von San Diego. Über diese Reise schrieb Dana Lamb ein Buch, das den Titel *Enchanted Vagabonds* [Verzauberte Vagabunden] trägt. In den ersten zwei Wochen hatten sie angeblich die mexikanische und die amerikanische Marine ausgetrickst, als sie mit illegalen Rumschmugglern zusammenwaren und während der Prohibition Alkohol in die Vereinigten Staaten brachten. Nachdem sie weiter nach Süden gepaddelt waren, schrieb Dana, daß seine »Hände und Handgelenke« von einem »riesigen«, tollwütigen »Kojoten zerfetzt« wurden; Ginger bewahrte ihren Mann vor der Tollwut, indem sie seine Hände in einen siedend heißen Topf mit jodversetztem Wasser tauchte.

Später riß angeblich ihr Seil, während sie sich in einen alten Vulkankrater hinabließen. Sie krochen einen ganzen Nachmittag in der Dunkelheit herum, bevor sie durch eine Spalte entkommen konnten.

In der Scammons-Lagune tauchte, so erzählten sie es wenigstens, ein Wal neben ihrem Boot auf und hob sie in die Luft. Dana schrieb:

Ich denke, daß wir nur ein unwichtiger kleiner Krebs für den Wal waren, aber er erschien uns wie die Queen Mary! *Dann ging das Kanu in Gleitflug über und klatschte mit aller Kraft auf das Wasser. Der große Schwanz des Wals – er schien sechs Meter breit – schwebte über uns ... und kam dann hinunter. Das Kanu sprang hoch in die Luft, und wir wurden in den Kanal katapultiert.*

Verzauberte Vagabunden starrt vor Haianekdoten. Haie jagten Ginger in einem Strudel vor sich her. Dana rettete sie, indem er den Mast ihres Boots abbrach, so daß sie an ihm zurück ins Boot klettern konnte. Einige Wochen später schrie Dana einen Hai an, der um ihr Boot schwamm: »Er versucht, uns umzuwerfen, um ein gutes Mittagessen zu haben!« Und während sie vor einer Insel in der Cortéssee ankerten, spießte Dana »große« Haie auf, bis das Wasser zum »Schlachtfeld« wurde und »aussah wie ein Feuerwerk« aus leuchtendem Phosphor, während die Haie sich gegenseitig anfielen und auffraßen und in den Kiel der *Vagabunda* bissen.

Eran und Marie fingen einmal mit ihrer Angel einen eineinhalb Meter langen Blauhai. Der einzige »Horror«, den sie beschrieben, war die Aussicht, mit dem gefangenen Hai nichts anfangen zu können. Da er Erans letzten Fischköder geschluckt hatte, zogen sie ihn an Bord, statt die Leine durchzuschneiden, und töteten ihn. Sie zogen den Köder heraus, säbelten einige Steaks ab und fanden eine hungrige Familie, so daß der Hai nicht umsonst gestorben war.

Die Katz laden uns zu einem Segeltörn ein. Nach dem Lichten des Ankers, der sich tief in den Sand eingegraben hatte, weht uns der Wind nach Südosten. Eran schlägt denselben Kurs ein wie die spanischen Schiffe im Jahr 1734, die dem Jesuitenpater Taraval, der mit Fabian auf Isla Espíritu Santo eingekesselt war, zu Hilfe eilten.

Die Katz beurteilen die hiesige Kultur genauso wie die spanischen Eroberer der Renaissance. Marie und Eran fühlen sich von Mexikanern belästigt, die Seite an Seite mit der *Shulamite* in *pangas* mit Außenbordmotoren über das Meer röhren und, wie Marie schildert, »versuchen, uns Zigaretten oder Käse zu verkaufen und uns rüde nach kaltem Wasser fragen, obwohl wir keinen Kühlschrank haben.«

Marie und Eran erwähnen einen Mangel an Eigeninitiative in der Kultur Mexikos, an Neugierde und eine generelle Unhöflichkeit. »Weißt Du«, sagt Eran in seinem gepflegten Englisch, »wir glauben, daß die meisten Mexikaner ehrlich sind, aber sie sind völlig unwillens, ihr Leben zu verbessern, indem sie bestimmte Sachen verbessern.«

»Was für Sachen denn?«

»Weißt Du, beispielsweise Dattelpalmen zu pflanzen, Gemüse anzubauen und ihre Dörfer sauber zu halten«, sagt Eran.

Ich wende ein, daß Mexikos fatalistische Kultur die Barriere zwischen uns und ihnen ist und daß die wahrgenommene Unhöflichkeit vermutlich dem Unterschied an Vermögen zuzuschreiben ist, der einen *panga pescador* von einem Yachtbesitzer trennt. »Das weiß ich, weil die Mexikaner uns ärmere Leute in unseren Kajaks nicht belästigen«, sage ich.

Eran und Marie schütteln mit dem Kopf. Marie antwortet: »Mexikaner sind einfach dumm und nicht bereit, so wie Menschen aus anderen Ländern, wie in Peru oder in der Türkei, Fragen zu stellen.«

Nach einigen Jahren, die die Katz in Amerika verbracht hatten, sind sie völlig entgeistert darüber, »wie dumm die meisten Amerikaner sind.« Es sind Kleinigkeiten, die Eran und Marie aufregen, wie zum Beispiel Leute, die nicht wissen, wie ihre eigenen Autos funktionieren. Die zwei glauben, daß jemand, um überhaupt einen Beitrag zu dieser Welt zu leisten, die Grundkonzepte verstehen muß.

»Van Gogh war vielleicht ein verkappter Idiot«, werfe ich ein, »aber schaut euch die Schönheit an, die er der Welt in seinen Gemälden hinterlassen hat.«

Keine Antwort. Marie hält immer noch ihre Sichtweise aufrecht: »Die meisten Amerikaner sind geographisch so uninformiert, daß sie nicht einmal wissen, wo Libyen liegt.«

400 Meter von uns entfernt taucht ein Wal wie ein Atoll aus Gummi auf, dann noch einmal. Ein Marlin springt auf der Jagd nach Beute aus dem Wasser.

Marie testet mich: »Weißt Du, wo Libyen liegt?«

»Klar«, antworte ich ironisch, »irgendwo in Asien.«

Unsere Vagabunden-Ahnen, Dana und Ginger, unternahmen drei Versuche, die Cortéssee zu überqueren. Beim erstenmal schlugen sie einen Parallelkurs zu dem unsrigen ein, wurden aber von einem *chubasco* gestoppt. Sie paddelten weiter zur Leeseite einer Insel und beobachteten »Berge aus Wasser, die ein mit 150 Stundenkilometer hinweggrasender Sturm vor sich herschob ...«

Dana beklagte sich nur über die Kochkünste seiner Frau: »die harte und lederartige Tortilla, die notwendigerweise unser einziges Brot war, wurde mit der Zeit eine Spur monoton.« Das Adjektiv ›lederartig‹ ist noch zweimal betont; Ginger buk einen ganzen Stapel dieser Tortillas für ihren nächsten Überquerungsversuch. Nachdem sie den ganzen Tag gesegelt waren, stießen sie mit einem treibenden Baumstamm zusammen, der ein fünf Zentimeter großes Loch in den Leinenkiel ihres Kanus riß (den Haie nur gestreift hatten). Sie konnten hören, wie das Wasser in ihr Boot ›gurgelte‹. Dana schrieb:

Wir hatten höchstens zehn Minuten, bevor das Kanu sinken würde. Wir mußten auf der Stelle irgend etwas dagegen tun. Ich rief zu Ginger: »Wirf die Tortillas da hinein!« Ohne zu fragen, gehorchte sie mir. Ich schnappte mir den Stapel, und legte sie nacheinander in das Loch und drum herum.

Dana behauptet, daß der Tortilla-Stöpsel tatsächlich hielt, bis sie früh am nächsten Morgen die Insel, von der sie aufgebrochen waren, wieder erreicht hatten. Dort flickte er den Kiel.

Ihr dritter Versuch zur Überquerung der 160 Kilometer war dann erfolgreich. Die Lambs paddelten das mexikanische Festland entlang, richteten ihre Luger und ihre 22-mm-Automatik auf ›Dschungelgangster‹ und lieferten sich Schußwechsel mit Karabiner schwingenden Indianern in ausgehöhlten Holzkanus. Dana rang mit Alligatoren, Ginger rettete ihren Mann aus Treibsand. Im Dschungel liefen sie vor einem eineinhalb Meter großen und 2000 Pfund schweren Tapir davon, der aussah »wie ein Schwein, dessen Metamorphose zum Elephanten in der Mitte gestoppt worden war.«

Mit ihren Pistolen erschossen sie einen zweieinhalb Meter großen Tiger. Sie ritten auf einer »zwölf Meter hohen Welle« ans Ufer. Sie wurden von Malariafieber befallen und bekamen 42 Grad Fieber. Dana überlebte eine Blinddarmentzündung, indem er zehn Tage lang auf Eis lag. Ihr Boot wurde zweimal »nach China« geweht, immer jeweils mehrere Tage, und sie wurden wiederholt in den Maelstrom hineingezogen und hielten Kentern und verzweifeltes Sich-über-Wasser-halten und unzählige gelbbäuchige Seeschlangen aus.

Sie beendeten ihre Reise mit der Durchfahrt des Panamakanals im Oktober 1936. *Verzauberte Vagabunden* erschien 1938. 48 Photographien (der Pistolenhelden, die mit erlegten Tieren, mit lächelnden Eingeborenen und mit ihrem fünf Meter langen Kanu posierten) leiten den Text ein, vielleicht um zu zeigen, daß Ginger und Dana – sein Gesicht mit Menjoubärtchen weist eine bemerkenswerte Ähnlichkeit mit dem Errol Flynns auf – als ernstzunehmende, seriöse amerikanische Abenteuerreporter sind, die den Leser nicht mit Lügengebilden vom Angeln einwickeln wollen.

Die Lambs stießen in ihrem Buch auf ein Stück Wahrheit:

Es gab in dieser Wildnis ein Gefühl des Friedens und der Freiheit. Wir hörten auf, uns über die Zukunft und darüber, was sie uns bringen würde, die Köpfe zu zerbrechen. Wir leb-

*ten in einer Welt ohne Zeit, in der jeder Tag in sich voll-
ständig war und in der man, was er einem auch immer
brächte, ohne Kritteln hinnahm.*

60 Jahre später greifen Eran, Jordan und ich nach kleinen, jungen, glitschigen, etwa fünf Zentimeter langen Seenadeln, die im
Wasser mit ihren glänzenden Enzymen wie Neonpfeile auf-
leuchten, während sie aus dem dunkleren Wasser herausschies-
sen und uns ölig durch die Finger gleiten. Jordan lehnt lang
schweigend seinen Kopf gegen den Dingirand, ich schöpfe das
phosphoreszierende Wasser mit meinen Händen und lasse Funken in unserem Kielwasser sprühen. Jordan betrachtet das glänzende Wasser mit verzückten Augen. Ich sage Eran, daß Zeit seinem Sohn gewaltig vorkommt, daß Jordan solche durchlebten
Minuten wie Stunden vorkommen. Eran lächelt, als explodierte
er vor Liebe.

»Das war der Grund, wieso Deb und ich hierherkamen«, erkläre ich. »Wir wollen die Zeit auseinanderziehen und die Welt
wieder wie Kinder erleben. Genau die gleichen Empfindungen
haben wie Dein Sohn gerade. Weißt Du, was ich sagen will?«

Wir schauen beide Jordan an. »Ja«, sagt Eran, »ich weiß, was
Du meinst. Aber Du solltest nicht nach der Quantität der Zeit suchen, sondern nach der Qualität.«

Jordan hebt seinen Kopf mit den blonden Locken vom Wasser
hoch, strahlt Eran an, als wollte er sagen: *Du hast mal wieder
recht, Papa,* und nickt, als besiegelte er unseren Pakt.

33 | Das Paradies verlieren: Isla Espíritu Santo

Auf Isla Partida steht ein großer Blaureiher wie eine Statue unterhalb eines hervorragenden ›Schnabels‹, den Wind und Wetter
aus den Sandsteinklippen gewaschen haben. Überall hätte der
Vogel auftauchen können, aber der schmalbrüstige Vogel, der Jesuiten in ihrer kuttenartigen Kleidung verblüffend ähnelt, ent-
schloß sich, genau neben dem Felsvorsprung zu landen und sich

Eine faszinierende Kulisse der Natur: Die Sandsteinwände von Espíritu Santo

so zu verhalten, als lebte die Landschaft. Gänsehaut überzieht meine Beine.

Die kleine Insel Los Islotes gleich neben Partida ist ein Zielort für Bootstouren mit La Paz als Ausgangsort, um Seelöwen anzuschauen. Obwohl es den Fahrgästen untersagt ist, in der Seelöwenkolonie herumzugehen, kommen Taucher regelmäßig hierher, um mit den Tieren zu schwimmen; Eran und Marie Katz fahren oft mit dem Motorboot hierher, um mit den Jungtieren zu spielen.

Isla Espíritu Santo, von Isla Partida nur durch eine enge Schlucht, eine *caleta,* getrennt, laufen Yachtsegler, Kajakfahrer und Sportangler besonders gerne wegen seiner pittoresken Sandsteinwände an. An einer Stelle steigt eine Wand aus Kieselsteinen und Felsen 13 Meter hoch aus dem Wasser und geht so abrupt in eine glatte Sandsteinwand über, daß der Wechsel so hart wie der von wild wachsendem Gras zu einem Bürgersteig aus Beton ist.

Isla Espíritu Santo ist so lieblich wie die vielen abgelegenen und schwer anzufahrenden Landformen weiter nördlich. Der Unterschied ist, daß Kajakausstatter die Insel kommerziell so ausgeschlachtet haben wie Yosemite, die Niagarafälle oder den Yellowstone Nationalpark. In letzter Konsequenz wird sich die schiere Besucherzahl langsam, aber unausweichlich auswirken. Abfall wird gesammelt, und Touristen preisen die sogenannte ›Wildnis‹ in höchsten Tönen, aber einmalige Teile der Schönheit gehen verloren, so wie aus indianischen Ruinen Töpferwaren entwendet werden. Seelöwen schwimmen fort, Vögel werden hier nicht mehr brüten, und die Austernbänke werden bis zur Neige leergefischt. Das Paradies ist hier schon verloren.

Jede *caleta* mit weißem Sand, in die wir auf Espíritu Santo fahren, wird von großen, geführten Gruppen von Kajakfahrern bevölkert, eskortiert von *pangas*, die die Zelte, Kleidung, die Margaritas und die kulinarischen Vorräte der Kajakfahrer geladen haben. Vor Caleta Ballena röhrt ein Powerboot zurück nach La Paz, ein Dutzend Kajaks sind auf dem Dach befestigt, was das Boot wie eine Hutablage aussehen läßt.

Die Strände sind verhältnismäßig sauber, was sicherlich der

jährlichen Säuberungsaktion auf der Insel zu verdanken ist, die die hiesigen Sportausstattungsgeschäfte finanzieren. Wir kampieren schließlich in einer unbesetzten Mangroven-*caleta* und ziehen unsere Boote durch einige hundert Meter seichtes Wasser. Die Süßwassersickerstellen und Mangroven entlang des Meers werden aus unbestimmtem Grund von Kajakfahrern gemieden, vielleicht wegen der Insekten.

John Steinbeck schrieb: »Die Wurzeln gaben ein klackerndes Geräusch von sich, und der Geruch war ekelerregend. Wir fühlten, daß wir etwas Schreckliches beobachteten. Niemand mag Mangroven.«

Im Dunkeln rauscht das Meer unter den Mangroven hindurch, und eine Katze mit gestreiftem Schwanz huscht wie ein magersüchtiger Waschbär in den Kakteenwald.

Als der Wind nachläßt und das Sirren der *jejénes* uns dazu mahnt, das Zelt aufzubauen, kuscheln wir uns bis Mitternacht eng aneinander, aber die kleinen Käfer dringen durch Löcher in das Zeltinnere. Im Morgengrauen kreist ein Rabe über dem Zelt und weckt uns mit seinem Krächzen auf, wir sind striemenüberzogen und haben verquollene Augen.

Wir laufen, von *jejénes* umgeben, schnell aus dem Zelt. Am heutigen Morgen lassen wir sogar unser geheiligtes Kaffeeritual ausfallen, unsere Augen sind ausschließlich auf die einzige Zuflucht, das Meer, gerichtet. Meiner Erfahrung nach reicht kein beißendes Insekt an die *jejénes* heran, nicht einmal die Kriebelmücke Neuenglands, die man wenigstens sichtbar mit der Hand töten kann.

Das Packen ist schwierig, weil wir uns bei jedem neuen Biß kratzen müssen, während wir unsere Gerätschaften in Heck und Bug verstauen. Ein Angelhaken bleibt in Deborahs Kajakweste hängen, um ihn herauszuziehen, bedarf es einer beinahe chirurgischen Prozedur, wobei wir nur eine Hand benützen können, die andere brauchen wir für das Klatschen und Kratzen.

Seit Hernán Cortés vor 457 Jahren an Isla Espíritu Santo vorbeisegelte, haben die flachen Gewässer mit ihren Austernbänken
vor der Insel Männer, Glücksritter, mit ebensolcher Macht angezogen, wie dies die Goldfunde in Alaska taten. Eine Kohlen-
stoffdatierung der Überreste von Austernmuscheln zeigt, daß ein
7000 Jahre altes Volk, das die Erfindung des Messers nicht
kannte und zeitlich vor den Höhlenmalern lebte, offene Austern
in das Feuer legte, sie aß und die angekokelten Muscheln als
Schmuck benutzte.

Europäische Perlensucher betrieben im 17. Jahrhundert mit
den Flachwasseraustern des Meeres Raubbau. Während des
ganzen 18. Jahrhunderts untersagten die Jesuiten das Perlentauchen, bis der König die Jesuiten von der Halbinsel vertreiben ließ
und das Perlentauchen wieder von neuem aufflammte. Als man
in den zwanziger Jahren des 19. Jahrhunderts nur noch selten
Perlen finden konnte, kamen zwei englische Spekulanten mit
Vorläufermodellen der Taucherglocke an, aber beide Männer
hielten die Perlenbänke der Cortéssee für ›erschöpft‹.

Im Jahr 1830 erschloß ein französischer Händler einen Markt
für die glänzenden Austernmuscheln, jenes Perlmutt, das in
großen Mengen entlang der Ränder der Austerngründe vom Kap
bis zum Colorado River zu finden war; Perlensucher hatten die
Muschelschalen auf einer Länge von 1500 Kilometern weggeworfen. Schließlich überstieg die Nachfrage für elfenbeinern
glänzende Pistolen- oder Messergriffe, Gürtelschnallen oder diversen Schmuck aus den Muscheln die nach den Perlen selber.
Zwischen 1872 und 1873 wurden 15 417 Pesos aus dem Verkauf
von Perlmutt und 51 000 Pesos aus dem Verkauf von Perlen er-
wirtschaftet. Im darauffolgenden Jahr stieg der Erlös von Perlmutt auf 51 000 Pesos an, während Perlen nur noch im Wert von
27 500 Pesos gefunden wurden. Und 1875 wurde Perlmutt im
Wert von 97 190 Pesos und Perlen nur noch im Wert von 14 255
Pesos aus der Cortéssee gefischt.

Mitte des vergangenen Jahrhunderts heuerten Unternehmer
aus La Paz, sogenannte *armadores,* Indianer aus Sonora, einem

Ort auf dem Festland, an – von den Indianern der Halbinsel lebte keiner mehr –, um nach Perlen und Muscheln zu tauchen, die die *armadores* mit großem Profit an Europäer verkauften. Die Russen schufen ebenfalls einen Markt für Perlen und kauften so lange Seeotterfelle auf, bis dieses Tier in der Cortéssee ausgestorben war.

Die Yaquis aus Sonora kämmten Perlenbänke durch und tauchten in bisher unerreichte Tiefen. William Ryan, ein Amerikaner, der 1849 hier, durchreiste, berichtete über die tauchenden Indianer:

30 mit Tauchern besetzte Kanus fuhren mit uns hinaus, und nach einer halben Stunde waren wir im Gebiet. Hier war das Wasser so wunderbar klar, wie ich es noch nie gesehen habe. Es war vier oder fünf Faden tief, aber so durchsichtig, daß die Perlenschätze auf den Bänken so deutlich zu sehen waren, als trennte sie nur Luft von uns. Die Taucher legten jeden noch so kleinen Teil ihrer Bekleidung ab, mit Ausnahme eines Gurtes, der eng um ihre Lenden geschlungen war, und hatten nichts bei sich außer einem zugespitzten Stab, ungefähr 30 Zentimeter lang, den sie für zweierlei Zwecke mit sich führten, um Haie abzuwehren und um Muscheln auszugraben; sie begannen ihre Arbeit. Plötzlich standen sie auf dem Dollbord des Bootes, stießen einen schrillen Pfiff aus, um Luft aus ihren Lungen zu stoßen, und mit einem Sprung, so graziös wie der des Delphins, tauchten sie ins Wasser und geradewegs auf den Grund zu. Durch den Sprung allein kamen sie ungefähr zwei Faden tief und bei jedem sich anschließenden Zug einen weiteren Faden.

Wenn die Taucher oder *busos* nicht mehr konnten, ruderten sie ihre Kanus ans Ufer und warfen die Austern aus dem Boot. Eine Hälfte des Fangs stand den *armadores* zu und wurde mit Messern geöffnet. Die Eingeborenen wurden »sorgfältig« überwacht, schrieb Ryan, denn »... einige von ihnen sind Meister darin, jede wertvolle Perle plötzlich zu verschlucken, auf die man im Teil des Besitzers zufällig stößt.« Manchmal wurden hundert Austern geöffnet, ohne daß man eine einzige Perle fand – eine Perle entsteht im Lauf vieler Jahre, wenn ein Sandkorn innerhalb der Muschel das Wachstum des Perlmuttüberzugs stimuliert.

1857 setzte José Maria Esteva, der Gouverneur von Baja California, weitsichtige Maßnahmen zum Schutz der Natur durch. Er teilte die Cortéssee in vier Distrikte auf und erlaubte Perlentauchern nur einen Distrikt pro Jahr auszubeuten; Richter vor Ort setzten die Regularien durch und versuchten, neue Austernbänke anzulegen, um anhaltende gute Beschäftigung für die mexikanische Perlenindustrie zu sichern. Diese Vorschriften zu praktizieren, war jedoch unmöglich, auch hier waren Beamte für Bestechungen empfänglich und schlossen beide Augen.

Ein Amerikaner und ein Italiener kamen 1874 mit acht verbesserten Tauchanzügen an und fischten zwischen Mai und Oktober Perlen im Wert von 100 000 Dollar. Innerhalb weniger Jahre hatten die *armadores* den Yaqui-*busos* beigebracht, wie diese Taucheranzüge zu handhaben waren, und obwohl viele *busos* ertranken, lernten sie schnell, auch tiefer als die 15 Faden, die ohne Anzug die Maximaltiefe war, zu tauchen. Schätze, wie zum Beispiel Hernán Cortés' wertvolle, 4200 Peso teure Perle (die mehrere Jahrhunderte später das Zehnfache wert war), fand man während der 1880er Jahre in einer Auster.

Cortésseeperlen waren als nicht-weiße Perlen bekannt. Perlen aus dem Gebiet nördlich von Mulegé konnten »die fleischfarben-violette Farbe einer von Sonnenstrahlen durchbohrten Wolke spiegeln« (was man »perlmutten« nannte), konnten so blau wie der Himmel, glänzend schwarz oder, was selten vorkam, sogar grün sein.

Die mexikanische Revolution von 1914 brachte das Geschäft mit den Perlen für einige Jahre zum Stagnieren, aber die Mangara Company behielt ihre Lizenz bis zum Jahr 1932 (Präsident Francisco Madero hatte vorher die englische Gesellschaft zur Aufgabe ihres Exklusivvertrags überreden können, so daß Mexiko schließlich seine eigenen Naturvorkommen ausbeuten konnte). Versuche der Aufzucht perlenproduzierender Mollusken schlugen fehl. Taucher durchkämmten jede perlenproduzierende Austernbank im Meer, so wie dies heute Trawler und Langstreckenboote tun.

1941 bemerkte Max Miller anläßlich seines Besuchs in La Paz: »Die Perlenaustern starben alle innerhalb einer Saison nur kurze Zeit vor meiner Ankunft ab. Die Bänke starben alle auf einen Schlag, selbst jene, die Hunderte von Kilometern voneinander entfernt lagen.«

In den zwanziger Jahren begannen japanische Zuchtperlen, die, verglichen mit den Naturperlen, einheitlicher und gleichmäßig weiß ausfielen, weltweit die Naturperlenfischereien zu verdrängen. Während dieser Dekade gab es in Amerika, dem größten Abnehmermarkt für Perlen, mehrere Hunderte Naturperlenhändler. Im Jahr 1950 gab es noch sechs Händler, heute keinen mehr.

1940 löschte eine unbekannte Krankheit den gesamten Bestand von perlentragenden Austern in der Cortéssee aus. Noch heute sind die Bewohner von La Paz der Meinung, daß Japan absichtlich einen Krankheitserreger einführte, weil die Perlen nach dem Angriff auf Pearl Harbor auf mysteriöse Weise verschwanden, nachdem Mexiko japanischen Fischern die Benutzung der Gewässer der Cortéssee untersagt hatte.

Während Deborah und ich von Isla Espíritu Santo nach La Paz paddeln, wühlen Fregattenvögel den leeren Himmel auf. Der Wind erfüllt das Meer, das die Austernbänke unterhalb brauner wehender Palmwedel und Winkerkrabben in der Tiefe bedeckt. Würden wir uns etwas aus Austern machen, dann müßten wir nach ihnen tauchen, auch wenn die perlentragenden Mollusken nicht mehr existieren.

Aus ökonomischer Sicht hat Mexiko nur einen weiteren Produktionszweig und die damit verbundenen Steuern eingebüßt, aus Sicht des Umweltschutzes war das Verschwinden der Perlenaustern das Startsignal zur Ausbeutung der Cortéssee. Die Jahre und Abgründe, die uns und unsere Kajaks von den spanischen Soldaten und den Perlenhändlern trennen, die Verknechtung der Pericú und der Yaqui, waren Akte der Willkür, die keine Nationalökonomie zurückzuzahlen in der Lage ist, und die noch heute Eingeborene empören und Mexiko auf dem Grat zur Revolution verharren lassen.

35 | Stadt des Friedens: La Paz

In die Stadt fahren wir mit dem Shuttlebus eines kanadischen Softballteams, die über ihre »Bohnenfresser«-Rivalen herziehen. Daß nach La Paz nur wenige Touristen kommen, freut die *paceños*, die Anwohner von La Paz, die eine florierende Wirtschaft (bei einer Bevölkerung von 200 000) ohne zu viele Gringos aufweist; dies macht uns möglich, in einem fühl- und greifbaren Mexiko zu schwelgen, das ohne T-Shirt-Läden und Immobiliengeschäfte auskommt, die man an anderen Orten der Halbinsel so oft findet. Der Geruch von öligen Fischtacos und von Cilantro vermischt sich mit dem Wind; ein Hahn kräht in der Ferne hinter einem Zaun. Vom Marktplatz dringt melancholische Musik zu uns herüber.

Im Museo Antropología, dem Völkerkundemuseum, kehre ich zu dem gelbbraunen und ziemlich verwitterten Skelett eines Eingeborenen in einer Freiluftvitrine zurück. Ich gebe vor, die spanische Erläuterung nur mühsam verstehen zu können, und hoffe, daß der Museumswärter den Raum verlassen wird, damit ich heimlich die Knochen eines Mitglieds eines schon lange ausgestorbenen californischen Stamms berühren kann. Aber der wohlgenährte Aufseher läßt mich nicht allein; vielleicht weiß er, daß neugierige Hände der Fremden ähnlich wie die meinen den Pericú nur Krankheiten und Seuchen brachten.

Nachdem die Sonne untergegangen ist, geht die Temperatur auf angenehme 21 °C zurück. In unseren kurzen Hosen fühlen wir uns unangezogen, die *paceños* tragen enge Levi's-Jeans, lange Röcke, Anzughemden und Lacklederschuhe. Die Wagen sind alle neu und poliert, und mexikanische Musik dröhnt aus ihren Radios. Nur ein betrunkener Mariachi, der romantische Lieder feilbietet, fragt uns, ob wir etwas kaufen wollen. Eiscreme ist hier teurer als in Aspen, in allen drei Eisdielen am Hafen drängen sich *paceños*. Die Juwelierläden mit Blick auf das Meer, in denen man Perlmutt und japanische Zuchtperlen kaufen kann, haben ebenso viele Kunden.

Von Steinbeck weiß man, daß er über Alta California schrieb, auch wenn er sich gleichermaßen in den Bann Baja Californias gezogen fühlte, was man in seinen Büchern *The Pearl,* seinem Loblied auf die Armen, und an seiner lyrischen Beschreibung von La Paz in *The Log from the Sea of Cortez* feststellen kann. In letzterem schrieb er: »Guaymas, sagt man, ist geschäftiger und Mazatlan fröhlicher, aber La Paz ist *antigua* [die alte Welt].« Und weiter:

> *Wir stellten uns die Frage, weshalb uns vieles des Golfs so vertraut erschien, wieso wir uns in dieser Stadt ›zu Hause‹ fühlten. Wir hatten noch nie eine Stadt gesehen, die so wie La Paz aussah, und doch empfanden wir unsere ersten Schritte in ihr viel stärker als ein Heimkehren denn als einen Besuch auf Zeit. Eine bestimmte Eigenschaft im ganzen Gebiet des Golfes löst ein Wiedererkennen aus, so daß man in fantastischer und exotischer Umgebung zu einem Punkt gelangt, daß man sich stumm eingesteht: »Ja, das hier kenne ich«. Und am Ufer klagen abends die Wildtauben, und dann folgt ein Knall, eine Art gefühlsmäßiger Schock und eine Sehnsucht.*

In einem nahe gelegenen Kino zeigt man einen Film mit Sylvester Stallone sowie zwei andere, eine *Rambo*-Parodie und einen Streifen nur für Erwachsene. Obwohl das Wasser unter den *malecón*-Straßenlampen klar erscheint, riechen wir Abwasser, das ins Meer geleitet wird. Über 100 Yachtboote liegen hier vor Anker, ihre Kiele sind mit Komponentenlack gegen Fäulnis bestrichen, um den Algenbefall zu verhindern. Das Kupferherbizid in der Farbe fällt in kleinen Flocken ab und tötet jedes Lebewesen am Grund – eine Art von flächendeckender Sterilisierung des Hafenbeckens, die dadurch geschieht.

Eine schwarze Yacht aus Isla Espíritu Santo fährt mit Motor hinein. Die mit einem Bostoner Akzent sprechende Frau an Bord faselt etwas von einer »Scheißladung Fischen« und behauptet, »Yachten im allgemeinen nicht ausstehen zu können«. Ihr Mast hat auf halber Höhe eine sagenhaft große Satellitenschüssel, und unten in der Kabine stehen der unvermeidliche Kühlschrank, die Eismaschine und der Mixer. Vor 53 Jahren bemerkte Steinbeck:

[Eine] schwarze Yacht fuhr schnell vorbei, und auf ihrem Achterdeck mit Sonnensegel saßen bequem hingestreckt Damen und Herren in weißer Kleidung. Wir sahen, daß sie große, kalte Getränke neben sich stehen hatten und haßten sie dafür ein klein wenig, denn uns war das Bier ausgegangen. Und Tiny sagte finster: »Nichts außer einem Schwuchtelsegel auf dem Ding da.« Und dann sagte er etwas sanfter: »Aber ich bin mir nie sicher gewesen, ob ich nicht doch eine Tunte bin.«

In einer Seitenstraße finden wir eine billige *pensión* und versuchen, uns unter der kalten Dusche gegenseitig den Sand von der Haut zu rubbeln. Während wir eine Einkaufsliste zusammenstellen, spielen Mariachis unter unserem Zimmer. Wir atmen den Geruch von Abendschlüsselblumen ein und wissen, daß diese mexikanische Musik mit ihren bittersüßen durchdringenden Worten und rührseligen Guitarrenmelodien uns stets an das Meer erinnern wird: wie wir sein langsames Absterben beobachteten und wie wir uns näher kamen.

Neben dem offenen Fenster tanzen wir nackt wie die Pericú-Indianer, außerhalb der Sicht der *músicos*, lassen ihr trauriges Medley in unser Zimmer hinein und schwelgen in einem Meer so reiner Begierde, daß Zeit und kulturelle Grenzen aufgehoben sind. Deborahs Haut riecht nach Kokosnuß und schmeckt nach Salz, und jetzt, während meine Finger ihr breites Gesicht mit dem energischen Kinn streicheln, weiß ich, wie sie sich fühlen mag: warm, geborgen und nicht allein, ich empfinde das gleiche. Wir haben alles aufgegeben, um allein in diesem fremden Land, auf diesem Scharlachmeer zu sein. Ohne sie wäre ich nie so weit gekommen.

Ich hebe sie hoch, sie ist leichter als mein Kajak, und während wir weitertanzen – sie hat ihre Beine um meine Taille geschlungen, meine Arme stemme ich in die Hüften –, erhebt uns das Gefühl von der Leichtigkeit des Seins über unsere kleinen Alltagssorgen. Wir haben das *Gewicht* verloren. Wir bewegen uns mit den Wellen, gleiten schnell durch den Wind, rauschen mit der Springflut ans Ufer.

Die Musik hört irgendwann später auf. Doch in unseren Köpfen spielt sie die ganze Nacht durch, mit einer Intensität, die Klage und Freude mit sich bringt: Sie spielt weiter und weiter, sie fließt weiter wie unberührte Gewässer.

Mit einem Seesack voller Lebensmittel fahren wir wieder per Anhalter zurück zu unseren Kajaks. Zwei Marinesoldaten nehmen uns in einem Camaro mit, lassen Gatoradedosen herumgehen und singen zu einer mexikanischen Ballade aus ihrer Stereoanlage.

Ihr unschuldiges Verhalten läßt eigentlich nicht auf Machismo schließen, aber ich kann nicht anders als mich zu fragen, ob sie nur zu Deborahs Vergnügen singen – hätte ich allein am Straßenrand gestanden, wäre ich wohl nie mitgenommen worden. Deborah ist der beste Begleiter eines jeden Anhalters in Mexiko. Deborah ist *una güera*.

Sie lassen uns an unseren *kayakos* heraus und winken uns zum Abschied cool auf mexikanisch zu, also mit nach unten gehaltenen Händen. Ihr Camaro hinterläßt eine lange Gummispur auf dem Asphalt, als der Fahrer eine bekanntere Kassette hineinschiebt und die Lautstärke hochdreht, bis der in der Ferne leiser werdende Gesang von Guns N' Roses von dem vorherbestimmten Rhythmus des Meers, dem Ein- und Ausatmen des alten, leidenschaftlichen Liedes unserer Erde abgelöst wird.

36 | Auf der Landzunge der Toten

Die Nacht färbt den Tag dunkel, und wir sind neben einer Brandung gefangen, die gegen die Felsen klatscht. Wir paddeln eineinhalb Kilometer nach Norden zu einem ungeschützten Sandstreifen zurück, und die Brandung läßt nach. Während ich ein paar Anlegemöglichkeiten in Augenschein nehme, hebt mich plötzlich eine Welle hoch über eine Felsensandbank, dreht mich auf die Seite und bevor ich kräftig paddeln kann, werde ich mit dem Kopf nach unten in den Wasserstrudel in der Mitte des Brechers geschleudert. Ich befreie mich aus dem Boot und kann, als der Segelmast abbricht, gerade noch zum Schutz die Arme vor mein Gesicht reißen. In Fahrersitz und Stauraum im Bug dringt Wasser. Ich bin wütend, trete gegen meine »Badewannenprahm« und ziehe und zerre sie mit großen Rückenschmerzen ans Ufer. Deborah ist inzwischen ohne jede Anstrengung am Strand gelandet.

Ich rege mich weniger darüber auf, nicht genug aufgepaßt zu haben, als über mein lädiertes Kajak, die Schrammen im Gesicht und die Muskelzerrung am Rücken. Die Batterie der Stablampe ist leer, aber ein sichelförmiger Mond wirft unsere Schatten auf den Sand. Es ist 11 °C und windig, ich ziehe meine Fleeceweste über. Ein wärmendes Feuer könnte meine Stimmung heben, und so sammle ich etwas Treibholz, zünde es an und kauere daneben, meinen Kopf zwischen den Knien, während Deborah die *jejénes*-Bisse auf ihren Beinen kratzt.

Eine gewissenhafte Reparatur kann alles wieder beheben (einschließlich meiner gesunkenen Stimmung), deshalb ziehe ich unsere zehn Pfund schwere Handwerkskiste heraus, schneide einen Cordurawasserbeutel auf und gieße das harte, wasserdichte Cordura über das aufgerissene vordere Schott. Ich drehe das Kajak um und trage Epoxid auf die zerkratzten Stellen des Kiels auf, nehme den Ofen heraus und entferne die Gasverbindung, befestige mit Klebeband angeschwemmtes Zuckerrohr an den zwei gebrochenen Zeltstangen, stopfe ein Loch in einer Trockenhaltetasche, verankere den Mastfuß noch einmal mit Epoxid am Boden des Kajaks und schraube eine neue Glühbirne in Deborahs Taschenlampe. Die getane Arbeit läßt mich so gleich besser fühlen, und ich schlafe sofort ein.

Deborah droht mir damit, das Zelt zu verlassen, wenn ich sie nicht in die Arme nehme. Wir liegen so eng zusammen wie Kletten an einem Bootskiel.

Der Wind kommt aus Norden und peitscht das Wasser mit derselben Vehemenz, wie ein Koch Eiweiß schlägt. Ich kann die Vorankündigung des Winters in den Windböen spüren und stelle mir den Schnee vor, der auf unserem Haus in Crested Butte liegt.

Noch einmal die imposanten Felsen von San Juanico

Brechende Wogen vom Pazifischen Ozean kollidieren scharf mit dem Wind, deshalb hissen wir kaum Segel, studieren die Karten sehr sorgfältig und merken uns jede mögliche Anlegestelle auf den nächsten 30 Kilometern. Wir sind uns einig, daß, sollten diese Böen nicht bald nachlassen, das sicherste und logischste Ziel unserer Reise das Ostkap ist und wir nicht gegen den Widerstand der hohen Pazifikwellen ankämpfen und bis nach Los Cabos fahren werden.

Ein Fischadler fängt eine große Seenadel, seine Flügel bewegen sich schwer, und der Fisch dreht und windet sich in den Fängen und schnappt mit seinem krokodilähnlichen Maul um sich, bis der Adler die Seenadel fallen läßt, die wie eine elektrische blaue Röhre glänzt und durch einen Schwarm schreiender Möwen hindurch zurück ins Wasser fällt.

Bevor wir auf dem geschützten Strand auf Punta los Muertos, der Landzunge der Toten, landen, taucht eine circa sechs Pfund schwere Stachelmakrele mit meinem Köder im Maul bis auf den Boden und kommt dann gerade und so schnell hoch, daß ich kaum die Leine aufwickeln kann. Mit einer schnellen Bewegung der Angelrute ziehe ich sie ins Cockpit. Mit meinen Fingern auf dem merkwürdigen seitlichen Rückgrat des Fisches halte ich ihn fest und stoße mein Messer schnell hinter seine Augen. Die Stachelmakrele durchläuft noch ein letztes Zittern, dann lasse ich sie los und fahre das Boot an den Strand.

Ich filetiere das vom Blut dunkel gewordene Fleisch in mundgerechte Stücke, gebe eine Dose Salsa dazu, den Saft zweier Limonen, eine in Würfel geschnittene Zwiebel und lasse alles zusammen köcheln. Nach einer Stunde hat der Limonensaft die helle Farbe der Fischstücke in ein Pastetenbraun verwandelt, wir essen mit den Fingern. Der Fisch schmeckt süß und zart und wenn wir auf die Fischfilets beißen, ist es, als bissen wir auf kleine Tomaten.

Wellen donnern auf den Strand. Wir hieven unsere Kajaks vorsichtshalber noch ein Stückchen weiter in Richtung Land. Brandung wird am Ufer schaumig, versickert in Krabbenhöhlen und überzieht unsere Gesichter mit feinen Wassertropfen, während der dunkle Fleck des Ozeans sich wieder zurückzieht und in der Tiefe wie Gewitterwolken über einer Wüste in Zeitrafferbeschleunigung verschwindet. Das bei Sonnenuntergang normalerweise ruhige Wasser wühlt unsere geschützte Bucht zu einer urtümlichen Unordnung auf, wie wir es auf den bisher zurückgelegten 1000 Kilometern unserer Reise noch nicht erlebt haben. Die Implosion von Brandung und Springflut würden uns mit sich reißen, würden wir hineintreten. Wir werden bis morgen hier bleiben müssen.

Der Wind heult um die ›Landzunge der Toten‹ und schüttelt unser abgedunkeltes Zelt durch. Im Schlaf träume ich vom Schriftsteller Ed Abbey, der hier auf dem Strand sitzt und mir Ratschläge gibt, wie ich mein Buch schreiben soll. Er lacht, während der Wind drei unserer Zeltheringe aus dem Boden reißt. Der Sänger der Wüste, mit grauem Bart und Adlernase, greift mit seiner Hand in den Sand während er eine Dose Tecate leert und mit seinem unverwechselbaren, kalten Bariton über die Mexikaner und die Japaner herzieht, die das Meer vergewaltigen.

Im ersten Morgenlicht sehe ich Heringe aus dem reißfesten Nylon herausragen. Langsam und sorgfältig klebe ich die zerbrochenen Aluminiumstangen mit Klebeband wieder zusammen und versuche möglichst leise zu sein, damit Deborah nicht aufwacht. Während ich die Sachen repariere, überlege ich, was Abbey über dieses Wüsten-Polynesien geschrieben hätte. Vor vier Jahren nahm ich bei Sonnenaufgang in der Wüste Utahs am Gedenkgottesdienst für ihn teil und sah, wie die amerikanische Fahne merkwürdig in sich zusammenfiel, Abbeys Freund Doug Peacock hißte sie noch einmal, straffte seine Brust und lächelte. Barry Lopez trat ans Rednerpult, und eine plötzliche Bö aus dem windstillen Himmel fegte Lopez' Trauerrede fort und verteilte die einzelnen Blätter über den Schlick; die meisten dachten, Abbey sei hier und habe gerade eingegriffen.

Auf dem Strand hinter Punta los Muertes wird mir klar, daß ich, statt eine Biographie über Abbey zu schreiben, hierher gekommen bin, zu einem Ort, über den Abbey vor seinem Tod noch ein Buch schrieb. Er beklagte das Ende trockener Wildnis und lebte bis zu seinem frühen Tod nach einem Vers aus einem Gedicht Richard Sheltons: »... meine Wüste, dein Tod ist der einzige, den ich nicht hinnehme.«

Ich denke über den Barden ausgedörrter Orte nach, während ich in Treib- und Schwemmgut herumstochere, den brennbaren Abfall mit meinem Feuerzeug anzünde und gegen Tecate-Dosen, leere Alkoholflaschen und anderen Müll trete. Die Seele des Landes, oder nennen Sie es die Würde des Landes, ist auf der gesamten Länge dieses vom Straßenbau erschlossenen, südlichen Teils der Halbinsel entweiht worden.

Abbey lebte in einer Grenzstadt und verstand stumm das Wüstenleben und die hispanische Kultur. Hätte er lange genug gelebt, um sein Buch fertigzuschreiben, dann hätte er mit Sicherheit geschrieben, daß die Mexikaner »Chingar!« auf der Halbinsel begangen hätten; *chingar* ist ein Begriff aus der Zeit der spanischen Kolonisation und besitzt viele Bedeutungsebenen, die von der jeweiligen Betonung abhängen. Verächtlich ausgesprochen, wird es zu einem maskulinen Verb, das Vergewaltigung und Zerstörung ausdrücken soll.

Ich trete gegen ein aus einer Sanddüne ragendes Auspuffrohr und rufe noch einmal »CHINGAR!« In einem bald vom Wasser überfluteten Kühlschrank, der halb im Sand eingesunken ist, liegt eine steife, halb verhungerte Wüstenholzratte. Ich biete dem daumengroßen Tier meine Hand an, es weigert sich auf die Handfläche zu klettern, beißt aber so stark hinein, daß ich sie, die von meinem Ringfinger herunterhängt, hoch- und herausheben kann. Deborah kugelt sich vor Lachen.

Wir geben ihr kleine Stücke Cracker. ›Ratly‹ tobt herum, einem Hund ähnlicher als einer Ratte. Als der Strand am zweiten Morgen von den Zieh- und Strudelbewegungen des Meeres steiler wird, schläft das Tierchen in meiner Tasche, als sei ich seine Beuteltiermutter; der Sand zieht sich in die See zurück; schwarze Winterwolken rasen nach Süden, und Wind füllt die Leere aus. Ohne das Wasser zu berühren, bekommen wir ein neues, engeres Verhältnis zum Meer, wir sehen, wie es sich uns nähert, Minute um Minute, Stunde um Stunde, Tag um Tag: langgezogene, klatschende Brecher, die sich mehr und mehr zu einem tiefen, dröhnenden Baß aufbauen und dann ausrollen und fallen und zu spritzender Gischt werden und dann ruhig weiterziehen und sich wieder von neuem bilden. Es ist eine gefährliche Hypnose. Sieh zu lange in den Abgrund, schrieb Nietzsche, und der Abgrund sieht zurück.

In unserer dritten Nacht auf Punta los Muertos sind wir, durch die tosenden Wogen immer noch an Land gehalten, von den Meeresbrechern so hypnotisiert, daß wir nicht noch einmal unser Zelt vom Meer wegrücken und neu aufschlagen, was wir bereits dreimal getan haben. Um fünf Uhr morgens schlägt, während wir schlafen, die Welle aus meinem sieben Tage zurückliegenden Alptraum über unserem Zelt zusammen. Deborah schreit auf, als das warme Wasser über unsere Beine fließt, und während das Zelt schnell zum Meer hingezogen wird, knie ich vor dem Reißverschluß des Eingangs und versuche, ihn aufzubekommen.

Ich laufe hinunter und fasse nach einem ins Meer hinaus schwimmenden Topf. Es kommen keine großen Wellen mehr, aber sich jetzt noch einmal hinzulegen, ist unmöglich.

Wir ziehen uns tiefer in uns selber zurück. Auf Punta los Muertos sind wir in völliger Isolation (die nahe Schlammstraße muß zwischen hier und dem Kap weggewaschen worden sein). Wir schauen hoch, um das Meer so regelmäßig zu beobachten wie Arbeiter, die Freitag nachmittags die Bewegung der Uhrzeiger verfolgen, während wir die Seiten eines gemeinsam gelesenen Buchs umblättern. Wir sind von dieser Geschichte wie elektrisiert; während ich es als Buch erhellender neuer Ideen wahrnehme, ist es in Deborahs Sichtweise eine Liebesgeschichte.

Beim Umblättern auf die nächste Seite fragt Deborah: »Was, glaubst Du, ist der Sinn der Liebe?« Unsere Reise war ein Geschenk des *Nichtdenkens*, eine Zeit, in der wir unsere Köpfe frei bekamen, und versuchten, im Hier und Jetzt zu leben, so wie dies Kinder tun. Die Antworten für unsere Ehe finden wir nicht, aber wir haben zumindest gelernt, wie man die richtigen Fragen stellt. Ich zögere.

Schließlich sage ich mehr, als daß ich es denke: »Liebe bedeutet, sich geistig dem Anderen hinzugeben.« Das skeptische Hochziehen ihrer Augenbrauen zeigt mir an, daß sie mehr hören will, und so füge ich hinzu: »Und in einer Beziehung mit einem anderen Menschen heißt das, daß man mit immer größerer Hingabe gibt, bis man anfängt, so wie wir das tun, ganz ähnlich zu denken.«

»Ich glaube, Liebe ist ein Gefühl«, antwortet Deborah. Ich drücke sie, und sie sagt, daß man es nicht in Worte fassen kann, aber sie wird es in ihr Tagebuch schreiben, so daß ich es später lesen kann.

Unsere Unterschiede, die Unterschiede, die es immer zwischen Mann und Frau geben wird, prallen hier stärker aufeinander als jemals zuvor in unserem Leben. Es ist so leicht, sich dem Taumel zu überlassen, die Liebe nicht zu verstehen oder sie so lange aufzuschieben, bis man sich andere Wünsche erfüllen kann, die Karriere beispielsweise oder ein Buch zu schreiben oder – eine lange Reise zu unternehmen.

Während der letzten zwei Monate habe ich etwas über *uns* gelernt. Zusammen mit seinem Partner vom wilden Durcheinander aus Muscheln, Brackwasser und endlosem Himmel umgeben zu sein, triebe einen entweder gleich nach Hause in bekanntes, sicheres Gelände und man ginge dem Thema der Liebe aus dem Weg, oder es würde einen zum Bleiben zwingen, und man würde sich mit der Angst und der Unsicherheit und seinen eigenen hartnäckigen Willensanstrengungen auseinanderzusetzen haben.

Hier halten wir uns gegenseitig, stacheln einander zu Höchstleistungen an und lassen auf hoher See im Gespräch dieses verwirrende Wort wie eine Schwimmweste weg. Hier fühle ich mich so ganz und verwirrt und leidenschaftlich wie das sturmgepeitschte Wasser, das nach unserem Zelt greift.

37 | Die letzten Rochen des Ozeans

Am vierten Tag läßt endlich der Wind nach, so daß wir von Punta los Muertos abstoßen können. Wegen der in viele verschiedene Richtungen gehenden Wellen müssen wir uns um so mehr konzentrieren. Obwohl ich aus Gründen der Stabilität meinen Bug überladen habe, drängen mich die Wellen immer noch in Richtung offenes Meer. Um meine Angst unter Kontrolle zu halten, versuche ich an nichts zu denken und beobachte das Wasser, als sei es ein Gegner beim Schachspiel, dessen Züge ich vorausberechnen muß. Deborah ist genau das Gegenteil von mir und spricht, um ihre Furcht zu zerstreuen, über das Buch, das wir lesen.

Ich knurre vor mich hin und lenke das Kajak näher ans Ufer. Wie die meisten Männer muß ich, wenn ich Angst habe, meine Konzentration ausschließlich auf eine Sache richten.

»Ich sprudle einfach über, wenn ich Angst habe«, höre ich Deborah sagen, während ich gerade außer Hörweite fahre. »Jon denkt wahrscheinlich, *halt bloß den Rand, Deb*. Aber wieso willst Du eigentlich nicht mit mir reden?«

»Ich kann einfach nicht«, antworte ich, »bitte, ich muß gegen das Wasser an.«

Fünf Kilometer später wissen wir, daß das Meer zu chaotisch und unberechenbar ist – wir müssen an Land, und zwar schnell. Wir kommen an die einzige geschützte Landestelle auf den nächsten Kilometern, einen Wellenbrecher aus Felsen. Die Wellen zerstieben an ihnen mit der Wucht von Schneelawinen: Sie donnern weiß über das grüne, unbewegte Wasser, als handelte es sich um ein Feld mit immergrünen Büschen. Während ich vorwärts fahre und entlang des Rands der Brecher zu gleiten beginne, höre ich Deborah mir zurufen, weil ich nicht mehr mit ihr spreche – ich muß mich allein darauf konzentrieren: Eine Welle trägt mich hoch und läßt mich dann in eine kleine ruhige Wasserbucht hinunterfallen, und gerade als ich eine neue Bö auf der Haut spüre, hält sich das Boot sanft auf der Leeseite der Brecher, neben einem ankernden *panga*. Deborah kommt zu mir, ihre Wangen sind feucht vor Angst. Sie zieht ihre Augen zusammen und boxt mich in die Rippen, schlägt auf die Knöpfe meiner Weste und macht mich für ihre Angst verantwortlich; ich paddle weiter, obwohl sie eine Umarmung oder tröstende Worte braucht. Ich bin vom Meer zu stark durchgeschüttelt.

Ein Mann mit Hängebacken begegnet mir am Strand und zeigt uns einen geschützten Platz zum Zelten. Obwohl Mexikaner sich in der Regel nicht in Verlegenheit bringen lassen, liegt sein *panga* hier schon seit vier Tagen vor Anker, und er betrachtet uns mit einer Mischung aus Spott und Verwunderung: Wir sind seiner Meinung nach entweder sehr dumm oder gesegnet, uns bei solchen Verhältnissen hinaus auf das Meer zu wagen. Er läßt uns ohne jede Vorankündigung und so formell stehen, wie er gekommen ist.

Eine halbe Stunde später kommt er mit einem Topf voller öliger Rindfleisch-Jalapeño-Suppe, einer Packung Cracker, einer Limone, frisch geschnittenem Cilantro und Zwiebeln, vier Litern Trinkwasser, Löffeln, kleinen Schüsseln und Servietten zurück. Wir verneigen uns beide. Es ist Sonntag, und er steht auf, um zu seiner Familie zurückzukehren. Wir beugen die Köpfe über unsere Schüsseln und essen ohne eine Pause, bis alles leer ist.

In Bahía Ventana paddeln wir an einem Strand mit Gringo-Windsurfern entlang, Deutschen, einem Kanadier und Amerikanern, die alle über die plötzlich eingetretene Flaute frustriert sind. Sie wollen Wind. Wir wollen Windstille.

Wir treffen einen Fischer mit lockigen Haaren, der zehn Jahre jünger als wir ist und den Windsurfern Fische verkauft. Pablo lächelt viel.

Er hat kürzlich einen 300 Pfund schweren, drei Meter langen Teufelsrochen, einen Manta, gefangen – in ganz Mexiko findet man sie zu ›Rochentacos‹ verarbeitet –, aber in letzter Zeit »gab es hier kaum Große« (Rochen können bis zu sieben Meter groß werden). Deshalb fängt Pablo kleinere Rochen, Blauhaie und gelegentlich Hammerhaie. Er erzählt den Windsurfern, daß die Haie tagsüber nicht angreifen, sondern nur nachts auf Beute aus seien.

Die ersten Legenden über Teufelsrochen übertreffen an Übertreibung noch die Ammenmärchen über Haie (aus derselben Familie der Knorpelfische wie die Rochen), die Fischer hier nur selten angreifen. In Obrigóns *Journey of the Flame* wurde die Vereinigung der Perlentaucher von La Paz »Mantafutter« genannt, weil »so viele Perlentaucher von Stachelrochen gefressen wurden«. Während Vizcainos Reise im Jahr 1602 schrieb Antonio de la Ascensión:

Die Teufelsfische sind so groß, daß einer von diesen sich um das Tau der Ankerboje wickelte, mit welcher die Almiranta *festgemacht war, den Anker herauszog und sich mit diesem und dem Schiff davonzumachen anschickte, so daß es notwendig war, ihn zu töten, aber eine große Anzahl von Soldaten und Matrosen, die ihn mit starken Tauen zogen, schaffte es nicht, ihn aus dem Wasser an Land zu schaffen.*

In zahllosen frühen Berichten wurde behauptet, daß der Manta, was auf Spanisch »Umhang« bedeutet, seine sechs Meter breiten Flügel um Menschenopfer schlang (»nicht umsonst wird er so groß, hätte er sich nicht an Tauchern gütlich getan«) und seine Opfer dadurch tötete, daß »er sie mit seinem flachem Gebiß zerkleinerte«, wie zum Beispiel Blanco, Obrigóns Biograph, gesehen haben will. »Wahrlich selten ist der Mensch, der sein Leben retten konnte«, schrieb ein anderer spanischer Berichterstatter aus dem 18. Jahrhundert über seine Reise über die Cortéssee.

Während Dana Lamb 1934 die Cortéssee überquerte, harpunierte er, wie er behauptete, einen Riesenmanta aus seinem Fünfmeterboot. Nach einer »Spritztour«, schrieb Lamb, tauchte der Rochen unter sein Boot und schlug mit seinen Flügeln gegen das Boot: »Wir sprangen umher wie ein Korken in einer Waschmaschine.« Nachdem sie den Manta mit ihren Paddeln geschlagen hatten, zog er sie drei Kilometer lang im Schlepptau, und dies mit einer Geschwindigkeit, daß »rechts und links von uns drei Meter Gischt hochspritzten.«

Schließlich befreiten sich Dana und Ginger Lamb von ihm mit ihren Pistolen. Folgt man ihren wiederholten Beschreibungen von Schießereien in *Enchanted Vagabonds*, so verfügten sie über einen unbegrenzten Vorrat an Munition.

Auf Steinbecks Reise, die sechs Jahre später stattfand, versuchte die Besatzung seines Schiffes wiederholt, Proben von Teufelsrochen zu nehmen, aber jedesmal, wenn Tiny einen Manta vom 26 Meter großen Schiff aus harpunierte, konnte der Fisch die Leine zum Zerreißen bringen oder tauchte ab und hinterließ ihnen nur ein kleines Stück ledrigen Fleisches.

Sogar Steinbeck neigte, was die Teufelsrochen anging, zu Übertreibungen. In einem Brief an Elizabeth Otis, seine Literaturagentin, den er ihr von der Cortéssee schickte, schrieb er: »Und gestern nahmen wir Stichproben in einer kleinen Bucht, als ein gewaltiger Teufelsrochen hineinschwamm. Er war ungefähr 20 Meter lang, und wir sprangen schnell aus dem Wasser.«

Der Manta, den man wegen seiner segelförmigen Flossen auch ›Teufelsfisch‹ nannte, schaufelte gewöhnlich Plankton und kleine Fische in sein Maul. Diese eigentümlich geformten, segelförmigen Flossen ermöglichen es den Rochen, sich an Ankerleinen zu klammern, am Tau entlang nach oben zu schwimmen und lästige Parasiten von den Flossen abzustreifen, was vielleicht auch eine Erklärung dafür ist, weshalb Teufelsrochen aus dem Wasser springen. Nur etwas nördlich von dieser Stelle berichtete der Tauchjournalist Marty Snyderman, wie er ein eingewachsenes Fischertau aus dem Maul eines sechs Meter großen Mantas herauszog. Er schrieb:

Ob der Rochen für unsere Mühen dankbar war und uns sei-
nen Dank zeigen wollte, ... weiß ich nicht. Aber er ließ uns
einfach nicht in Ruhe. Der Rochen schoß ständig vor uns
durch das Wasser und verharrte dann, als wollte er uns sa-
gen: »Faßt mich, fangt mich!« Bei meinem ersten Ritt klet-
terte ich nahe der Wasseroberfläche auf seinen Rücken, und
der Rochen tauchte schnell 30 Meter tief. Dann waren wir
wieder zurück an der Oberfläche, und er vollführte einige
Drehungen und tauchte ab, vollführte eine Art Wassergym-
nastik ... Ein Ausflug führte mich in die Nähe eines kleinen
Schwarms Hammerhaie. Als wir uns ihnen näherten, rea-
gierten die Haie seltsam und schossen fort ... Im Lauf der
nächsten Tage ritt jedes Mitglied unserer Gruppe auf ihm,
eine Art der Verständigung, die man nur selten mit wilden
Tieren erleben kann.

Am Ostrand der Ventana-Bucht paddeln Deborah und ich über
einen gestrandeten Dampfer, der von den Nordwinden auf den
Sand, der die Farbe von Elfenbein hat, geschoben wurde. Das
Wasser ist so durchsichtig wie Jade, und während ich das Heck
des Schiffswracks passiere, sehe ich fünf große und leblose Formen am Ufer, die von *jejénes*-Schwärmen bedeckt sind. Die Luft
riecht nur nach Salz, die Fische müssen also erst vor kurzem an-
gelandet worden sein: Es sind Mantarochen.

Die Schwingen dieser eineinhalb Meter großen und mehrere
hundert Pfund schweren Tiere müssen wegen ihres Fleisches bei
lebendigem Leibe gehäutet worden sein, vielleicht 20 Pfund wurden jedem Fisch herausgeschnitten. Das Szenario erscheint be-
merkenswert vertraut, und wenn ich an all die Fischer denke, die
mir erzählten, in welch großer Zahl Teufelsrochen noch vor wenigen Jahren vorkamen, dann lassen diese Erzählungen an die
Büffelherden denken, die die weiten Ebenen Amerikas bevölker-
ten. Büffel wurden manchmal wegen ihres Fells erlegt oder wegen ihres Fleischs abgeschlachtet, doch in den meisten Fällen
verrotteten die toten Körper einfach in der Sonne.

Der Manta mit weißem Bauch und schwarzem Rücken, neben
dem ich mich hinkauere, wurde erst vor ein paar Stunden an die-

Der Teufelsrochen, auch Manta genannt, inspiriert noch heute viele Seeleute zu den abenteuerlichsten Geschichten

ser Stelle über Bord geworfen. Das Fleisch aus den Unterseiten seiner Schwingen wurde mit einem scharfen Messer herausgetrennt – der Rochen muß Laute wie ein Bär von sich gegeben haben, als die Stücke herausgeschnitten und ein geröteter Halbkreis zarter Knochen den gnadenlosen Sonnenstrahlen ausgesetzt wurden. Jetzt sind die segelförmigen Flossen steif, und seine kleinen Augen wurden zu braunen Steinen. Deborah weigert sich, an Land zu gehen oder sich den toten Fischen zu nähern. Ich nehme meine Hand von dem warmen Fleisch des Fisches, seine stachelige Haut ist so hart wie Leder, ich weiß jetzt, was die Sioux-Indianer empfanden, als sie die letzten, sinnlos getöteten Büffel sahen.

Die Regenfälle haben das Ostkap mit einer Unzahl von Trompetenbüschen, Nachtschattengewächsen, Wüstenlavendel und scharlachroten Poinsettien (Weihnachtssternen) überzogen. 1825 bot Joel Poinsett, Abgesandter der Vereinigten Staaten, der mexikanischen Regierung an, ihr Texas abzukaufen, und wurde mit Hohngelächter aus dem Land geworfen. Nur die farbenprächtige mexikanische Blume, die nachts aufblüht und die er sich erlaubte, nach sich zu benennen, brachte er mit sich nach Hause.

Obwohl Mexiko 1821 seine Unabhängigkeit von Spanien verkündet hatte, weigerten sich die auf der Halbinsel lebenden Menschen, eine Europäer-Mestizen-Mischung, hoheitlich vom neuen mexikanischen Staat regiert zu werden. Im darauffolgenden Jahr verwüstete der englische Pirat Lord Thomas Cochran San José del Cabo, und nachdem die *Bajacalifornios* seinen Angriff auf Loreto zurückschlagen konnten, suchte die Halbinsel den Schutz Mexikos, indem sie sich dem Staat eingliederte.

Während der nächsten 50 Jahre wechselten sich ebenso viele mexikanische Regierungen ab. Einem Dutzend dieser Regierungen saß General Santa Anna vor, nach ihm wurden später die starken Winde genannt, die wie Invasionsarmeen über die Cortéssee hinwegfegen. Im Jahr 1836 zwangen Santa Annas napoleonische Vorstellungen von Majestät und Größe anläßlich des texanischen Kriegs Mexiko in die Knie.

Zehn Jahre später, im Jahr 1846, reiste ein zweiter nordamerikanischer Abgesandter nach Mexiko, um der dortigen Regierung den Vorschlag zu unterbreiten, Alta und Baja California für 40 Millionen Dollar zu kaufen. Als Mexiko sich weigerte, ihn zu empfangen – erst kurz zuvor hatte es Gefechte mit amerikanischen Truppen über die genaue Grenzziehung von Texas gegeben –, erklärte Präsident Polk Mexiko den Krieg.

Die entscheidenden Schlachten des mexikanisch-amerikanischen Kriegs wurden auf dem Festland geschlagen, einige kleinere Gefechte fanden aber auch in Mulegé, in La Paz und in San

José statt. Die Vereinigten Staaten planten, sich sowohl Alta California als auch Baja California einzuverleiben, so überzeugten sie, als die Armee im Juli 1847 in La Paz an Land ging, die mexikanischen Soldaten und die einflußreichen Bürger dieser Außenstelle, sich neutral zu verhalten – da sie eben mittlerweile auf nordamerikanischem Boden lebten. Drei Monate später kam Kapitän Pinada vom Festland hierher und formte die nicht-neutralen *Bajacalifornios* zu einer zusammengewürfelten Widerstandsarmee, die, mit Vorderladern und Macheten bewaffnet, gegen die Amerikaner kämpften.

Pinada rekrutierte mehrere Hunderte Loyalisten aus allen Gebieten der Halbinsel, und nachdem seine Armee das amerikanische Okkupationsheer aus La Paz vertrieben hatte, marschierten Pinadas Männer auf Mulegé zu. Die Mexikaner verfügten über Kanonen, mit deren Feuerkraft sie ein nordamerikanisches Kriegsschiff aus dem Rio Mulegé vertreiben konnten, was die Siegeszuversicht der *Bajacalifornios* ganz entscheidend hob. Später rissen sie in San José del Cabo die amerikanische Fahne herunter, doch die Truppen der Vereinigten Staaten hatten sich dort so gut eingegraben, daß sich die Belagerung einige Monate lang hinzog.

Am 2. Februar 1848 wurde auf dem mexikanischen Festland ein Friedensvertrag unterzeichnet, doch diese Nachricht erreichte die abgelegene Halbinsel, auf der weitergekämpft wurde, nicht. Im März nahmen amerikanische Soldaten Kapitän Pinada gefangen, und mehrere Tage später ergaben sich nördlich von San José del Cabo die letzten mexikanischen Verteidiger; der Krieg war vorbei. Mexikanische Freischärler waren für die Verstärkungen der nordamerikanischen Armee und Artillerie kein ebenbürtiger Gegner.

Die Regierung der Vereinigten Staaten schlug wiederholt vor, beide Teile von California zu behalten, aber Mexiko wandte erfolgreich ein, daß, wenn Baja California den USA zugeschlagen werde, dies eher verwirrend sei, da die Halbinsel der Küste von Sonora so nah sei. Als die amerikanischen Truppen sich im September von der Halbinsel nach Monterey zurückzogen, eskortierten sie mehr als 300 neutrale *Bajacalifornias* nach Amerika, damit sie nicht von aufgebrachten Mexikanern erschlagen würden.

1853 segelte Kapitän William Walker mit einer schwer bewaffneten Abteilung von Filibustern von San Francisco ab. Am 3. November erreichte er La Paz, übernahm dort die Herrschaft und erklärte sich selber zum Präsidenten von Süd-Kalifornien. Nach einigen kleineren Gefechten und Schießereien mit mexikanischen Soldaten, in denen sechs seiner Leute starben, verließ Walker La Paz und ließ während seines Rückzugs in die USA in mehreren anderen Städten auf der Halbinsel Mexikaner töten. Walker wurde danach wegen Verletzung der Neutralitätsgesetze verurteilt. Der Umstand, daß er freigesprochen wurde, spiegelte aufs genaueste die Einschätzung der meisten Amerikaner, besonders in Alta California, hinsichtlich der Übernahme von Baja California wider. Zwei Jahre später wurde Walker in Nicaragua während eines weiteren Filibusterunternehmens hingerichtet. Und im selben Jahr wurde Santa Anna von Benito Juárez abgesetzt.

1874 besuchte der letzte Filibuster des 19. Jahrhunderts, Kapitän John Janes, San José del Cabo. Nach seiner Rückkehr in die Vereinigten Staaten verfaßte der ehemalige Politiker Artikel voller militanter Rhetorik für verschiedene Presseorgane und forderte die USA dazu auf, die Halbinsel zu besetzen. Dies zeitigte außer dem verlogenen territorialen Anspruch, den Alta Californier ein Jahrhundert lang auf die Halbinsel erhoben, und auf dem wir auf unserer gesamten Reise stießen, keinerlei sonstige Resultate.

Heute verlaufen die schmalen, hügeligen Straßen von San José del Cabo zwischen eng aneinander im Kolonialstil errichteten spanischen Häusern, T-Shirt-Läden und teuren Restaurants. Blumenduft liegt in der Luft. 20 000 Menschen leben hier. Im Zentrum bemalen Kinder die Zäune mit Fischen und Vögeln und Aufforderungen, das Meer sauber zu halten und Abfall aufzuheben; am häufigsten kommt Grün vor. Sogar in diesem fremden Land bleibt der anhaltende Eindruck zurück, der so bestimmt wie der Geruch der Poinsettien ist, daß die Umweltschutzsprüche eher Anbiederungen an Touristen als eine glaubhafte Politik der Mexikaner sind.

39 | Das Ende der Reise

Gegen Mittag steigt bei Punta Pescador das Wasser von neuem, und es ist vorauszusehen, daß die 13 Kilometer im Kajak nach Los Barriles kein Zuckerschlecken werden. Dieses Meer eignet sich mehr zum Windsurfen als für Hochseekajaks.

Wir legen neben einer weiteren Ferienhäuseranlage an und schlagen unser Zelt auf der Leeseite des Riffs auf. 22 große, im amerikanischen Stil errichtete Häuser wurden während der letzten vier Jahre auf den Hügeln über dem Strand gebaut. Wir besuchen das Hotel und überlegen, ob wir für 50 Mark pro Person vom mexikanischen Buffet essen sollen, was nicht billig ist, aber wir sind ausgehungert. Während wir besprechen, ob wir zum Strand zurückgehen sollen, sitzen wir zwischen Kapitänen von Yachtschiffen und Sportfischern aus Los Angeles, die mit Flugzeugen für eine Nacht eingeflogen wurden, an einem Pool, dessen Fliesen Pelikan- und Fischmotive haben.

Wir können gar nicht anders als ihren Gesprächen zu lauschen. Ein korpulenter Mann mittleren Alters erzählt, daß er nie ohne 200 Pfund Eis an Bord irgendwo ankert. An einem anderen Tisch warnt jemand einen Freund, niemals in Mexiko autozufahren. Und als ein dritter Mann an unseren Tisch kommt, der von unserer Reise gehört hat, fragt er nur, ob wir denn Marlins gesehen hätten.

Zu unserer Lieblingszeit des Tages, wenn die meisten Gringos noch schlafen und die Mühen des vergangenen Tages vergessen sind, ist das Wasser aufgewühlt. Wir nehmen den kürzesten Weg nach Los Barriles. Zwei verschiedene mexikanische *pangas* donnern vorbei und drehen, während sie uns passieren, ihren Außenborder herunter, damit die Bugwellen nicht allzu groß für uns werden, ich lüfte meinen Hut zum Dank. Eine Stunde später kommen zwei Gringos in einem Powerboot mit Sonnenzelt vorbei, ohne ihre Geschwindigkeit auch nur im mindesten zu drosseln, und wir werden in ihr Kielwasser gezogen.

Um die Mitte des Vormittags herum schwanken unsere Boote im unruhigen Wasser entlang des Erholungsgebiets von Los Barriles. Gewöhnlich *fühle* ich instinktiv, wenn etwas dem Ende zugeht, auch wenn ich es faktisch nicht *weiß*. So schließe ich meine Augen, als ich mein federgeschmücktes Paddel in das Tintenfaß des Ozeans tauche, und koste es dieses letzte Mal voll aus: Das Paddel ist unglaublich leicht, und ich spüre die Bewegung des Wassers, als seien die Paddel meine Hände. Mein Rücken, meine Schultern (deren Gelenkkrachen vor zwei Wochen aufhörte) und meine Arme fühlen sich angenehm angespannt an, als ob ich permanent darauf vorbereitet wäre, mich mit irgendeiner unvorhergesehenen schwierigen Situation auseinanderzusetzen. Mein Oberkörper war noch nie in so guter Verfassung, ich fühle mich wie eine Feder ohne Druck.

Nur zu bald werden wir so verloren wie gestrandete Wale auf dem Strand stehen, während die Kajaks auf der sandigen Unterfläche knirschen.

Drei Tage lang bummeln wir durch Los Barriles, lernen nette Leute kennen, werden zum Abendessen eingeladen, und man bietet uns Schutz vor dem Sand, der sich mit dem Wind und der Luft unten am Ufer vermischt. Die Windsurfer hier und in Ventana schätzen im Gegensatz zu den meisten anderen Sportfischerorten, durch die wir kamen, ihre mexikanischen Nachbarn sehr. Sie gehen gemeinsam angeln, feiern zusammen und vergnügen sich gemeinsam am Strand. Nie hören wir das verächtliche Wort ›Bohnenfresser‹.

Den ganzen Tag, jeden Tag zieht uns das wilde Meer an wie ein gewaltiger Magnet. Sogar die Windsurfer raten uns ab, bei diesen Santa-Anna-Winden weiterzufahren, so schauen wir über die schaumweißen Kronen der Wellen und sehen unser Leben dort draußen, einfach und rein. Das Meer hat uns näher zusammengebracht. Mit seiner Macht und seiner Gefährdung hat der Ozean uns Angst eingeflößt, als Reaktion haben wir uns einander in einer Art und Weise zugewandt, die sonst nicht möglich gewesen wäre. Wir blicken stumm hinaus, als würden wir nicht wirklich abreisen. Hier, in dieser wilden Ewigkeit von Meer und Himmel, wurden wir eins, wurden wir ganz, und wir wollen nicht gehen und diese Einheit verlieren, weil der Abschied, die Fahrt nach Hause, unser Untergang, unsere unvermeidliche Scheidung sein wird.

Aber alles im Leben hat ein Ende, und wir können unseren Abschied nicht mehr länger aufschieben. Wir sitzen zusammengekauert im Wind, die hochgewehten Sandkörner stechen fein in unsere Haut, und unsere Traurigkeit ist so tief, daß wir wissen, was es heißt, zu sterben.

Am letzten Tag des Monats November verkaufen wir einem Windsurfer unsere Kajaks und fahren per Anhalter nach San José del Cabo. Während der Fahrer über seine mittlerweile der Vergangenheit angehörenden ruhmreichen Tage als ›König des Los Barriles Strandes‹ klagt und schwadroniert, brüten Deborah und ich über unserer eigenen Passage. Eine Träne rinnt mir die Wange herunter. Ich wende mein Gesicht ab, um es nicht zu zeigen, und fange sie heimlich mit der Zunge auf: Ich bin von dem allseits bekannten Umstand, daß unsere Tränen genauso wie das Meer schmecken, wie vor den Kopf geschlagen.

Touristen drängen sich durch die Straßen von San José del Cabo. Deborah und ich fühlen ihre Blicke im Rücken, weil die Reise unsere Haut tief gebräunt hat, unsere Blicke stählte und uns eine Vitalität verlieh, die wir immer noch deutlich zu zeigen versuchen. Es kann sein, daß unser Blick von den vielen Stunden, die wir über das Wasser sahen, nach Tieren Ausschau hielten und den Himmel entzifferten, geschärft ist. Oder daß wir ganz bestimmte Dinge zum allerersten Mal rochen und hörten und schmeckten. Wir sind ständig hungrig, aber wir können nicht mehr so viel essen wie früher; ich fühle mich irgendwie *voll.* Ich fühle meine Sinne geschärft. Und ich fühle mich ruhig, als wäre reine Unterhaltung, außer mit Deborah, nicht mehr wichtig. Wir haben nach dieser zu zweit unternommenen Reise von 1200 Kilometern eine neue Ebene des gegenseitigen Verstehens erreicht. Ein Lächeln ersetzt jetzt längere Erklärungen, und die Reise führte uns vor Augen, wieviel Arbeit und wieviel gegenseitigen Austausch unsere Ehe von jedem von uns verlangt.

Das Meer zeigte uns – durch die Wunder eines scharf beobachtenden Tintenfischauges, das Klatschen des Wassers auf das

Ufer und das immer wieder sich ändernde Licht aus dem Himmel –, daß die Welt viel zu komplex ist, um nur einem »Unfall im All« entsprungen zu sein. Aber die alte Spruchweisheit, daß sich nämlich Gott in der Natur manifestiert, ist eine verdächtig vertraute Melodie. Besser wäre es, sich dessen bewußt zu sein, daß die Erde und alle ihre Bewohner aquanische, aus dem Wasser kommende und zum größten Teil aus Wasser bestehende Wesen sind. Wenn es also irgendeine Wahrheit gibt, nach der man suchen soll, dann sollten wir den Schlüssel zu ihr beim und im uns umgebenden Wasser suchen. Unsere Reise hat uns gezeigt, daß die Cortéssee eine der letzten unberührten Zufluchtsgebiete ist und daß, drängen wir dieses Meer und die in ihm lebenden Tiere an den Rand der Auslöschung, wir damit allen anderen Lebensformen den Untergang bereiten.

Ich komme zu einer regionalen Anbetungsstätte, einer nach dem Modell der alten jesuitischen Missionen anno 1941 neu erbauten Kirche. Hier ist alles falsch. Über dem Tordurchgang zeigt ein Mosaik aus Fliesen den Tod Pater Tamarals durch Indianer, die mit ihren federgeschmückten Stirnbändern und Leinengewändern mehr Apachen ähneln als den nackt herumlaufenden Pericú. Die Botschaft an alle Betenden, die durch dieses Tor gehen, ist eindeutig: Sie sollen an all jene frommen Männer denken, die von den teuflischen Heiden erschlagen wurden.

Gegenüber der Kirche auf dem schattigen Hauptplatz der Stadt, der Plaza Mijares, steht das Denkmal des Leutnants José Antonio Mijares. Keiner hält an. Ich fahre mit meinen Fingern über die kalte Bronze und frage mich, wie viele der vorbeigehenden amerikanischen Touristen wissen, daß Mijares von Soldaten der Vereinigten Staaten getötet wurde, als er versuchte, gegen ihre Stellungen anzurennen und die Invasoren aus Mexiko zu vertreiben.

Heute murmeln militante ›Couch potatoes‹, vor dem Fernseher fett gewordene Leute aus der Mittel- und Unterschicht, schlauerweise passive Filibuster aus Alta California, daß »das südlichste« Kalifornien eigentlich zu Amerika gehören sollte. Filibuster wird in *Webster's Unabridged English Dictionary* als »Anwendung irregulärer oder verhindernder taktischer Maßnahmen durch ein Mitglied einer Minderheit« definiert; das spanische Wort ›filibustero‹ dagegen bedeutet in verschiedenen spanisch-englischen Wörterbüchern so viel wie ›Freibeuter‹ oder ›Pirat‹.

Obwohl im 19. Jahrhundert der Versuch der Filibuster scheiterte, die Halbinsel zurückzuerobern, gibt es heute über ein Dutzend Maklerbüros in San José del Cabo.

Gutfrisierte, junge *Bajacalifornios* arbeiten hier auf Stundenbasis und bieten Touristen kostenlose Besichtigungsfahrten und -führungen durch Feriensiedlungen an, während die amerikanischen Makler vor ihren Geschäftsräumen für sie interessante Passanten herauspicken. Während wir an Century 21-Paradise Resorts vorbei gehen, lädt mich ein Immobilienmakler großzügig ein, in sein Büro zu kommen. Ich sage, daß ich eigentlich Kajakfahrer bin und kein Investor. »Mit der Verabschiedung des NAFTA-Abkommens«, erklärt mir der Mann, »stehen wir an einem neuen Abschnitt für Geldanlagen. Wir haben bisher nur 20 Prozent dessen ausgeschöpft, was der Markt hergibt.«

Der Makler geht zu einer großen Karte und zieht aufgeregt mit seinem Finger eine Linie vom Flughafen bis in die Berge und dann nach Norden die Küste entlang. Er sagt: »Die mexikanische Regierung hat elf Milliarden bewilligt, um eine Straße vom Flughafen zum Ostkap und entlang des Meers zu bauen. Was bedeutet das? Das heißt: Der Preis für Eigentum wird steigen.«

Er zeigt noch einmal auf die Karte, auf einen Punkt östlich vom Flughafen: »Hier wird asphaltiert«, er zeigt auf den Durchmesser der Cortéssee, »und hier«, er schaut mich verschmitzt an, »und was gibt es dann?«

Ich zucke mit den Achseln.

»Zufahrtsmöglichkeiten«, antwortet er. Der Makler klagt darüber, daß es im 25 Kilometer langen Korridor zwischen hier und Cabo San Lucas, den man Los Cabos nennt, nur 3500 Hotelzimmer gibt. »So viel hat in Las Vegas gerade ein einziges Hotel.«

Das »heißeste« Angebot – vielleicht das einzige, das sich ein bärtiger, kraushaariger Kajakfahrer, wie ich es bin, leisten kann – steht zwölf Kilometer von hier an einer staubigen Straße. Wir stehen vor 1000 Ar aufgeteiltem Bauland; ein 2000 Quadratmeter großes Stück Land direkt am Meer kostet 150 000 Dollar. »20 Prozent dessen, was sie bald wert sein werden«, erinnert er mich.

»Wohin werden die Abwässer geleitet?«, frage ich.

Er zuckt mit den Achseln.

»Gibt es hier auch Trinkwasser?« Auch das weiß er nicht.

Deborah und ich spazieren in südlicher Richtung, um zum letztenmal unsere Kirche aufzusuchen, die sich wie ein endloses, glänzendes Wunder nach Süden erstreckt, hinter den vielstöckigen Hotelbauten und dem unterirdischen Rio San José (der auch schon in den Tagen der Jesuitenmissionare unter der Erde verlief). Die Flußmündung war für spanische Schiffe und für englische Piraten die verläßlichste Stelle, um ihre Frischwasservorräte zu erneuern. Heute wird das Quellwasser in großem Umfang zu Bewässerungszwecken und als Trinkwasser abgesaugt, ein Sinnbild für den Fortschritt in Baja California. Die Mehrzahl der angebauten Pflanzen der Bauern würden vertrocknen, bevor sie tief genug gegraben hätten, um auf Wasser zu stoßen. Außer natürlich bei Überflutungen.

Vor zwei Wochen zog überraschend ein Regensturm über die Außenbezirke von San José del Cabo, und in 19 Stunden fielen 48 Zentimeter Regen. Mehrere Hotels direkt am Meer wurden überflutet und büßten ihre Strände ein. Häuser von Mexikanern, die in ausgetrockneten Flußtälern standen, wurden von einer Wasserwand, die einige 50 Meter große Stücke des Erdreichs aus der Autobahn riß, in den Pazifischen Ozean gespült. Ortsansässige erzählen uns von an den Strand gespülten Leichen, zumeist Bewohnern von Hütten in den Arroyos, den ausgetrockneten Flußtälern; die Zahl der Ertrunkenen wird auf ungefähr 300 geschätzt. Aber in einem touristischen Erholungsgebiet ist Mexiko, was Unwetter und Katastrophen anbelangt, sehr zurückhaltend, und folgerichtig ist in den Presseberichten in den Vereinigten Staaten nur von einigen Dutzend Toten die Rede. Bis vor ein paar Tagen wurden die Touristenflüge nach San José del Cabo stillschweigend zu anderen Feriengebieten auf dem Festland umgeleitet.

Im Stouffer Presidente Hotel nehmen wir zwei Liegestühle in Beschlag, geben vor, Hotelgäste zu sein, obwohl wir in einer Absteige auf der anderen Seite der Plaza Mijares untergekommen sind. Wir dehnen unsere Beine und spazieren hinunter an den Strand. Laufen ist merkwürdig. Die Muskeln meiner Beine und das Fassungsvermögen meiner Lungen sind aufgrund fehlender Gymnastikübungen zurückgegangen. Doch daß ich mich in den letzten zwei Monaten zu 1 080 000 Paddelschlägen zwang, ermöglicht mir eine seltsame neue Klarsicht: wie Musik, die ich in meinem Kopf höre. Mit meinem Willen kann ich mittlerweile alles erreichen, so komme ich einfach dadurch in Schwung, daß ich mir vorstelle, meine Beine seien Paddel, die rhythmisch ins Wasser ein- und wieder auftauchen.

Ich werde langsamer, und Deborah läuft so schnell wie ich. Als sie müde aussieht, werde ich noch langsamer. Wir reden kein Wort, weil wir die physischen Bedürfnisse des anderen so gut erkennen wie die sich über den Brechern kräuselnde Strömung; aber die Gefühle des anderen zu ahnen und zu deuten, ist so schwer, wie die Windrichtung bei Gezeitenwechsel zu lesen.

Wir wagen uns nahe an Brecher heran, die kraftvoll genug sind, um Kajaks zu zerbrechen, und laufen dann durch salzigen Nebel hügelaufwärts und stemmen uns gegen den bis zu den Knien reichenden Sog des Pazifiks. Wir laufen eine Stunde lang und schauen hinaus auf das Meer, als gäbe es all die Hotels und Autobahnen und Strandspaziergänger nicht, als seien wir Pericú auf einem Nachmittagsausflug.

Weit außerhalb der Reichweite der meisten Brecher berühre ich mit meinem Fuß eine gestreifte Schlange, die gelbbäuchige Seeschlange. Wir laufen schnell zur Linie des Fluthöchststandes und zerren aus den Hunderten von Holzstecken, die vor kurzem an den Strand gespült wurden, einen Stab heraus, mit dem wir die ans Ufer gewaschene Schlange zurück ins Meer, wo sie hingehört, bringen können. Wir kehren zu der Stelle zurück, an der wir auf die Schlange stießen, aber sie ist weg, eine unglaubliche Welle hat sie mit sich gerissen.

›Tödliches Juju‹ nannte in einem Gespräch jemand aus San Diego dieses Tier vor fast zwei Monaten, aber, wenn wir seitdem

Mein letztes Bild: »Wir waren hier, um Ballast abzuwerfen ...«

überhaupt irgend etwas gelernt haben, dann ist es die Tatsache, daß die Schlange die Verkörperung aller falschen und irrigen amerikanischen Mythen über Mexiko ist. Es stimmt zwar, daß diese Art die am weitesten verbreitete Seeschlange ist und daß ihr Nervengift eines der tödlichsten der Welt ist, doch gibt es keinerlei Beweise dafür, daß eine Seeschlange jemals einen Menschen gebissen hätte.

In dieser Nacht überzieht eine Band die Plaza Mijares mit lauter Musik. Die *musicós* spielen abwechselnd festlich-beschwingte Volksmusik und traurige, langsame mexikanische Balladen. Kein Gringo tanzt, und die wenigen, die anhalten, gehen wieder weiter, als sie weder ›La Bamba‹ noch bekannte Mariachi-Lieder hören. Die Tänzer sind alle Mestizen, von denen viele mit einer Intensität tanzen, daß sie ihre Brauen zusammenziehen, Tecatedosen umklammern und einander in den Armen halten, als sei der Tanz alles, was im Hier und Jetzt existiert und die Musik zu ihrem Ozean dieses ganz speziellen Moments wurde. Deborah und ich lassen uns so eng aneinander treiben, als glitten wir in ein

Kajak, ihr Atem nah an meiner Brust, und meine Finger streicheln ganz ähnlich ihr Haar. Mehrere *mujeres,* Frauen, die
güeras sein wollen, haben ihre Haare blond gefärbt. *Viejos* in
Cowboyhemden und *muchachos,* stolpernde *borrachos* und
niñas in Kleidern mit Blumenmotiven bewegen sich, drehen
sich, sie alle tanzen. Jene, die ihre Augen offenhalten, lächeln
oder nicken uns zu, wenn wir sie zufällig ansehen.

Wenn auch niemand den nordischen Typus meiner Frau ver-
wechselt hat, so haben doch einige mich wegen meiner Haut, die
einen milchkaffeebraunen Ton angenommen hat, für einen *Ba-
jacalifornio* gehalten. Aber ich bin ein Gringo, ich werde immer
einer sein, und mit meiner vorstädtischen Herkunft kann ich
nicht mit Menschen konkurrieren, die am Rand des Existenzmi-
nimums leben.

Um zu lernen, was die Cortéssee wirklich für Mexiko bedeutet,
muß man den Mexikanern zuhören. Ihre Welt, in der sporadisch
Feste stattfinden, ist mit Trauer gesättigt, eine Kultur, die fast vollständig Fatalismus und Tod unterworfen ist, eine Kultur, die das
Meer so lange ausschütten wird, bis es tot ist.

Ich schließe die Augen und blende die klagende Trompete und
die sanfte Gitarre aus. Ich konzentriere mich ganz auf die Worte
des Sängers. Deborah und ich drehen uns im angeborenen und
unvergeßlichen Rhythmus des Paddelns, der sich um uns beide
so eng wie ein Gischtschutz schmiegt. Ich spreche den spanischen Text nach und gebe mich dem Klang der Worte hin:

> *Ich sage Dir, mein Freund,*
> *Das Leben ist nichts wert*
> *Nichts ist das Leben wert*
> *Alles beginnt mit Tränen*
> *Und Tränen sind das Ende*
> *So ist es, daß auf dieser Welt*
> *Ich sage es Dir, mein Freund,*
> *Das Leben nichts wert ist.*

Danksagung

Mein besonderer Dank gilt: Den Ausrüstungssponsoren Brunton/Lakota Company (Messer und Kompaßgeräte); Cascade Designs (Schlafsack und Polster); Daiwa Corporation (Angelgerät); Eddyline (Hochseekajak); Gerber (Messer und Feueranzünder); Kelty (Zelt); Mountain Safety Research (Ofen, Töpfe und Dromedartaschen); Nike Inc. (Kleidung); Patagonia (Hochseekajakkleidung); Pur (Filter und Entsalzer); Sea Wings (Stützschwimmer); Swift Paddles und Voyageur (Trockentaschen und Paddelaustattung).

Kiko Callenburger, Dave Kallgren (NOLS), Roy Gillette, Kenneth Norris, Rick Ridgeway, Dix Brow, Michael Bircumshaw (*Baja Sun*), Antonio Cauto Diaz, Becky Aparico und Roy Mayhoff (*Bahía Tropicales*): Ihnen allen verdanke ich wichtige Einsichten.

Den Bibliothekaren des Western State College, die ohne jedes Murren 63 Ausleihanträge zwischen Bibliotheken bearbeiteten. Die Angestellten der öffentlichen Bibliotheken von Crested Butte, Gunnison und Aspen, Pitkin County, unterstützten mich ebenfalls.

Jenen, die das Manuskript gelesen und mir wertvolle Ratschläge gegeben haben: Greg Silber von der Marine Mammal Commission und Autor des Buches *Cetaceans in the Northern Gulf of California* [Wale des nördlichen Golfs von Kalifornien], Paul Konrad, Redakteur der Zeitschrift *WildBird*, und der Zoologin Ann Zwinger, die *A Desert Country Near the Sea* [Das Wüstenland am Meer] schrieb.

David Hale, Absolvent der Theologischen Fakultät der Yale University und Amateurhedonist; Susan Golomb, meiner Literaturagentin und vertrauensvollen Beraterin, und Mitch Horowitz, meinem Lektor bei Simon & Schuster und Mit-Abenteurer im Geiste. Ihre moralische Unterstützung und ihre Freundschaft bleiben unvergessen.

REISEN,
MENSCHEN, ABENTEUER

Die neue Taschenbuchreihe SIERRA
bei Frederking & Thaler will über die äußeren und
inneren Reisen berichten, sie will unterhalten
und informieren, Verständnis für Fremdes wecken,
die Schönheiten und Wunder unserer Welt
aufzeigen, aber auch vor der Zerstörung des
Lebensraumes warnen.

Peter Jenkins
Das andere Amerika
Zu Fuß durch die
Vereinigten Staaten
Aus dem Amerikanischen
von Hans-Jürgen Jendral
285 Seiten, 58 s/w-Fotos,
3 Karten
ISBN 3-89405-019-5

Werner Kirsten
Westcoast-Story
Auf dem Pazifik-Highway
nach Süden
208 Seiten, 44 s/w-Fotos
ISBN 3-89405-082-9

Konrad Gallei
Gaby Hermsdorf
Blockhaus-Leben
Ein Jahr in der Wildnis
von Kanada
221 Seiten, 32 s/w-Fotos,
2 Karten
ISBN 3-89405-014-4

SIERRA

REISEN,
MENSCHEN, ABENTEUER

Carmen Rohrbach
**Der weite Himmel
über den Anden**
Zu Fuß zu den Indios
in Ecuador
208 Seiten, 37 Fotos,
2 Karten
ISBN 3-89405-048-9

Hjalte Tin/Nina Rasmussen
Traumfahrt Südamerika
Auf dem Motorrad
und mit Kindern von
L.A. nach Rio
320 Seiten, 45 Fotos,
3 Karten
ISBN 3-89405-033-0

Burkhard Schäck
**Die Panamericana auf
dem Motorrad**
Von Alaska bis Feuerland
240 Seiten, 39 s/w-Fotos,
2 Karten
ISBN 3-89405-075-6

Carmen Rohrbach
**Inseln aus Feuer und
Meer**
Galapagos – Archipel
der zahmen Tiere
219 Seiten, 41 s/w-Fotos,
1 Karte
ISBN 3-89405-027-6

SIERRA

REISEN,
MENSCHEN, ABENTEUER

Peter van Ham
Auf Buddhas Pfaden
2000 Kilometer durch den
Westhimalaya
238 Seiten, 64 s/w-Fotos
ISBN 3-89405-085-3

Peter Matthiessen
**Auf der Spur des
Schneeleoparden**
320 Seiten, 1 s/w-Foto,
2 Karten
ISBN 3-89405-089-6

Stefan Biedermann
**Im Land der
aufgehenden Sonne**
Meine Zeit in Japan
ca. 224 Seiten, 34 s/w-Fotos,
1 Karte, 1 Kalligraphie
ISBN 3-89405-003-9

Désirée v. Trotha
Die Enkel der Echse
Lebensbilder aus dem
Land der Tuareg
256 Seiten, 1 s/w- und
42 Farbfotos, 1 Karte
ISBN 3-89405-094-2